各个人都不断地努力为他自己所能支配的资本找到
最有利的用途。固然,他所考虑的不是社会的利益,
而是他自身的利益,但他对自身利益的研究自然会
或者毋宁说必然会引导他适应最有利于社会的用
途。

————亚当·斯密《国民财富的性质和原因的研究》

既无功利,则道义者乃无用之虚语尔。

————叶适《习学记言序目》卷二十三

道德常常能填补智慧的不足,而智慧却永远填补不
了道德的缺陷。

————但丁

伦理学前沿丛书

E

丛书主编 ◆ 万俊人

之 应用伦理研究系列

战 颖 ◆ 著

中国金融市场的利益冲突与伦理规制

人民出版社

E

出先后。这就是说,观念或者理论并不总是落后于行动或生活实践的。

当然,我们并不能因此否认人类生活创造之于人类道德观念或伦理学理论所具有的持续不断的挑战性和前沿性,更不能因此否认这两个方面始终存在着一种张力,甚至是由于当代人类道德生活及其世界图像的日趋丰富与复杂所带来的日益增长的张力。恰恰相反,承认这两个方面或领域之关系的复杂性,与正视人类道德生活实践日益丰富、复杂、具体、乃至日趋技术理性化所产生的理论挑战,正是我们认识、理解和重构现代新型道德观念,进而理解和重塑我们道德的行为方式和行为规范所必需的前提。

人类文明的年轮已经进至 21 世纪。自上世纪后期以来,人类的道德生活同其社会生活的其他方面一样,发生了值得关注的变化:科学技术尤其是信息网络技术、生命科学技术、公共(行为)管理科学等新型科学技术的迅速发展;经济全球化趋势的日趋凸显及其给全球政治秩序与文化发展所带来的崭新挑战;以及由于上述社会基本因素的刺激或变革所导致的"现代性"文化价值危机——诸如,经济实用理性对人类价值理性(尤其是道德推理)的严重挤压,民族—国家政治意识的过度强化所滋生的"文化政治"对现代民主政治的严峻挑战,后现代意识对整个"现代性"观念意识形态(尤其是对"现代性"道德观念意识形态)的强烈冲击甚至瓦解;"终结""国家意识形态"与"强化""社会意识形态"的两极争端以及由此所带来的当代宗教观念和社会一般价值观念的分化与紊乱;等等,都对当代人类道德观念与道德行为方式产生了异常复杂的影响。

在某种意义上可以毫不夸张地说,今天的道德生活世界已然呈现出前所未有的困局:传统道德文化资源已不足以料理今天的所有道德问题——尽管无论如何她依旧是我们赖以应对道德生活问题的基本资源之一;新的道德文化资源又尚待创造、尚待获取普遍有效的价值认同;更为严重的是,现代道德文化本身的生长已经因西方启蒙运动之"道德谋划"的破产和当今文化多样冲突的加剧而遭受支解,成为某种"支离破碎"的文化"碎片"和软弱乏力的语词"修饰"。要走出这一道

走在道德生活世界的前沿

　　哲学被称为后思之学,哲学工作也因此被看做是一种"事后诸葛亮"式的理论反思工作。作为哲学的一个构成部分,伦理学当然也具有这种"事后"反思的理论特点,更何况诸如恩格斯这样的哲学家还曾特别指出过,人们的道德观念总是或多或少地滞后于人们的道德生活实践。从人类心理(意识)发生学的意义上看,这样说不无道理。然而,康德的研究告诉我们,人类的道德观念或道德思维并不一定总是"后验的",某些"先验的"观念形式或理论原则常常是保证人类道德行为之普遍正当性和合道德性的前提条件。一个完整的"道德形(而)上"理论图式(伦理学基础理论)的建构,应当是从特殊的道德经验中抽演出具有普遍实践意义的道德原理(原则)、然后再将后者贯彻落实于前者的一个往返循环的过程。更为重要的是,在人类既定的道德文明和文化(包括道德理论)事实面前,人们的道德生活实践和道德理论思考都不是从零开始的,相反,我们的思想和行为总是从某种既定的东西开始的。再用康德的话说,现代人类社会已然成为文明的社会,而现代人则已然成为文明化了的人。因此,在人们的道德实践或行为与人类的道德观念或原理之间,或者,在人们的道德生活世界与道德观念世界之间,界限、次序、互动或转换实际已经难以割裂,难以截然两分,因而也就难以分德困局,显然首先需要重建我们的道德文化和道德理论,而要实现这一双重的重建目标,则首先需要我们的伦理学工作者走向当今道德生活的前沿地带。因此,走在道德生活世界的前沿就是我们编辑出版"伦理学前沿丛书"的基本理由!

就当代中国社会生活世界和中国伦理学知识世界而言,伦理学的前沿焦点主要汇聚于三个领域:伦理学理论本身的前沿开拓或创建;应用伦理学研究;以及域外伦理学研究的前沿视野。毋庸讳言,中国伦理学的知识现状已经远远落后于我们的道德生活实践,其知识开拓和理论创新已是迫不及待。对于我们的伦理学知识来说,面对大量道德现实问题而无能为力,实在是值得当代中国伦理学界认真反省的首要课题。在今天的知识社会里,由于伦理学作为一门特殊人文学知识的文化局限和功能限制,我们也许不能再期待一种全能的伦理学知识体系,但是,探索和建构一种或诸种具有现实解释力和价值约束力的道德理论或伦理学类型,却不仅是可以合理期待的,而且也是当今中国伦理学界的一份不容推脱的理论责任。应用伦理学的产生和凸显本身就是一个"现代性"的道德事件。由于现代知识的专业化、专门化、专家化和专利化,以及由此带来的技术应用性知识对现代知识社会的宰制,道德伦理问题越来越多地表现为专门的行为技术问题,比如,生命医学伦理(克隆技术作为其前沿实例)问题;网络伦理问题;公共健康伦理和管理伦理问题等等;这一切都使得许多实际的道德问题牵涉到甚或内含着大量的专业技术难题,尤其是具体的行为技术与一般道德伦理原则之间的冲突问题。而且,随着当今知识社会的发展,这类问题还将日益增多、日益复杂。这就意味着,具有技术实用特征的应用伦理问题将会或者已然成为当代伦理学研究的重要领域,其重要性与紧迫性只会强化,不会减弱。还应当承认的是,国外特别是西方发达国家和地区的伦理学界在伦理学基本理论创新和应用伦理学探究两个方面,都已经远远走在我们前面。因此,当代中国伦理学界的另一个亟须探究的前沿领域,就是弥补和加强我们对当代域外伦理学发展的前沿了解,并努力创造出足以与域外伦理学界展开对话和交流的理论资源。就此而言,开放的学术姿态与独特的学术理论资源是至关重要的。在一个开放竞争的知识社会里,没有开放的学术视野和姿态,一如没有自身独特的学术资源和理论特色,都不可能参与当代社会的知识竞争和文化创造。而仅仅是上述这些课题领域便已经足以显示编辑出版"伦理学前沿丛书"的理论价值与实践意义。

　　是为序。

万俊人 谨记
公元二〇〇四年十月于北京西北郊悠斋

目 录
contents

序 一

前贤垂诫云："学以致用"、"文以载道"。远离社会实际，躲在小楼里冥思苦想，玩空洞的概念游戏，是不能做出真学问来的。不敢实事求是，不敢坚持真理，畏上媚俗，粉饰现实，也是同样不能做出真学问来的。立足实践，独立思考，多方问学，坚持真理，一丝不苟，是做真学问的基本素质。战颖博士虽然不能说模范地做到了这些方面，但她在中国人民大学哲学系攻读博士学位的三年之中确实是为此付出了巨大的努力。做最好的学问，或许力不能至，但心向往之，就是战颖博士三年读书生涯的求学心灵的写照。翻开摆在读者面前的这部《中国金融市场的利益冲突与伦理规制》一书，再读上几章，必会产生与我同样的感受。

欲知其文，当先知其人。

在四年之前,我接待了一个来访的"小女孩",她说想报考我的博士研究生。那玲珑的身材,稚嫩动听的声音,文雅的举止,清晰的谈吐,引起了我的好感。当我听了她的经历,顿时对她刮目相看。她从香港起步,再到大陆金融机构工作,前后十几年,做到了湘财证券北京投行部的副总。在当时,她已是一岁孩子的妈妈了。出色的业绩,领导的欣赏和尊重,高额的收入,都不能拖住她求学的志向。金融领域中存在的问题让她感到困惑和不安。她精通金融实践和金融理论,但这不能帮助她解决对金融市场现实的迷惘,于是,她想求助于哲学,求助于伦理,把中国金融市场的潜在危机搞搞清楚。于是,她毅然辞去湘财证券北京投行部的副总的职位,舍长趋短,一门心思温习功课,报考伦理学专业的博士研究生。沉重的学习负担,超负荷的鏖战,使其羸弱的身体难以支持。在考完所有的主课之后,在最后一门加试课的考场上她休克了。缺一门课的成绩,当然是不能被录取的。第二次报考,她终于以总分第一的成绩如愿以偿。

入学以后,她以她那在多年从事金融工作中所养成的工作习惯进行专业学习。"聪颖过人","如饥似渴","有点疯狂","举一反三",是我对她学习状况的基本评价。认真问学,谦虚受教,却又决不盲从,有疑则辩,是她做学问的基本品格。在哲学和伦理学专业知识方面,她是相当薄弱的,但在金融实践和金融理论上,她又是相当强悍的。我恰恰与她相反。在她攻读博士的三年之中,我在伦理学专业上是她的导师,但在金融理论和金融实践上我则是她的学生。古人云:"教学相长",诚不我欺也!三年过后,她实现了自己的学问追求,而我在金融方面却进步不大。

她的研究方向是金融伦理。包括股票市场在内的金融市场作为我国社会主义市场经济体系的重要组成部分,对我国的经济建设和发展起着至关重要的作用。金融可以说是现代经济的核心。没有金融业的持久的繁荣,很难有整个社会经济的长久的繁荣和健康发展。她从事证券业多年,深知其中的问题所在。她认为,当时中国股票市场的繁荣是表面的,时间不久就会出现人人扼腕而叹的萧条局面,因为在她看来这是股票市场上伦理严重缺失会导致的必然结果,结果不幸言中。正如她后来发表在《伦理学研究》上的一篇论文中所说："2002 年以来,我国经济保持快速增长的势头,但股指却逐级下滑,股市与宏观经济出现完全'背离'的走势,股票市场的筹资功能、投资功能及优化资源配置功能在逐渐弱化。中国股市边缘化趋势明显。"何以会造成这样的结果,如何才能有效地改变这一状况,这是她研究的重点问题之一。她把视野由股票市场扩展至整个金融领域,力求发现其共有的问题、共同遵循的客观规则。

对于金融领域的问题,我基本上是一个门外汉。但是,门外汉也未尝不可以发表一点议论。门外汉发表的议论常常是凭直感而论,说得不在行,自然不会被重视;不会被重视,也就不会产生什么样的后果;既然不会引起什么样的后果,自然就可以不负什么责任;既然不用负什么责任,当然尽可以大胆地发表议论。

金融之事,无非是一些人或一些部门拿别人的钱来赚钱。用别人的钱来赚钱,这当然是聪明人干的事。如果搞金融的赚不来钱,聪明人无论如何也不会去搞什么金融。拿别人的钱来赚钱,当然是一件很难的事。现在教育普及,人的智商都很高,如果不是有挣钱预期的话,一般来说没有人甘愿把自己的钱"奉献"出来。这也就是说,金融人(这里特指受权方,以下同)挣钱是以投资人(这里特指授权方,以下同)的挣钱预期为前提的。金融人与投资人必须实现双赢,或者说双方都在较大程度上可以实现双赢,金融事业才能不断发展。投资人不直接从事生产,金融人也同样不从事直接的生产,因而仅靠投资人和金融人双方就不可能有任何的赢利。要实现赢利,就必须要靠需要资金的生产人或生产企业。生产人或生产企业无法同千千万万个拥有不同量金钱的人打交道,而只能与金融人打交道。这样,金融人承担了一个投资人与生产人的"中介"角色。在这个三角关系中,投资人是"老板",金融人首先要对投资人负责,要对从金融市场以各种形式获得借贷的生产人实行有力的监管,使之归还本息有足够的保证,从而保证投资人的赢利预期在较大程度上可以实现,否则投资人将会逐渐消失。这是一个最简单、最基本的事实。金融领域的一切规则都应该尊重这个事实,都应该重视这个事实。

如果上述这个前提可以成立的话,那么,金融业的服务对象首先应该是广大投资者,金融业所做的一切要使广大投资者能够信赖。这也就是说,广大投资者的依赖和信任是金融业繁荣发展的根本保证。这也就引申出一个金融业至高无上的法则——信用。

中国的金融业的繁荣与否,所造成的原因可能也很多,但是,金融操作的任何技术方面的原因都不足以成为决定性的原因。决定性的原因只有这样一些:那就是金融业是否把广大投资者的利益放在了第一位,是否赢得了广大投资者的信赖,是否在投资人、金融人和从金融市场获得资金的生产人之间取得一种利益的平衡。如何实现这一点,就不是我这个不懂金融的人力所能及的了。

战颖博士的这本《中国金融市场的利益冲突与伦理规制》就是研究金融领域所存在的种种问题、种种问题所造成的根源以及如何解决这些问题的著作。这是她三年心血的结晶。本书第一章首论"中国金融市场与金融市场利益冲突",讨论的是中国金融市场的主体及其利益关系,行为主体间的利益关系结构与利益分配,中国金融市场主体的利益冲突及相关行为分析以及中国金融市场利益冲突的根源分析及治理选择。第二章讨论的是"中国金融市场伦理缺失的表征及其潜在金融风险",分析了信贷市场、货币市场、同业拆借市场、股票市场以及企业所存在的种种伦理缺失,及其它们所引发的道德风险和金融风险。没有丰富的实践经验,也就不可能有这样系统的分析。第三章是"金融市场主体行为的伦理分析",论述了经济人与道德人的表象差异,特别阐述了经济人行为的内蕴伦理性,对于公司、中介机构、银行、会计师、证券分析师、保荐代表人、律师、评估师等行为进行了伦理分析,还对政府规制、金融市场监管的动因、原则、方式进行了探索。第四章阐述"中国金融市场伦理缺失根源与伦理重构基础",对金融市场伦理缺失的历史原因、制度原因、产权原因进行了分析,探讨了金融市场伦理理论和现实基础、价值理念、路向、效用等问题。第五章阐述"规制与伦理规制",把规制理论引入金融伦理领域,并对我国金融市场政府规制失灵的原因进行多方位的分析。然后探讨了伦理规制及其文化基础、金融伦理规制与金融市场秩序的关系、金融伦理对金融秩序规制的可能性等问题。

第六章研究"中国金融市场伦理规制体系的构建"问题,提出了金融信用咨询平台的构建设想及加强我国金融信用体系对策,探讨了金融市场伦理法制化的途径诸问题。

这部著作是一部理论与现实相结合的用心之作。我认为它在理论上有不少新见,在实践上也具有较高的价值。当然,作为对于金融伦理问题的带有一定开创性的研究还会有不少值得进一步讨论和深入思考的余地。如果它能够引起学界和金融界的注意,不论是赞扬还是批评,我想这正是战颖博士所期待的。

是为序。

焦 国 成

于中国人民大学宜园

2005 年 10 月 6 日

序 二

　　我认识战颖同志是十多年前的事。那时只知道她做企业上市工作，很讲诚信，很有威望，是一位成就显著的证券专家。近年，她读了中国人民大学的博士研究生。她把自己的实践与我国的金融发展联系起来，写成了她的博士论文《中国金融市场的利益冲突与伦理规制》。现在，应人民出版社之约，做了一些文字上的修改，即将正式出版发行。可喜可贺。

　　关于这部力作的评价，在通过她的博士论文时，请了十多位专家，大家评价很高。一致认为是"具有前沿性、有实际应用价值的优秀博士论文"。我作为评审委员会主席，主持了这次评审。现将评委会对她论文评价的《决议》摘要如下，以飨读者。

　　其一，论文选题具有开创性。论文将金融市

场和伦理两个不同的领域结合起来,将经济追求的效率和伦理追求的公平这一对看似矛盾的东西放到一起来研究,既具有理论的创新,也具有重要的现实意义。作者从金融市场本身的客观需求来研究金融市场的内生伦理,而不是把既有的一般社会伦理套用于金融市场;作者既把伦理道德视为行为的规范系统,也从金融信用的视角把伦理道德视为金融资本和交易的有机构成要素,丰富和发展了金融市场伦理理论。论文个案分析与论证的研究方式与学理技术,对于应用伦理学研究具有示范意义。

其二,论文建立了金融市场主体行为伦理分析的系统性框架。论文关于金融行为主体的伦理分析充分、坚实而精当,具有较高的理论水平。论文通过对企业、中介机构、政府的典型行为进行分析,剖析其经济行为和伦理价值冲突的原因,从理论和实践上论证了经济行为和伦理价值的统一性,寻找到了二者的平衡点。

其三,论文初步构建了金融市场伦理规制体系。论文将具有自律性的"伦理"与他律性的"规制"结合起来,创新地提出了伦理规制的概念,并从完善金融职业道德规范、构建金融信用咨询平台与完善法律法规三个方面初步建立起金融市场的伦理规制体系,对于金融管理体制伦理建设有重要的参考价值。

其四,论文的研究方法科学、规范,观点有创新性,逻辑清晰,论据充分有力,说理透彻,文字表述规范流畅,显示出作者有扎实的知识基础和较强的科研能力。

战颖同志是一位年富力强、很有事业心的人。她用勤奋工作,走过了她人生的一小段路;今后随着时间的前进,中国经济的发展丰富多彩。祝愿战颖同志与时俱进,开拓创新,加倍努力,有一个更加灿烂的明天。

国务院研究室　郭振英

导言 穿越金融灵魂的探索

自 20 世纪后期开始,全球范围内金融领域中的道德失范行为及金融丑闻便不断地冲击着人们参与金融的热情,时代精神、国家信用、金融制度乃至金融理论都成为这些不道德行为的抵押品,其作用与价值被不断地削减甚至抵消。

远不说 20 世纪 80 年代美国华尔街的列文、西格尔、布艾斯基的"金融界最大的犯罪阴谋",英国巴林银行李森的"未授权交易",安然、世通、施乐的"联合造假",仅是中国金融市场近年来发生的郑百文、银广夏、ST 猴王、江苏琼花等事件,就令人触目惊心!而人们之所以对此类金融丑闻感到触目惊心,乃是源于人们对丑闻中所涉及的人和机构是那样地信任!

金融市场中,金融活动的参与者既可以是财富的所有者,也可以是财富所有者的代理者,他们之间的交易一般要通过某些特定的中介或交易系统进行。金融活动实际上是一种特殊的债权和债务关系——货币在资金盈余方和赤字方之间的调剂和融通是借助于各种金融工具通过信用的方式在金融市场上进行的。资金的盈余方是货币资金的供应者,通过持有各种金融工具拥有相应金额的债权;货币的赤字方是货币资金的需求者,通过发行各种金融工具承担相应金额的债务。金融市场的交易特征表现在对投资对象的虚拟化和预期性以及交易资金、责任和权益的跨时期交换,其实质是一种信用关系。信用是金融的灵魂。

著名诗人里尔克曾经有过这样一句话:灵魂失去了庙宇,雨水就会滴在心上。金融丑闻的频频发生对金融市场的撞击,以及对金融灵魂——信用的伤害,已然撼动了金融灵魂的庙宇,极大地动摇了参与者对金融市场和金融机构的信心,扰乱了金融市场秩序,危及了金融体系的健康运行。金融作为整个国民经济的中枢,是市场经济体系中竞争最激烈、风险性最高的领域。金融市场在经济运行中发挥的特殊作用,已经成为现代市场经济运行中沟通和催化各子市场之间及各子市场内部经济活动的桥梁和纽带。因而,我们必须正视金融市场上信用关系的扭曲和普遍的道德风险行为,认真研究和分析金融市场上伦理缺失的表现与危害,多渠道寻求解决问题的路径,这对于正在前进和发展中的社会主义市场经济尤为重要。

既往的金融市场研究,从总体上讲,比较重视针对金融市场对象的技术层面,重视对金融市场效率的研究;而较忽视针对金融市场参与者的行为层面,忽视对金融市场公平的研究。从标准的金融理论看,无论是马科维兹的资产组合理论,还是威廉夏普的资本资产定价模型,以及罗斯的套利定价模型等,金融市场研究的核心都是定价和效率。沿袭古典经济学的分析框架,这是理所当然的。然而,在目前日益重视和追求可持续发展的今天,我们更需要的是将环境的因素纳入考虑范畴,将长远发展目标植入短期发展函数,也必然导致将公平的概念植入效率的研究。现实的金融市场从来都不是纯经济或纯金融的市场,而是集多重人文因素为一体的市场生态。正在成长中的中国金融体系需要真正的信用和相互信任,纷繁多样的金融市场交易需要价值观的引导和趋同,金融市场中众多的利益冲突需要伦理学的规制和护航。金融市场伦理水平的提高在一定程度上可弥补在信息生成过程中金融市场制度的不完善性,从"人"的环节上为金融市场产品质量控制设置必要的防线,防范金融市场中伦理缺失行为的重复发生;有利于对我国"金融市场失信"进行综合治理,保持金融市场的平稳、和谐与可持续发展。

曾经有一些玩世不恭的人认为,金融市场中只有赤裸裸的金钱关系,根本不存在伦理。那么,如果我们假定金融市场是价值中立的,它只关注效率而不考虑其产品带来的社会后果,但是在接受所谓的效率产生的结果时,其中却必然暗含了一定的价值判断。金融市场良好秩序的形成既要靠法律法规的制约,也需要伦理道德的调节。金融市场的发展证明,金融领域中只有法律是不够的,法律对于金融活动中那些不能被简化为精确规则的部分并不适用。"安然"事件在拥有趋于完备法律制度和监管框架的美国发生,就是一个活生生的例证。

试图揭开"金融市场失信"的神秘面纱,我们需要从伦理角度研究金融市场失信问题。但是研究不能简单地把既有的一般社会伦理套用于金融市场,应该以长期积累的金融实践经验和材料为基础,将金融市场和伦理两个不同的领域结合起来,将经济追求的效率和伦理追求的公平这一对看似矛盾的因素放到一起来研究;既把伦理道德视为行为的规范系统,也从金融信用的视角把伦理道德视为金融资本和金融交易的有机构成要素;从金融市场本身的客观需求来研究金融市场的内生伦理,从金融市场环境、金融市场制度、金融市场行为三方面进行伦理分析。这样得出的结论才具有理论意义和现实意义,才能够提出对"金融市场失信"进行综合治理的思路,完善金融市场的制度和机制,从而恢复和加强金融市场的公信力,最终实现金融市场健康发展的长远目标。

当然,将具有自律性的"伦理"与他律性的"规制"结合起来,构建金融伦理规制体系,必须正确处理好法律与伦理道德的关系问题。伦理道德是法律的基础,是法律的支柱,离开了伦理道德,法律将失去其内在的灵魂,仅仅沦为粗暴的、外在的约束和强制。法律是对道德的"硬化"和升华,它把一些最重要、最基本的伦理要求直接纳入法律规范中,使之制度化、法律化,成为人人必须遵守的法律规范。在金融市场中,法律和道德必须协调一致,与市场行为主体的德行相关的道德规范不可以法制化,否则无异于取消了道德;而关乎金融交易及市场秩序的重大伦理原则规范则必须法律化,否则不足以树立权威,难以发挥作用。金融伦理道德为金融法律的实施创造有利的环境和社会条件,金融法律真正发挥作用必须借助于金融道德的力量;而金融法律通过法律的形式确认和维护金融道德原则和规范,对金融道德规范的施行起保障作用,并通过金融法律的司法实践来宣传和倡导金融道德观。二者一软一硬,互相弥补,相得益彰。

本书按照如下的逻辑顺序展开:

金融市场利益冲突与伦理规制的研究主题,要求我们在中国社会主义市场经济及其金融市场的现实背景下,运用规范与实证分析相结合的方法,对我国金融市场利益冲突的历史形成、主要关系、问题的根源、治理模式的选择等进行全面系统的分析研究,初步形成一个中国金融市场伦理研究的系统,试图构建一个完整的理论框架。本书的主要体系结构包含以下内容:

第一章,中国金融市场与金融市场利益冲突。首先,考察、总结了我国金融市场发展的历史进程,通过对金融市场体系及功能、现状的分析,提出金融市场存在利益冲突的命题。其次,剖析金融市场中相关主体之间的相互关系,探究由于各利益主体的目标不一致,导致他们的行为不一致、引发利益冲突。最后,分析了金融市场利益冲突的根源,并针对利益冲突的根源,提出从制度规范、法律惩治、产权改革和伦理引导与规约入手,寻找解决利益冲突的办法。

第二章,中国金融市场伦理缺失的表征及其潜在金融风险。本章以金融市场行为为线索,分别对信贷市场、票据市场以及资本市场中存在的金融伦理缺失的典型现象进行了系统剖析;在此基础上,归纳出我国金融市场伦理缺失的总表征及其引发的金融风险,论证表明我国金融市场伦理缺失造成的金融市场无序的负面影响,已危及整个金融体系的健康运行,对其对症下药已刻不容缓。

第三章,金融市场主体行为的伦理分析。首先,本章提出并分析了"经济人为了追求长期经济获利,其行为内蕴伦理性"这一论点,在此基础上,阐述了金融市场主体行为伦理分析的可能性。其次,分别从金融市场三类行为主体,即作为经济活动主体的公司、中介结构以及作为行为调控主体的政府为分析对象,着重分析了在我国金融市场现行制度和环境下,三类行为主体面临的伦理困境和相应的选择。

第四章,中国金融市场伦理缺失根源与伦理重构基础。首先,从历史原因、制度原因、产权原因三个方面深入剖析了我国金融市场伦理缺失的深层缘由,指出中国金融市场问题是中国面临的若干现实问题的折射之一,必须立足我国实际来寻求良方。其次,从制度经济学、信息经济学和哲学三个不同视角搭建了金融市场伦理的理论基础,指出金融伦理的内核在于诚信、公平、公正。第三,阐释了中国金融市场伦理的价值理念及效用,分析表明金融伦理的构建与有效对金融市场健康有序发展起着举足轻重的作用。最后,本章在上述分析的基础上,提出了中国金融市场伦理重构的现实基础,论证表明科学的伦理价值观、健全的伦理规范体系、完善的伦理保障环境是重构我国金融伦理的基础。

第五章,规制与伦理规制。首先,概述金融伦理规制理论。本章定义了伦理规制这一概念,指出伦理作为一种非正式、内在的规制形式,对金融市场有序发展起着强有力的保驾护航作用,对金融市场行为的规制不仅是可能的而且是必然的。其次,以我国金融市场政府规制失灵的表现作为切入点,运用经济学工具深入剖析金融市场政府规制失灵的深层次原因。再次,本章论证了伦理规制的文化基础,指出伦理规制是介于外在性政策法规与内在性道德准则之间的软性社会规制。最后,通过理论分析与实践证明,阐述了金融伦理规制对金融市场秩序规制的必要性,为第六章金融市场伦理规制体系的构建做好铺垫。

第六章,中国金融市场伦理规制体系的构建。在前五章研究的基础上,本书从金融职业道德规范、金融信用咨询平台的构建与舆论建设、法律法规的日益完善三个方面来搭建伦理规制体系,并提出了具体对策措施。同时还指出,金融职业道德规范及其实施机制的重构是实践中的主要任务,金融职业道德规范离不开信用体系建设和法律建设的支持。如果离开信用体系建设和法律建设的支持,金融职业道德规范最终将变成一纸空文。金融伦理通过信用意识内化到个体,增强个体道德的自律;金融伦理通过咨询平台和舆论机制,引导人们的伦理价值取向,善化个体的伦理行为动机;通过法律法规的健全,确保金融活动的道德底线和金融市场秩序。因而这三方面是内在有机统一的。

本书坚持"经济人为了追求长期经济获利,其行为内蕴伦理性"和"金融伦理的合理内核在于诚信、公平、公正"两个观点,论述围绕"失信"和"解决失信"展开。本书研究的课题在全球范围内才刚刚起步,其中难免会有不足甚至错误,望广大读者见谅并指正。

第一章 中国金融市场与金融市场利益冲突

伴随中国的入世、国际合作的加强、金融创新技术的引进以及金融管制的放松,国内金融市场也迅速开放和发展起来,金融业竞争日益加剧,市场上的各行为主体为提高经济效益和争夺市场份额展开了激烈的竞争。市场主体参与到金融市场的运作中来,其直接目的在于从金融市场获取收益。由于市场主体来自不同的国家、地区,来自不同的利益集团,且受社会所有制的决定和影响,所以必然具有不同的意图和利益要求。不仅作为市场主体的种种组织具有质的差别,组成同一组织的个体更是千差万别。由于利益主体的复杂多元及其市场运作的差异,形成了金融市场中复杂的利益关系;由于各利益主体的目标不一致,导致他们的行为不一致,引发各种金融市场的利益冲突。要缓解中国改革过程中金融市场存在的无序和不必要的利益冲突,除了从传统的制度规范、法律惩治、产权改革等解决办法入手外,实施伦理引导与规约也越来越有其必要性。

一、中国金融市场概述

准确地认识和把握金融市场的基本内涵、构成以及本质特征,是研究金融市场必须解决的首要问题。金融市场作为商品经济运行不均衡和市场经济发展的产物,它与一国社会制度的历史演进有密切联系。因此,研究我国金融市场的利益冲突,必须首先对我国金融市场有一个较为全面的认识。

(一)金融市场的界定

金融市场是资金融通的场所和信用关系的总和①。现代的信用关系,实际上就是资金融通关系。现代金融市场的资金融通关系主要有两种形式,一种是直接融资,即证券发行单位发行股票、债券等各种有价证券,资金盈余单位通过购买这些有价证券,将资金直接投入证券发行单位;另一种是间接融资,即资金盈余者将资金存入银行和非银行金融机构,资金的短缺单位通过向银行和非银行金融机构借贷把资金融入企业。自 20 世纪 80 年代开始,随着现代金融市场规模的扩大,数量的扩张,西方发达国家的直接融资市场与间接融资市场已经融合在一起,共同构成一个统一的、难以严格区别的现代金融市场。如果要从资金融通的期限上划分,金融市场可以分为货币市场(又称短期金融市场)与资本市场(又称长期金融市场)。货币市场主要包括一般的银行存款、贷款、银行或金融机构之间的拆借市场、贴现市场、票据交易市场;资本市场则主要是指股票、证券的发行

① 李越:《金融市场秩序》,中国发展出版社 1999 年版,第 87 页。

市场(一级市场)和交易市场(二级市场)。

金融市场有广义和狭义之分。本章讨论的金融市场范畴是包括货币市场与资本市场两个市场在内的广义的金融市场。

(二)金融市场体系及功能

金融市场是资金的供需双方进行交易的场所,也经常被形象地比喻为一个国家经济体系中收集、分配资金的水库和分流站。在这个分流站中,作为交易价格的市场利率或收益率是控制资金流量的阀门。金融市场上交易的对象是各种金融资产,既包括货币、外汇、银行定额存单、商业票据、政府债券、企业股票、债券等基础性金融资产,也包括金融期货、外汇期货和期权等派生性金融资产。这些金融资产的供给与需求实际上代表对资金的需求和供给,二者是一个硬币的两个侧面。金融中介机构是金融市场上众多的参与者中的一个不可缺少的重要组成部分,对资金的借贷、流动和合理配置起着十分重要的作用。一个国家金融体系的建立和健全,是与多样化的金融中介机构的建设分不开的。

1. 金融市场体系

金融市场体系一般包括:各种金融机构在市场中的作用和职能以及它们彼此间的关系、资金在这一体系中的流通、各类金融机构的运行,以及政府通过制定金融法规和组织监管机构来控制这个系统中的秩序。

(1)交易主体

金融市场的参与者是金融市场的主体。一个健全的金融市场对参与者有两个要求:一是参与者足够多;二是参与者之间相互独立。从经济学的角度看,上述两个条件可以使整个金融市场上的参与者较好地充分地进行竞争,并完全自由地进行交易。一般而言,金融市场上的交易主体包括参与交易的个人、企业、政府和各种金融机构。

(2)中介机构

金融中介机构可以分为存款类金融机构(如商业银行、互助储蓄银行、信用社等)、投资性金融机构(如投资银行、金融公司、投资基金等)、合约性金融机构(如保险公司、退休基金、养老基金等)。

在金融市场上,存款类金融机构是从个人和机构手里接受存款来筹措资金,从事商业和消费贷款的金融中介机构(financial institutions)。在美国,存款金融机构包括商业银行、储贷协会、互助银行和信用社等几种。目前,我国银行业已形成了以国有商业银行为主体,其他银行业金融机构并存,功能齐全、形式多样、分工协作、互为补充的多层次机构体系。截至 2003 年年底,我国银行业金融机构包括:4 家国有商业银行、3 家政策性银行、11 家股份制商业银行、4 家资产管理公司、112 家城市商业银行、192 家外资银行营业机构、209 家外资银行代表处、723 家城市信用社、34577 家农村信用社、3 家农村商业银行、1 家农村合作银行。另外还包括 74 家信托投资公司、74 家财务公司、12 家金融租赁公司和遍布城乡的邮政储汇等非银行金融机构①。

投资性金融机构在金融市场上间接为证券市场和证券投资人以及消费者服务,它不从事商业银行业务(即不接受存款和发放商业贷款)。在美国,投资性金融机构包括投资银行、经纪和交易商公司、金融公司(financial company)、投资基金(investment funds)以及货币市场共同基金(money market mutual funds)等。

合约性金融机构在金融市场上是以合约方式定期定量从持约人手中收取资金(如保险费或养老金缴费额等),然后按合约规定向持约人提供保险服务或提供养老金。合约性金融机构包括人寿保险公司、财产和意外灾害保险公司、养老基金、退休基金等。这类资金大都以存入银行或购买国债的方式投放到金融市场上。由于死亡、火灾和其他灾害、退休等事件都可以用概率方法推算和估计,因此合约性金融机构可以预计每年大约需要付出多少赔偿费和退休金,因而这类机构也可以将其余的资金投入股票市场上运作。

(3)监管机构

---

① 唐双宁:《加入 WTO 后中国银行业开放要做好三方面工作》,新华网(www.xinhuanet.com.cn),2004 年 7 月 1 日。

各个国家的中央银行、货币管理当局及地方政府都是金融市场上的重要参与者。中央银行、货币管理当局起着制定财政、金融政策，并且贯彻、监督财政与金融政策运行的作用。中央银行与地方政府可以通过发行各类债券（如国库券、建设债券等）筹措资金用于国民经济的建设，并用来弥补财政赤字，调节国民经济。此外，中央银行还经常通过购入或抛出某种国际性货币的方式来对外汇市场（foreign exchange market）进行干预，以便能把本国货币的汇率（exchange rate）稳定在一个所希望的水平上或幅度内，从而实现本国货币金融政策的意图。西方国家除中央银行外，其他政府机构如财政部、商业部等为了不同的经济目的，有时也进入外汇市场交易。

（4）金融工具

金融工具是用来证明资金需求者与资金供给者之间融通货币余缺的书面证明，其最基本的要素为支付金额与支付条件。

金融工具按其流动性来划分，可分为两大类：①具有完全流动性的金融工具，通常指现代的信用货币。现代信用货币有两种形式：纸币和银行活期存款，银行活期存款可看作是银行的负债，已经在公众之中取得普遍接受的资格，转让无障碍。这种完全的流动性可看作金融工具的一个极端。②具有有限流动性的金融工具。这些金融工具也具备流通、转让、被人接受的特性，但附有一定的条件。包括存款凭证、商业票据、股票、债券等。它们被接受的程度取决于这种金融工具的性质。一般而言，金融工具具有流动性、风险性、偿还期和收益性四大特征。

2. 金融市场功能

在市场经济体制中，存在着三大市场，即要素市场、产品市场和金融市场。其中，金融市场处于整个市场机制的核心，其所以如此，是因为金融市场具备以下功能：

（1）信息传递功能

金融市场事实上是一个信息市场。信息的发布、传递、收集、处理和动用成为金融市场上所有参与者都十分重视的竞争焦点；在金融市场上，信息必须充分、及时、公开、准确，保证所有的市场参与者都能够及时获得准确的信息。在金融市场运行过程中,由于供求关系的变化、利率的涨落、竞争的激烈程度和风险—收益的转换等作用,能够直接反映金融市场的行情与发展趋势,因而金融市场能给行为主体传送大量信息,使各个市场主体做出灵敏的反应。比如,在其他条件不变时,市场利率的涨落变动会导致企业资金成本的提高或降低,进而影响企业利润,企业则据此调整经营策略。金融市场运行机制的这种信息传递功能,同时也为提高金融调控的科学性、有效性和灵敏性创造了条件。

(2)优化配置资金功能

社会经济资源的有效配置和利用,是经济学研究和宏观经济政策的基本问题。从经济学的角度看:资源的有效利用意味着可以用较少的资源创造出较多的使用价值。这里隐含着两个前提:一是在同一经济部门,资源必须流向生产最有效的企业;二是在各经济部门之间,资源必须流向社会最需要的部门。人们也期望资源配置能够实现"帕累托最优"。在市场经济运行过程中,以上两个前提并不一定同时具备,因而"帕累托最优"也就难以实现。但许多国家包括我国改革开放二十多年来的实践证明,充分利用市场来配置资源不失为一种较好的方法。在这当中,金融市场及其运行机制扮演着十分重要的角色。在市场经济中,货币资金的流向直接决定着商品和其他资源(如劳动力资源、科技资源及各种经济资源等)的流向,因而,资源配置的效率和效益如何,在很大程度上取决于货币资金能否按经济合理性原则在各部门和各企业之间高效地流动。

金融市场作为资金融通的场所则提供了这样一种机制:首先,它为经济资源的流动和配置提供了场所,既可以使企业在这里筹措到资金,又可以在这里暂时转让闲置资金;其次,由于金融市场拥有复杂多变的利率机制、广泛的信息资源和众多的投资者,因而既能使那些有发展前途的企业获得价格合理的资本,同时又可拒绝给那些没有发展前途的企业注入资金;最后,金融市场品种多样的金融商品使其价格与利率之间建立起一种内在的、灵敏的感应关系,从而大大地提高了利率机制的弹性和机动性,使经济资源的配置得到优化。

（3）自我调节与平衡

在既定的外部力量的条件下,由于金融市场内部各要素或变量的因果关系和变换机制,金融市场会自动保持一种对输入信号的灵敏反应,并最终实现金融市场的自我调节和平衡。这说明,要维持金融市场的正常运转及其调节功能的有效发挥,其必要前提之一就是必须要充分注意尊重金融市场运行机制的自主性和自动调节规律。首先,要保证金融市场参与主体的利益独立性及其市场行为的自主性,不允许存在任何形式的超经济强制;其次,要维护竞争的自由度和公开性,减少垄断因素;最后,要确立资金价格的市场形成机制,使利率信号在金融市场上通过供求变动而自动形成,避免直接行政干预。

通过对上述金融市场功能的分析,我们可以得出四点基本结论:

①在现代市场经济条件下,金融市场作为一种有效的资源配置机制不仅为市场经济运行所必需,而且构成整个市场体系的基础和核心;因此,金融市场秩序的稳定,也就自然而然地成为构成整个市场体系秩序稳定的基础与核心。

②融资主体在利益上的独立性、差异性和多元性是现代金融市场产生并有效运作的一般基础,要维护金融市场稳定、有序的秩序,必须要借助于利益调节机制以充分体现市场经济条件下的等价交换和平等竞争原则。

③金融市场机制具有很强的调节自主性和自运转特征,一方面决定了国家对金融市场有很强的调节自主性和自运转特征;另一方面,由此决定了国家对金融市场的调控是间接调控,而不能够直接干预融资主体的行为和干扰金融市场内部的运转机理。

④规范化、法制化管理既是金融市场稳定、高效和有序运转的充分条件,也是其必要条件。

（三）中国金融市场现状

金融市场的产生与发展,为我国经济建设做出了巨大贡献。但由于我国的具体国情和金融市场的独特运行机制,我国金融市场在发展过程中,也存在一些问题。改革开放以前,为了执行重工业优先发展战略,我国全面实行了计划体制,金融业也不例外。正规的金融市场被取缔,金融机构只剩下中国人民银行一家,该行既充当中央银行,又是惟一一家经营商业银行业务的金融机构。由于我国是个落后的农业大国,资本极为稀缺,因此,如果利用市场机制配置资本,资本价格就会非常高昂。而重工业一般是资本密集型的,投资周期长、风险大,需要从国外进口机器设备。这样,在市场机制下,重工业优先发展战略就会落空。为了推行重工业优先发展战略,国家只好人为压低利率和汇率,以便降低资本价格。在这种情况下,金融市场实际上是不存在的,政府用行政手段直接分配稀缺的资本。这种计划体制可以保证处于优先发展地位的重工业获得足够的资本支持,但是却牺牲了资源配置和利用效率,稀缺的资本没有配置到生产效率最高的部门。

改革开放以后,国家为了调动各方面发展经济的积极性,对经济的控制逐渐放松,即遵循所谓的“放权让利式”改革。原有的一些银行和非银行金融机构渐渐恢复,还开设了一些新的金融机构。随着乡镇企业等非国有企业的发展和国有企业改革的深入,客观上产生了对金融服务的需要。1979 年至 1983 年,国家恢复和成立了四大国有专业银行和非银行金融机构;1984 年,建立中央银行制度,形成管理与运作相分离的二级银行体系;1986 年,第一家以股份制形式组织起来的商业银行——交通银行重新开业;1987 年,第一家由企业集团发起建立的银行——中信实业银行成立,此后,第一家由地方金融机构和企业共同出资的区域性商业银行——深圳发展银行也开始营业,其余十多家股份制商业银行相继进入我国金融体系;1990年,我国先后成立了深沪两个证券交易所,从此证券公司在全国雨后春笋般发展起来;1994 年又成立了三家政策性银行;1995 年,以民营资本为主体的民生银行成为我国商业银行体系中的新成员;1997 年年底,有 74 家城市商业银行开始营业;1999 年,又先后成立了四大国有资产管理公司①。经过二十多年的改革开放,我国现已基本形

---

① 陈高翔:《我国金融创新的现状、问题与发展对策》,《中国市场》,2004 年第9 期。

成了以中国人民银行为主导,国有独资商业银行为主体,多种金融机构并存,分工协作的金融机构体系格局。金融机构的种类包括国有独资商业银行、政策性银行、股份制商业银行、城市商业银行、外资银行营业机构、外资银行代表处、城市信用社、农村信用社、信托投资公司、财务公司、典当公司、金融租赁公司、保险公司、基金管理公司和担保公司等。这些机构在市场中各自发挥着独特的融资作用,随着我国市场经济体系的不断完善,一些新型的金融机构还将不断涌现。

但是,在国有企业真正成为市场主体以前,金融市场化会导致国有企业的资本成本大幅度上升。国有企业因为有政策性负担,自我生存能力较差,完全市场化必然使大部分国有企业无力负担资本成本而无法生存。为了保护国有企业,国家并没有使金融体系完全市场化,而是具有很强的政策性。四大国有银行80%以上贷款给了国有企业,非国有企业很难得到银行贷款。其他融资渠道如证券市场初期,非国有企业也很少参与。国有银行的政策性负担使得银行资产质量恶化,资本严重不足,收益急剧下滑。原央行行长戴相龙2002年在"中国发展高层论坛"上指出,目前我国的不良贷款率是25%。这是银行在剥离了1000亿元不良资产后的数字,实际上如果不剥离,估计不良贷款率可达到35%。按规定,银行不良资产比重不得超过15%。而我国银行的不良债权已大大超过这一比例。在国有经济经营效益不甚理想的同时,非国有经济获得了很大的发展,成为中国经济快速增长的重要支撑力量。但是,非国有经济缺乏正常的融资渠道,进入正式的金融体系成本很高,极大地限制了整体经济的发展。

除了银行以外,国家也陆续开始恢复或新建保险、信托、证券等金融市场,这些非银行金融机构发展很快,对国民经济发展起到了较好的促进作用。但是,类似于上述的银行市场,在保险、信托和证券领域仍然存在所有制的歧视,国有企业和非国有企业之间不能开展公平的竞争。成立证券市场的初衷,更是直接定位为帮助国有企业脱困。金融市场上这种缺乏公平竞争和健全法制的环境,加剧了金融市场的混乱,金融市场不能起到为技术创新和经济增长积累、配置资本的作用。另外,非银行金融机构规模偏小,实力有限,使竞争力普遍较弱。以较为典型的证券业为例,据统计,截至 2004 年 7 月,我国共有专业性证券经营机构 167 家,兼营机构 430 多家,其中注册资本在 10 亿元人民币以上的有 41 家,注册资本金超过 30 亿元人民币的大券商只有银河证券、国泰君安等两家,400 多家证券经营机构平均注册资本不到 3000 万元;总资产约 1600 亿元,平均每家 4.72 亿元。美国 1993 年年底,最大的十家投资银行平均股本达 29.8 亿美元,排名第一的美林证券高达 54.8 亿美元,我国所有证券机构的净资产总和不及美林证券一家的净资产。由于证券服务业属于资本密集型行业,需要大量的资本投入,因此就资产规模而言我国证券经营机构处于明显的劣势地位[①]。

除了上述现象以外,我国金融市场监管也存在突出问题。从内部看,金融机构面临着与国有企业一样的困境,即如何真正解决激励与约束机制问题。从外部监管看,首先表现为金融法规建设滞后,中国现行有关金融监管方面的法律经过多年修改,已经较为系统,较为完善,如人民银行法、商业法、证券法、保险法等都已正式出台,相关条例细则也不断推出完善。这些对规范国内金融机构以及外资金融机构的行为,都起到了很好的作用,保证了金融市场秩序的稳定和有序。但由于我国金融监管经验不足,导致法律的涵盖面并不广泛,法律的局限性严重,特别是一些临时性的管理条例、实施办法缺乏一致性、连续性、权威性,给金融市场发展带来了较大障碍。同时,监管体系尚未理顺,市场监督权力分散,监管部门缺乏评价考核金融机构市场风险的标准,对异常金融变动缺乏预警定位和风险处理,缺乏对市场异常变动及时认定、分析和处理的管理技术,监管大多是事后监管等。这些都是金融监管中存在的主要弊端。

通过对以上我国金融市场发展的历史回顾和现状总结,我们能够看出我国金融市场发展存在以下不足:

①缺乏真正的金融市场参与主体,从而导致主体行为的变异和

---

① 李峰、田素华:《中国证券市场对外开放的途径选择》,《中国证券报》,2001 年 10 月 15 日,第 12 版。

金融交易行为的不规范。从作为筹资主体的企业来看,缺乏自我积累、自我发展动机和理性的自我约束机制,对金融市场缺乏真正的参与意识和风险承受能力,这就使金融市场因规范筹资主体的缺位而难以正常运作;从投资主体来看,其作为金融市场上的资金供给者和金融市场正常运作的重要制约因素尚缺乏真正的金融意识,股票市场上表现出的股民参与热情与其说是金融意识的觉醒不如说是金融意识的畸形表现。现实中人们所表现出的只是获利冲动,而缺乏相应的风险观念,使我国金融市场,尤其是证券市场上因投资不足而投机猖獗。

②忽视金融市场发展的规律性和自发性,从而无法形成健全完善的金融市场运行机制和稳定有序的运行秩序。从我国金融市场发展的历史和现状看,无论在市场形式的建设方面,还是在金融机制的形成方面都带有强烈的人工色彩,这样不仅不利于金融市场的发展,而且破坏了其内在运行机制的自发性和关联性,使真正完善的金融市场机制包括供求机制、竞争机制、资金价格机制、证券发行与交易机制及风险收益机制等无法形成,其对经济运行的调节和资源配置的导向功能也难以实现。

011

③金融市场正常运行和发展所遇到的主要障碍仍然是过多的、刚性的直接计划调控和行政干预。虽然近年来我国金融监管当局越来越多地倚重于市场机制进行宏观调控,强调监管部门"守夜人"的定位,但由于市场监管经验的缺乏,在遇到突发事件或紧急形势时,还是不得不依靠直接计划调控和行政干预。再加上我国主要的金融价格,如利率、汇率都还没有市场化,个别证券市场依然保留有额度控制等限制,使得金融监管机构也还不能完全放弃直接计划调控和行政干预。刚性的直接调控方式和"松—胀—紧—死"的金融调控效果不仅难以形成一个稳定的金融市场外部环境,破坏了金融市场正常运转的内在机理,而且使金融活动主体对未来的收益和风险无法进行正常的预测。从结果看,这不仅不利于货币资金通过各种金融市场机制进行有效配置,而且还会助长金融市场的欺诈行为和市场赌博行为,导致金融市场秩序混乱。

④金融市场法律制度的建设严重滞后,难以形成规范化的金融市场监管体系。从西方各国金融市场的管理看,无不以建立健全完善的金融法规和制度体系为保障,这是市场经济体制本身的客观需要。而我国政府对金融市场的现行管理仍然倚重行政手段。从资本市场特别是股票市场的状况看,无论是证券的发行还是证券的交易,都很大程度地依附于行政性管理和干预,整个证券市场缺乏必要的法律制度规范,加上行政性干预的随机性、非理性,从而难以稳定有序运行。从我国股票市场的现实情况看,其固有的资源配置、结构调整和机制转换功能基本上没有显示出来,而是在很大程度上成为投机盛行和支持地方投资膨胀的场所。利益驱动、上下争利、投机猖獗、部分政府官员以权谋私、幕后交易等表现为股票市场运行的主要后果。

二、中国金融市场的主体及其利益关系

经济学假定人是有理性的,理性地追求个体自身利益(或效用)最大化。制度经济学进一步考虑了交易成本之后,假定个体只有有限理性,每个个体都在他所依存的体制所允许的有限的范围内使自己的利益(或效用)最大化。由于个体利益的不同,在同一组织内部将产生不同的利益主体。各利益主体的目标不一致,导致他们的行为不一致,引发彼此之间的利益冲突。探析市场主体之间的利益关系,发现利益冲突的根源,对于寻找解决利益冲突的有效途径具有重要的意义。

(一)中国金融市场的主体

利益不仅是一个经济学概念,也是一个伦理学概念。利益是经济关系的基础,也是伦理关系的基础。利益有广义和狭义的分别。狭义的利益一般指经济利益,广义的利益除了经济利益之外还包括非直接性的经济利益。就金融市场领域来说,金融市场行为主体的

利益不仅仅包括货币收入,也包括了各类非货币性收入,如心理收入、政治地位的稳定和提高、政治支持度等等,在种种利益驱使下,利益的计算、判断和计量与行为主体自身的利益目的、约束条件有着直接关联。所有市场内的行为主体,在彼此的交易中,都以自身利益的获得为主要行为导向,从而形成复杂的利益关系。

1. **中国金融市场行为主体的利益诉求**

"利益"一词有两个基本的来源。一个偏重于人与物的具体关系,如"goods",日常用法是指"商品"和"货物",在伦理学著作中翻译为利益。"benefit"也可归为这一类,因为这个词表达的是因物品而得到的"好处"。另一种偏重人与物的抽象关系,如"profit",特别是"interest"。前者是从"利润"、"盈余"中引申出"获益"的意思,而后者则从贷款取息这种近代商业活动转变为"利益"。从利益这个词的这种多重表达方式中可见,这个词既是个具有多种内容的日常用语,也是个价值用语。作为价值用语,既表现了人与物的使用价值关系,也表现了交换价值关系。在使用价值关系中,利益表达的是人与自然的有用物之间的关系;而在交换价值关系中,利益表达的是在物的关系背后的人与人之间的关系。可以认为,利益作为一个社会哲学的概念,表现了人所共有的,在商品交换关系中表达出来的行为动机。

一般地说,市场经济脱胎于传统的自然经济社会,其利益关系的建立有一个合乎逻辑的发展过程,即以对个人利益主体的合法性承认为起点,以对普遍性的个人之间的利益交换的整体关系的合理性设计为过程。与这一过程相比,我国没有从自然经济直接进入市场经济,而是以计划经济中断了这一发展过程,用国家的力量建立起了现代经济体系,积累了大量的社会利益存量,形成了既定的利益关系结构,甚至是一定的既得利益阶层。

在国内金融市场中各行为主体的利益目标是不一致的,其利益诉求也是不一致的:①政府主体有参与者与监管者两种身份,即参与者政府与监管者政府。前者具体表现为上市公司和其他行为主体的出资人(股东)身份,后者是立法意义上的身份。政府的双重身份既是中国证券市场的根本特色,也是造成市场利益关系特别复杂的关键因素。政府不仅仅以"保护"和"公正"来换取收入,它也可以通过加入市场交易、作为市场的参与者来获得交易收入。在前一种身份时,政府希望通过证券市场实现最佳的资源配置,全面提升产业结构,促进工业化进程;而在后一种身份时,政府多通过自己的代理者来参与市场的实际运作。②国有上市公司作为政府的市场代理人,参与相关交易活动。在具体利益上,它与委托者政府有一致之处,也有冲突之处。公司都有着一个共同的终极利益:经济资源控制水平,通常以对更多收入、更高利润的偏好表现出来。上市公司可以通过违规经营与合法经营两种基本手段来达到提高企业经济地位、增强经济控制力的利益目的。而后者包括了争取优惠政策、获得筹资额度、经营努力等几种行为,它们与违规行为之间是可以互相替代、互相补充的,每种行为都会耗费企业有限的资源。③投资者的收益主要有股息分红和资本利得两部分。在成熟的证券市场上,由于市场机制的优胜劣汰作用,收益的前部分基本上还是比较稳定的,但在国内市场上,"绩优公司"一夜之间变成空壳的事屡见不鲜,股息分红这部分基本是没有保证的。这个外部给定的环境是投资者行为无法改变的,它是中国股市的内在特性。投资者要获得高于平均收益的资本收入,更多的是依靠股票价差。他会利用自己掌握的资源促使股票价差的形成,如果没有形成或者获得这个价差的机会,或者形成、获得的成本高于得到后的期望收益,投资者会从证券市场退出,将资金资源转移到有更高收益的地方。获利的冲动驱使着机构投资者有可能采取任何措施,包括选择违法违规行为。而一般投资者通常对投资所必需的信息搜集和分析工作的重视程度并不是很高,他们期望能获取超额利润,且尽量减少成本,因而对投机行为更有兴趣。④中介机构包括证券公司、会计师事务所、律师事务所、资产评估公司等组织。中介机构提高中介产品的数量可以直接获得收入,而提高质量的收入在于产品价格的提高,或者可以帮助建立公司的品牌形象,吸引更多的产品购买者,中介机构提供"质量"和"数量"产品的成本包括投入的专业劳动的成本和一定的信息产品违规风险。⑤媒体的生存和发展依赖其货币收入。媒体的收入有财政补贴、发行收入与广告收入三大部分。但其利益并不仅仅在于货币收入,它所拥有的公平、公正的价值观的价值体现,是其他主体所不具有的利益因素。媒体对其他主体的舆论监督是实现其价值观的主要手段。媒体公平、公正价值观的实现有利于建立有公信力的媒体品牌形象,而一旦品牌建立起来,媒体的发行收入和广告收入将会得到较大的提高。但媒体公平、公正价值观利益的实现受到越来越多的外部因素的约束,媒体投资方资本的意志、媒体经营和生存的压力、体制内新闻管制的约束、财经记者编辑的专业水准、职业道德以及来自报道对象的诉讼压力等,都构成了巨大的障碍。由于各交易主体目标的不一致极其容易导致利益冲突。

2. 行为主体的利益来源

行为主体参与到金融市场的运作中来,其目的在于从金融市场获取收益。利益的存在和变动影响了行为主体在约束条件下的各种行为。金融市场利益来源的类型和量的大小决定了行为主体逐利的外生环境。国内金融市场由于自身的特性,在利益来源与存量上有着与成熟市场不同的特性。

(1)市场制度本身的资源价值

金融市场本身就是极具价值的资源。金融市场的价值来源于其内涵的资源配置机制。作为资金集散与股权交易的场所和机制,金融市场提供了交易计量与测度的信息,同时提供了资源向效率更高领域流动所必需的途径。金融市场实现了直接融资的大规模发展,为资金的需求者和供给者提供了交易的场所和机制,部分解决了社会化大生产和个人之间的矛盾问题,并使资金向使用效率高的企业和领域流动,实现资金资源的优化配置。金融市场将股权和资金的交易内部化,并通过市场的集中交易,降低了交易成本。提高配置效率的部分收益将外溢,但大部分的收益将留存在市场内部,由市场参与者分享。

金融市场有作为风险控制工具的价值。金融市场为股权、债权的迅速流动提供可能,只有这种流动性,才能有效降低持有证券的风险,为市场参与者带来降低风险的效应。对投资者来讲,金融市场提供了投资的机会,使投资者可以通过对股票或债券的投资实现对公司的直接投资。投资者在获得足够信息的情况下组合自己的投资,分散投资的个别风险。这构成了投资者的部分收益来源。

在金融市场的各个行为主体中,政府最为看重市场制度的整体价值,政府创建金融市场的目的在于得到整体的制度价值。在经济市场化转轨和体制改革的大背景下,中国金融市场担负了许多体制转轨任务和结构调整功能:改善企业的融资结构、提高直接融资的比例;对国有企业进行股份制的改造;建立一个产权流动的市场,为国有经济的战略性重组创造条件;缓解目前银行体系信贷资产的呆滞状况,推动金融体制的改革。从政府角度来讲,金融市场的这些功能的发挥能够带来极大的经济效用,还可以有效地稳定政治基础并扩大税收和租金。

（2）企业的创租

金融市场机制降低了资金资源的交易成本,扩大了市场交易主体的获利空间。在另一方面,金融市场促使上市企业提高资金使用效率,创造更多价值,这也是金融市场利益的重要来源之一。

由于股权和资金的流动性,股权的外部持有者可以通过积极或消极股东行为实现对公司的控制,债权持有者可以利用"相对控制权"在企业经营困难时接管企业,对企业的经营管理形成压力。证券的外部监控权可以通过对公司的接管来实现,金融市场的外部治理作用得以显现。

虽然在我国金融市场上,由于国家的普遍控股地位,金融市场的外部治理作用被大大削弱,但即使如此,在企业管理者收入与企业的业绩紧密相连时,企业管理者仍有改善经营的动机。金融市场上资金等资源最终会流向使用效率高的领域,而经营不善的企业通常被市场抛弃。竞争的压力会使得企业管理者努力进行技术创新,不断改善企业流程,提高企业的价值,这就是"创租"行为。投入的资金要素创造的收入在创新企业中被提高了,而其他市场主体可以通过要素的注入,使得这部分利润在市场内扩散。这样,要素的不停流动,可以促使市场范围内的企业"创租"行为持续进行,为整个市场不断地提供利益来源支持。

(3)管制租金①

金融市场的形成有自发和政府强制建立两种。前者多存在于发达市场经济体系中,随着市场条件的变化,交易者个体达成有关交易场所与机制的契约,并在长期的交易中逐步完善这些契约规则,其目的在于获得没有这种机制时无法获得的筹资便利、投资收益、流动便利、风险分散等收益。而政府主导建立的金融市场机制体系,其直接目的是以此机制来推动经济的发展或者顺应某些行为主体的要求,以巩固统治阶级的政治基础,发展经济,增加收入。无论是自发形成的还是政府主导建立的市场,在运行中均存在一定的实际进入限制。各行为主体愿意支付一定的成本进入金融市场,认为以此成本进入后能获得超过要素投入其他领域的收入,即要素投入金融市场的收入高于其机会成本,存在着要素进入的"租"。在相同的条件下,不同的主体成本评估不同,决定了各类行为主体对进入和留在金融市场的预期收益不同,从而导致不同的行为决策。但从长期来看,如果没有"租"的存在,资金资源将退出金融市场。

在要素自由流动的金融市场上,"租"只能暂时地局部存在,逐利的竞争会使租金很快消散。当租金存在时,拥有要素的主体将很快由其他领域进入,摊薄租金,最终各类要素所有者会获得与其机会成本相等的收益,市场的资源配置作用也就体现出来。在管制严格的金融市场上,如国内金融市场,无论是进入还是退出市场,都受到政府的严格管制,采用资格审批的管理方式,进入或退出金融市场都要承受较高的成本。同时,在经过多次整顿后,只有深、沪两个交易所为合法交易场所,而任何其他的场外证券交易都是非法的,其他市场参与者只能接受政府提供的交易服务。政府利用自己的垄断地位,实行严格的管制,限制了有套利动机的行为主体在金融市场的逐利活动,保护了场内交易者分享租金的地位。由政府严格管制是中

---

① 这里的管制是指对金融市场要素流动的管制。

国股市自身的特色。管制的后果是创造了管制租金,而股市问题的根源就在于管制租金的存在。政府对要素流动管制产生的租金是场内其他行为主体利益的主要来源之一,是其他主体借助政府的权力得到的垄断性收益。

(4)场外资源

无论是金融市场制度本身的价值、上市企业的创租还是管制租金,都是金融市场内部产生的利益,但金融市场不仅仅是场内行为主体进行场内利益分配的场所,也涉及场外资源。各行为主体为获得在场内的收益,通常会投入一定的场外资源。在场外资源的投入上,投资者和政府是最重要的主体。投资者将新资金不断投入市场,投资者可能投入的资金成为各方争夺的场外资源。政府要利用金融市场支持国有经济改革,发展经济,必须保证金融市场的平稳和发展。因此在金融市场出现剧烈波动时,政府必须投入资源以维护市场的稳定,这就是通常所讲的股市是"政策市"的原因。政府投入金融市场的不仅仅是上市公司资源、银行资金(在政府默许下进入),也包括了政府的各项支持市场的政策。这些资源也成为参与博弈各方争夺的焦点。

(二)行为主体间的利益关系结构与利益分配

金融市场的各参与主体在市场中展开逐利竞争。他们以一定的利益主体为核心,按照不同的层次对市场中的总体利益进行分配。

1. 利益关系结构

金融市场上各行为主体的利益关系可用图 1 表示(见下页):

在这个利益结构图中,上市公司处于利益关系的中心。政府是一个统治机构,它由具体的监管代理人与市场代理人执行其实际行为决策。政府界定各个行为主体的行为边界。在国内金融市场上,政府掌握了大部分的经济与政治资源,其他行为主体的寻利活动都受到政府利益与意志的影响,政府利益是利益关系结构网络的重心。中小投资者与机构投资者既通过中介机构与股份公司发生关系,也独立与之发生利益交换。从金融市场实际运行看,机构投资人更偏

图1　金融市场利益关系结构图

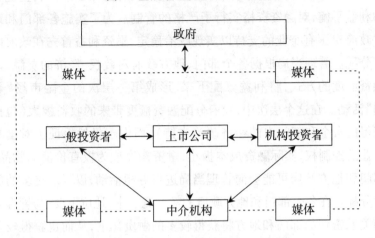

重于发展与股份公司的直接关系。媒体游离于整个体系中,随时会依附于某一个行为主体群体。

围绕上市公司,各个行为主体群体在市场上展开逐利竞争。政府的市场代理人——国有企业管理者的目的即为获得现金流,改善国有股份公司经营情况,增加自己控制的租金流量,提高代理人自己的社会地位和个人收入,而同时政府得以巩固经济基础。中小投资人和机构投资人是市场资金的供给者,通过向市场注入资金,来获取投资活动收益。金融市场实质是信息市场,中介机构通过帮助政府实现金融市场信息的交换,获得信息产品的销售收入。媒体主体的利益独立性最差,它通过对依附其他主体的成本—收益比较,选择依附对象。在国内金融市场上,媒体多为政府主办,即使在自负盈亏政策下,主要管理人员通常仍是政府任命的,如三大金融市场报纸,必然和政府监管者意志统一;对收入主要依靠市场的媒体,政府对媒体领域准入的管制为其创造了获利的空间;市场资本创立的报纸在国内金融市场刚开始出现,它们体现的多是资本的意志。

2. 利益分配的三个层次

国有企业改革过程中资金的极度短缺是我国建立金融市场的原始推动力。政府要发展经济、巩固经济基础,必须满足国有企业的资金需求。由于需要融资的国有企业过多,政府为保证总体利益优化和利益平衡,对融资资格实行了严格的管制。为了实施各部门和地方政府对国有企业的支持以实现政治稳定,融资利益首先在政府内部分配。管理当局根据各个部门、地方政府对政权、经济的贡献,以融资额度的方式,将利益分配下来,形成第一层次的金融市场"寻利"活动。在这个层次中,政府分配融资额度带来的收益极大(包括获得的资金和部门内的经济政治支持),而由于仍然保证了对国有企业的控制权,实际融资成本极小,融资额度成为极有价值的物品,部门和地方政府可能会向管理当局进行寻租活动,以寻求更多的额度分配。在各个部门和地方政府的额度竞争中,地位重要、与管理当局关系密切的部门和地方将获得较多的融资额度,从而也获得较多的利益。虽然额度控制在2000年已经取消,公司上市采用核准制,但其影响依然存在。另外,在债券市场目前依然采用额度控制。

在部门和地方政府获得融资额度后,国有股份公司将为获得融资资格而竞争,进行第二层次的利益分配。部门和地方政府官员对市场的总体效益并不关心,他们更多的是关注本部门、本地方的经济发展、就业等问题。与在部门和地方政府间的分配一样,额度在部门和地方政府内将首先分配给在地方和部门经济中重要的国有企业(其重要性取决于多种因素,包括其经济地位和就业情况),或者是与其关系密切的企业,而不是以是否符合上市条件为依据,这就导致了众多资质较差的企业进入了金融市场。部门内和地方的众多企业为获取上市额度,可能向掌握额度的官员寻租,租金部分消散。

国有股份公司要实现进入金融市场融资的目标,还必须有投资者和证券服务产品提供者的配合,利益将在参与证券发行和交易的主体间进行第三层次分配。在利益分配的第三层次,股市的走势及现状是各利益主体力量相互作用的结果。各利益主体参加博弈,可以首先从政府(证监会及各级证券管理部门)制定政策开始分析博弈过程:假设当时金融市场可能正处于低潮,众多国有股份公司的筹资目标无法完成;中介机构获得的信息服务收入锐减;投资者拥有的股票资产贬值,他们都会要求政府采取措施。政策制定者为了自身的利益最大化,会采取刺激股市发展的政策,如允许各类资金进入市场;放慢新股上市速度;放松对机构投资者的违规行为的惩处等等。拥有信息优势且和政策制定者关系密切的机构投资者为使收益最大化,可能勾结上市公司,争取证券公司等中介机构的支持;而上市公司的经营者与中介机构的管理者为了自身的利益,也可能与机构投资者"配合",致使股价上涨。由于机构投资者的活动在一定程度上使得交易量增加,筹资空间增大,政府监管者对此也不会深究,使这种情况愈演愈烈;这时,中小投资者才逐渐从市场行为中理解政策意图,从而进入股市,推波助澜,逐渐使股市投机气氛浓厚。市场因此而失去了它本来的特性,不利于经济发展与政局稳定,此时政府就会出台政策给股市"降温",从而引起相反的过程。这个过程中政府管理者为实现自身效用最大化,会实施一定力度的监管,从而保证市场有一定程度的规范与发展。而最终受损失最大的就是广大中小投资者。

金融市场利益的分配可以达到动态均衡,但很可能不是最优的,甚至可能是无效率的均衡。当金融市场处于一定的景气状态时,市场的筹资功能可以得到较好地发挥,地方政府和部门得到了需求的筹资额度,公司获取上市额度的成本等于预期的超额收益,这时上市额度的竞争可能达到了成本—利益平衡点。在市场某个阶段的第三层次利益分配上,政府获得了筹资、经济发展等收益,投资者获得了账面上的投资收益,上市公司获得了更多的现金流,而媒体也获得了部分发行收入、提升了社会地位等等。此时,每个市场主体都从市场中得到了收益,但这种状态并不能持久存在。金融市场中的资金流动性极大,在金融市场处于这种状态时,会有更多资金进入市场,逐渐稀释市场中的收益,这对资金资源配置有利。但是另一方面,在不够规范的国内市场上,机构投资者通常采取违规手段获取超额利润,打破这种状态。机构投资者的这种行为可能会有两种结果:一种如前分析,会最终导致监管者政府的干预;另一种,机构投资者联合市场其他行为主体,对政府决策施加影响,提高政府管制的预期成本,从而降低政府干预的意愿和强度。

三、中国金融市场主体的利益冲突及相关行为分析

市场行为主体在相互的交易中会自发形成一种市场状态,可以称为自发秩序。自发秩序是建立在相关主体的利益和力量基础上的。每个行为主体都从自己的利益出发,将拥有的资源投向可能获取较高收益的股票,促使资源配置效率的提高,而这也正是自发秩序的优势。但自发秩序的优势必须在长期和重复的交易关系中逐渐形成。如果市场交易者数量众多,交易的对象不确定,交易者的行为预期不确定时,极容易产生机会主义行为,这就会增加市场的交易费用。

资本市场上的"机会主义"行为的表现形式类型很多,主要表现为市场内幕交易、人为操纵市场行情、违反公开信息义务、恶意串通欺诈顾客等。这些"机会主义"行为虽然外在表现形式有所不同,但其实质是相同的,那就是在资本市场上利用交易者之间信息不对称,通过人为地制造价格信号失真,诱导投资者产生错误的预期与决策,最终导致他人的亏损与自己的盈利。我国金融市场经过十余年的发展,各市场参与主体更多表现为利益的一致和共同发展,同时也存在上市公司、投资者、监管当局、中介机构以及政府、银行和企业之间的利益冲突。

(一)上市公司与投资者的利益冲突

上市公司与投资者的关系是资本市场中的最基础和最主要的关系。上市公司与投资者(股东)的关系属于典型的委托—代理关系:投资者具有相对信息劣势,是委托人;上市公司具有相对信息优势,是代理人。上市公司出于自利目的往往会隐藏行动或信息,事前的隐藏信息导致逆向选择,事后的隐藏信息导致道德风险。由于委托人和代理人的目标函数通常并不完全相同,因此存在着利益上的冲突,天然地产生了激励不相容问题。我国许多上市公司是通过国有

企业股份化改造而来的。这些企业虽然在形式上实行了股份制改造,但是这些股份公司的机制并没有真正的转换。其管理体制、运行机制及经营方式仍然具有计划经济特征,还不是真正意义上的股份公司。由于产权问题的广泛存在,使得企业家筛选机制和所有者监督机制缺乏,进一步导致上市公司成为内部管理层、监管部门、地方政府少数人攫取利益的对象,形成"内部人控制"①,侵害投资者即股东的利益。具体表现为:

1. 部分上市公司造假上市与追逐暴利

一些不具备上市条件的公司,在包括拟发行公司、会计师、律师、评估师、券商甚至某些地方政府等组成的利益集团的一手操纵下,通过虚假包装之后顺利上市,从投资者手中骗取了大量的资金。如红光实业,其在股票发行上市申报材料中称 1996 年度盈利 5400 万元。经查实,红光公司通过虚构产品销售、虚增产品库存和违规账务处理等手段,虚报利润 15700 万元,1996 年实际亏损 10300 万元。成都市蜀都会计师事务所在得到 30 万元收入后,为红光公司编造了一连串的虚构利润,四川和北京市的两家律师事务所在分别收取 23 万元和 20 万元的律师咨询费后,先后为红光发行上市出具了含有虚假内容的法律意见书,红光实业实际上是一家濒于破产的企业,居然经过层层包装得以上市②。类似造假事件还包括琼民源、蓝田股份、郑州百文等等,其包装造假手法基本相同,并且实施顺利。

2. 部分上市公司随意更改募集资金投向

资金投向是公司募股时定价的依据之一,也是投资者决定是否投资的重要依据,因此上市公司募集资金的使用情况直接关系到公司对投资者的信誉和企业的形象。虽然我国的《证券法》明确规定了上市公司不得随意变更募集资金的用途,可是现实中仍有相当部分的上市公司无视法律规定和中小股东权益,任意改变股票市场募

---

① 费方域:《控制内部人控制—国企改革中的治理机制研究》,《经济研究》,1996 年第 6 期。

② 刘峰:《制度安排与会计信息质量——红光实业的案例分析》,《会计研究》,2001 年第 7 期。

集资金的投向,甚至令资金违规进入股市,进行委托理财或者内幕交易。据统计,1999 年,上市公司项目变更率为 29.26%;2000 年,上市公司项目变更率达到了 41.97%;2001 年,共有 202 家上市公司变更募集资金用途;2002 年,此数据已达到 217 家。如果募集资金变更投向是投入到强化公司核心竞争力项目上,投资者或者可以理解,但有些公司是去搞多元化经营,有些公司甚至搞起委托理财①。

3. 部分上市公司和机构投资者的内幕交易

部分上市公司与二级市场上的机构投资者相互勾结,利用各种市场操纵手法炒作本公司股票。2000 年,在我国的股票市场上,以广东欣盛为首的四家投资顾问有限公司,利用数百个个人股票账户及法人股票账户大量买入"深锦兴"(后更名为"亿安科技")股票,肆无忌惮地违规操纵亿安科技股票价格,从中牟取暴利。截至 2001年 2 月 5 日,四家公司共获利 4.49 亿元。4.49 亿元从何而来? 显然主要是来自广大中小散户的血汗钱。而当亿安科技股价冲过百元大关成为两市第一高价股的时候,亿安科技的老总们却亲临北京召开记者招待会,描述亿安科技"纳米电池"和"电动车"的动人前景,与清华博士"攀亲戚",称百元股价在他们的心目中更多的会化作经营的动力而不是阻力等等,明显有意误导投资者②。

4. 部分上市公司信息披露不真实

信息披露制度是股票市场健康运行的重要制度性保障。我国的《公司法》、《证券法》均明确规定了上市公司负有真实、准确、完整、及时地披露信息的义务,上市招股说明书、上市公告书和会计报表是投资者获取信息的重要渠道,而中国股票市场上存在着部分上市公司信息披露不真实、不完全、不及时等问题。主要表现在③:

---

① 秦洪:《如何应对上市公司募集资金变更投向》,国盛证券(http://stock.21cn.com),2003 年 3 月 25 日。

② 姚德奎:《优化股市运行机制 保护中小投资者利益》,《许昌师专学报》,2001年第 6 期。

③ 孟宁、周斌、顾中:《论如何保护股票市场中小投资者的利益》,《贵州财经学院学报》,2001 年第 6 期。

（1）部分上市公司利用发生的非经常性损益和操纵会计政策来调节利润、粉饰报表。例如,通过资产重组中发生的非货币性资产置换、赠与来增加收益;借助于债务重组获得营业外收入等,此外,大量进行关联方交易有可能虚减费用、虚增收入,进而导致利润不实。据2000年对1018家上市公司的统计,发生各类关联交易行为的有949家,占总数的93.2%,其中有214家在资本经营活动中发生关联交易,占22.7%,而产品经营活动中发生关联交易的公司更多达937家,占98.7%。会计政策的可选择性赋予企业根据自身情况选择适合的会计核算方法和原则来进行核算和编制报表的权力,目的是为了使投资者获得更加真实、可靠、与决策更相关的信息。但由于我国的会计准则和制度正处于不断的调整和完善之中,难免存在一些不足之处,给一些上市公司调节利润、粉饰报表提供了可能。

（2）部分上市公司编制虚假信息,恶意欺诈投资者。股票作为投资对象就其物质形态而言,本身不具备任何价值,其真实价值是它所对应的资本的预期盈利能力。这种真实价值在投资时刻惟一的体现形式是,发行人依据目前所拥有的真实资产及盈利能力对预期做出承诺,对这种承诺实现预期的认同完全依赖于信用。股票投资具有较高的风险。上市公司公开披露的信息是投资者做出投资决策的依据,其真实性非常重要。一些上市公司为了从股票市场圈到钱,不惜触犯法律,制造虚假的材料,将不具备上市资格的企业包装成了"金凤凰",例如,股票市场中发生的"琼民源"、"东方锅炉"、"黎明股份"等案件,均是上市公司造假的典型。而对中小投资者而言,高价购入该股票则意味着利益受损的极大可能性。

5. 部分上市公司违规担保

上市公司融资担保是一种正常的经济行为,可是它已经演变为一种恶意"圈钱"的方式。其中较为突出和严重的是担保金额巨大、担保对象选择不严格和不履行严格的法律手续。据统计资料显示,2001年中报涉及担保的公司为433家,占当时上市公司总数的37%,2002年中报涉及担保的公司为465家,占当时上市公司总数的40%①。在深圳市场，以深石化 A 为例，据统计，深石化 A 共计有10.93 亿元逾期对外担保记录，占该公司净资产 19.2%。与深石化 A 有着担保关系的上市公司有中科健、海王生物、深宝安、莱英达、达声、PT 金田、飞亚达、中浩、深特力、深深房等②。在担保对象选择上，不少公司是基于人情关系或外在压力③而未经过严格审查，其担保风险自然不言而喻。

6. 部分上市公司分红行为投机取巧

投资者购买股票获利来自于两个方面：一是股票的增值收益，二是股利分配。我国大部分上市公司基本不分配红利，即便是派发现金红利的少数公司，现金红利与投资成本相比，也低于一年期银行定期储蓄利率。为规范上市公司分红行为，保护投资者权益，2000 年中国证监会出台了"现金分红将成为上市公司再筹资的必要条件"的政策，许多上市公司迫于无奈而进行现金分红，但分红金额依然少得令投资者心寒。1999 年多达 67.6% 的上市公司不派发现金红利；至 2001 年，上市以来从未分过红的上市公司占上市公司总数的20%④。

（二）中介机构与客户的利益冲突

证券公司为发行人（公司）和投资者提供服务，这两者之间存在潜在利益冲突。投资银行替前者发售股票或者债券，同时又为后者提供投资建议。这两者都是证券公司的收入来源，加之证券公司也从事自营交易，使自己的利益与其所服务客户的利益发生冲突。因此复杂的利益关系与证券公司的诚信构成矛盾，假如失信获得的利益大于其承担的成本，失信就成为一种可能的选择。下面我们分析

---

① 郑海英：《上市公司对外担保及其风险分析——基于啤酒花事件引发的思考》，《中央财经大学学报》，2004 年第 8 期。

② 林华：《担保何以演变为恶意敛财融资》，《国际融资》，2003 年第 12 期。

③ 主要是来自于大股东和关联方以及地方政府的压力。

④ 祝建华：《保护中小投资者利益 规范证券市场发展》，《金融与经济》，2000 年第 5 期。

证券公司不讲信誉的成本。

我国证券公司大多来自旧体制下各部门、省市的金融类公司,具有国有的性质。因此,证券公司具有多重目标:政府部门和地方政府目标、证券公司的盈利、证券公司内部个人利益。在实现其目标的过程中,由于其国有性质,前两个目标为国有经济服务的表征明显,因此其违背诚信受到处罚的可能性很小;最后一个目标是在实现前两个目标的掩护下进行的,具有很强的隐蔽性,并且不容易区分其动机。

以上三个目标表现在股票市场上分别就是:服从地方政府的安排,为地方政府挑选的国有企业顺利上市进行包装,实现第一个目标,而且这样做可以打着为国企服务的旗号,只要上市企业不遭到查处,证券公司就不会有问题,同时可以得到手续费收入,部分满足第二个目标;证券公司在实现其第二个目标的时候,主要是利用自营业务、资产业务和旗下管理的投资基金业务,利用自身掌握的资金进行市场价格操纵,赚取中小投资者的财富;最具有隐蔽性的是第三个目标的实现,把股民和国家的资金化为私有是第三个目标的本质,在这个过程中,证券公司以及其属下的基金充当了重要的角色。

中国股票市场有一种奇怪的现象,就是机构投资者经常坐庄,有时候还是坐稳赚不赔的庄,但是到最后却得到亏损累累的报表。例如,财政部所属的中国经济开发信托投资公司(以下简称中经开)在整个"327 国债期货事件"中,"多头的盈利在 70 亿元左右。作为多头的主力,中经开应该有巨额盈利。但奇怪的事情发生了:中经开竟然没有盈利。那么 70 亿元白花花的银子究竟被谁拿走了呢? 答案不言自明,被靠内幕消息获利的在中经开名下开'老鼠仓'①的人拿走了。"②北京大学中国经济研究中心宋国青教授(2002)在"中科创

---

① 老鼠仓的名字是香港原来使用的,指股票的庄家在操作股票的过程中运用很大的一笔资金,拉抬股价,在这个过程中小仓自己获利,用大资金拉高股价帮助小仓退出。

② 袁剑:《走进长庄鼻祖"中经开"的幕后》,《科学与财富》,2002 年第 7 期。

业事件"的个案基础上,假设出股市庄家的"老鼠仓"模型。部分机构利用国有资金把股价拉高,然后让自己从中渔利。这种化公为私的机制还可以从基金黑幕中找到应用,证券投资基金高位接盘背后的黑幕交易损害了基金持有人的利益。

通过对中国股票市场上的证券公司的观察,得出的结论是:首先,证券公司作为市场的中介和自营业务以及委托业务的参与者,在政府政策意图指导下,以及各级政府和部门达成利益均衡的条件下,推销上市公司股票。它并不关心上市公司的质量,只关心自己的利益,证券公司违规成本很低。其次,证券公司一定程度上成为巨大的财富再分配的场所。政府方面对经营牌照严格管制使得证券经营行业成为一个行政壁垒极高的垄断性行业,进入资格多为国有企事业单位所独霸,这种垄断性使得一部分原政府官员和少数投机分子不公平地获得了瞬间暴富的机会,这也是为什么中国证券经营机构的中高层管理人员一批批走进监狱最直接的制度原因。

证券公司在侵害客户利益的过程中,往往难以靠一己之力完成,通常需要有若干的帮凶或帮闲来帮助自己。在证券公司侵害客户的帮凶或帮闲中,最厉害、最严重的要算是会计师事务所和律师事务所。2001年,因为帮助上市公司造假最出风头的无疑算是深圳中天勤会计师事务所,而集造假之大成者则无疑应算是湖北的立华会计师事务所。在中国证券市场,湖北上市公司"一锅烂"早已闻名遐迩,其中很大一部分都是立华会计师事务所包装的。经立华审计的公司都有一个共同的特点,就是上市初期都业绩颇佳,但过不了多久,绩优股就都变成了垃圾股。如康赛集团,自1996年8月上市后,曾连续3年以绩优股的面目出现在公众面前,最好时报出每股收益0.8元的突出业绩。到1999年,业绩却陡然变成了每股亏损0.5元,"绩优神话"破灭。经追溯调整后,康赛集团实际上变成3年连亏。立华究竟是怎样做审计工作的?据新华社调查,一位原立华员工反映,为了赚钱,立华有几个超过50岁的会计师专门签字,不论真假报告都签。这就是事实真相。在这样有计划、有组织的团体犯罪面前,投资者就算是长着一双火眼金睛,也派不上什么用场①。

(三)证券监管当局与其他利益相关者的利益冲突

1992 年 10 月,国务院证券委员会(简称国务院证券委)和中国证券监督管理委员会(简称中国证监会)宣告成立,标志着中国证券市场统一监管体制开始形成。国务院证券委是国家对证券市场进行统一宏观管理的主管机构。中国证监会是国务院证券委的监管执行机构,依照法律法规对证券市场进行监管。1999 年之前,中国的证券监督管理部门来自三个不同的机构:中央银行、国务院证券委、中国证监会。此后,中国证券监督管理委员会成为全国证券期货市场的主管部门,其基本职能是证券期货业的监管、证券期货市场金融风险的防范和化解、证券市场法规草案的制定。

证券监管机关的权力并非来自市场化的自由缔约。这些权力包括:审批证券公司,审批营业部,审批证券公司的业务范围,审批新股发行,审批配股,审批财务报表,给出违规事件的处罚方案等,在几乎所有证券市场的重大问题上具有完全的审批定夺权。

对于证监会的监管,我们常常问的问题是,监管会不会失效？它自身具备讲信誉的约束机制吗？在谈到金融监管时我们一般假定:第一,监管者是追求社会福利最大化的,大公无私的,仁慈的(benevolent);第二,管制者无所不知(omniscience),拥有完全信息;第三,监管者信守承诺(pre-commitment),管制政策具有公信力。

然而,这几个条件并不完全存在。第一,监管机构的目标也具有多元化的特点。当社会目标和本部门以及政府自身目标相矛盾的时候,就很难保证监管符合社会整体利益;监管机构由官员构成,这些作为官员的自然人,既不比普通人更坏,也不比普通人更好,或许官员的平均素质比普通人要高一些,至少文化水平可能高一些,但在"理性人"这一点上大家都是一样的,所谓无私的监管没有根据。第

---

① 辛保平:《股市扒窃　上市公司迫害散户七大"伎俩"曝光》,搜狐网(www.
　　sohu.com),2002 年 1 月 22 日。

二,现实经济中,不存在完备理性的市场主体,监管也不例外,完备的理性来自完备的信息。正如哈耶克所说,市场上的信息是分散的,收集信息的成本很高;另外监管者经常被被监管者俘虏,也与信息有关。第三,监管者的公信力受许多条件的限制。一方面客观上有些政策会形成事先和事后的效率冲突,这样使得事先最优的政策在事后证明是不可行的,比如国有股减持政策的出台与中止。另一方面监管者缺乏信守承诺的动力,对监管者的监管受制于政治体制、社会监督机制、监管成本等条件的限制。

中国证券市场投资人遭遇到这样一个循环:为保护中小投资者→整顿市场→打击违规→处罚违规主体→冲击二级市场→中小投资者利益受损。追寻监管怪圈形成的轨迹,燕京华侨大学校长华生直言不讳:监管层打破了圈钱和炒作的平衡,屁股坐在了圈钱者这边,吹了偏哨。中国证券市场推出来之后,在相当长一段时间里面,就是为国企融资、脱困服务的,根本就没有考虑投资者。但是这个游戏为什么能继续呢? 一方面,圈钱被认为是为了解决经济发展的需要;另一方面,大投资者坐庄,小投资者跟庄。圈钱者与炒作者各得其所,所以游戏还能维持下去。2000 年以后这个平衡打破了,监管层加强监管,打击炒作,同时引进市场化发行,搞市场化增发,圈钱这个口子又加大了好几倍。这一方面打击了投资者的炒作,另一方面加大了融资者的圈钱路径,这个市场绝对不平衡了。把庄家打倒,是解了一点气,但并没有给投资者带来什么好处,最后还难免"兔死狐悲"。造成这样的结果,是因为中国证券市场最大的利益差别是非流通股和流通股之间的差别,监管层应该抓住这个主要矛盾①。目前,监管当局已经意识到并且抓住了这个无论如何都应该抓住、且必须面对和解决的主要矛盾。但在这个怪圈没有破解的情况下,多数进入股市的人都是在投机,投对了就赚钱,投错了就会撞得头破血流。

---

① 陈玉强:《监管怪圈引爆股市危机　学者争论证监会角色定位》,《证券市场周刊》,2004 年第 36 期。

（四）政府与其他利益相关者的利益冲突

由于我国股票市场的发展是在政府的主导下进行的,政府的偏好在市场发展的广度、深度和方向上具有决定性的意义。我国的股票市场主要是为国有企业提供资金,在上市公司质量普遍不高的情况下,随着股票市场规模的扩大,股票市场积累的风险也在不断上升。政府一方面要通过股票发行规模的扩大为国有经济提供更多金融支持,另一方面又必须控制金融风险。因此如同对国有银行信用支持一样,政府必须加强对股票市场的直接控制,提供一种隐性的获利承诺。在对股市的调控上,我国也采用了非市场化的调节方式,主要通过政府的言论和推出新的规则来左右股市的波动,使我国的股票市场成为一定程度上的"政策市"[①]。

由于政府控制了股市资金的配给权,配给的权利不是由投资者自主决定,而是由政府来决定谁能够获得股权融资。这种具有强烈政府保护色彩的市场制度安排,不仅造成资源配置不公平和配置效率低下,而且证券市场自由进出的原则被人为扭曲,一些上市公司连续亏损,却因淘汰机制的缺位而使退市制度无法有效实施。政府行为是市场经济自身发展的需要,这说明了政府行为的必要性。经济学中关于政府与市场关系的争论,其焦点都集中在政府行为的限度上。这种限度表现在两个方面,一是范围,二是强度。不同的经济学派别有不同的主张,但一个共识就是政策对股市的过度干预会打乱正常的市场预期。政策干预的不可预测性增加了投资者决策时的不确定性,增加了证券市场的系统性风险。证券市场上不断被强化的政策暗示是中国证券市场泡沫产生的重要根源,这种暗示与委托资产管理的保底类似,投资者有理由认为我国股市将回到"股指下跌—政府托市—股指回升—泡沫形成—泡沫破灭"的循环中。政府干预市场的范围大小和力量强弱有其现实的经济基础,是一个不断

[①] 曾欣:《中国证券市场道德风险研究》,西南财经大学出版社 2003 年版,第107 页。

变动的历史过程。我们能够从政府行为的必要性及范围和程度中，分析出政府行为所应遵循的基本准则，这样的基本准则既要符合市场经济自身发展的规律，又要符合国家制定的法律，还要与社会的伦理目标相一致。现阶段在我国，这样的基本准则不明确导致：

1. 股票市场的政策不稳定

中国股市是"政策市"，只有政府的利好消息才能让股市出现井喷式行情，只有政策才能救股市，中国股市崇拜的永远是政策，这是2002年之前的典型现象。股票市场作为市场化要求很高的市场，本来起主要作用的应该是市场力量，但是在中国的现实却是政府的政策在主导市场，甚至《人民日报》的社论也能成为政府调控股市的手段。

政府经常有意识地运用一些政策手段调控股市的波动，但是，彭文平、肖继辉通过建立理论模型证明，由于股市政策内生动态不一致性，反而加剧了股市的波动[1]。关于中国股票市场的"政策市"，山东大学经济学院副院长胡金焱分别运用"异常波动点"方法和"事件研究"方法进行了统计检验，结果发现我国股票市场存在着很强的政策敏感性，每一次宏观政策的实施，都会引起股票市场的剧烈波动，对市场造成较大的冲击[2]。

政府干预股市的"好意"不能收到好的政策效果，是因为市场主体对股市的预期不稳定，对其政策的执行难以形成有效预期。政策变化的突然性所引发的股市暴涨和暴跌，使得投资者不可能着眼于长期投资而只能专注于博取差价，从而导致市场的起伏过大和换手率过高。

2. 政府政策缺乏全局性

政府的职能是社会公众利益的监护者。但是中国股票市场上利益集团的利益十分明显，并且政府的目标函数里也有自身的利益，政

---

① 彭文平、肖继辉：《股市政策与股市波动》，《经济管理》，2002年第6期。
② 胡金炎：《中国股票市场"政策市"的实证考察与评析》，《财贸经济》，2002年第9期。

府各部门缺乏政策协调,这就造成许多政策缺少全面的考虑。最典型的是 2001 年 6 月 12 日国务院关于国有股减持政策的出台,市场上引起轩然大波,股市从高位滑落。2002 年 1 月 28 日至 6 月 24 日期间,上证综指下探 1346 点,跌幅达 32%,股票市值缩水近 6000 亿元,总市值损失约 18000 亿元。2002 年 6 月 24 日,国务院决定停止通过国内股票市场减持国有股①。至此,国有股减持政策退出股市。

　　市场对国有股减持本身并无疑义,争论的焦点是减持的价格。在没有充分论证的基础上,仅仅考虑一方利益,国有股减持的价格不合理,引起了市场的反感,投资者选择了"用脚投票"——抛售股票,这实际上是市场对不适当政策的直接反应。政策制定和执行的起伏变化,有损政府作为政策制定者的严肃性和权威性,破坏了人们对政府的信任。

　　另外,按照公共选择理论的解释,政府有自己的利益,地方政府和中央部门有扩大自身权力(体现为财权)的倾向,政府官员在缺乏监督的情况下,为了追求个人经济利益,有利用手中权力设租(rent setting)和寻租(rent seeking)的可能。

　　同时,我们也必须承认,尽管我国股票市场在运行过程中存在着诸多问题,但在建设社会主义市场经济的过程中,股票市场仍然发挥了巨大作用,取得了举世瞩目的成就:其一,股票市场的建立是我国金融体制改革的重要组成部分,推动了我国资本市场的发展,提升了资本市场向国民经济各部门渗透的能力和服务经济发展的功能。其二,股票市场作为直接融资的工具,为企业发展开辟了一条新的融资途径,开通了企业获取长期发展资金的渠道。其三,股票市场的建立,一定程度上缓解了我国直接融资和间接融资结构失衡问题,促进了储蓄向投资的转化,减少了投资波动诱发的宏观经济波动,降低了金融系统风险。其四,国有企业作为我国社会主义市场经济的主导力量,在进入股票市场获取融资的同时,建立了现代企业制度,完善

---

　　①　王胜利:《对国有股减持问题的反思》,《经济经纬》,2003 年第 6 期。

了公司法人治理结构。传统国有企业的经营机制得到有效改善,盈利能力不断提高。其五,股票市场已成为我国社会主义市场经济体系的重要组成部分,并成为推动经济发展、推动改革和社会进步的巨大力量之源。股票市场的快速发展极大地提高了国民的经济素质,提高了国民的投资意识、风险意识和金融意识。

(五)政府、银行与企业之间的利益冲突

国有银行不良债权的形成与清理是有关利益方围绕金融资源支配权展开的利益冲突过程。不良债权不再是一个单纯的数量概念,而是由有关利益方之间的利益冲突与妥协所导致的一种行为均衡。

1. 银行不良债权:制度性低效率

银行的不良债权一般分为政策性不良债权和商业性不良债权。政策性不良贷款是由于政府行为边际过大、过度介入的结果。这种不良债权与商业性不良债权相比有很大的刚性和故意性,是政府强制和诱致所产生的必然结果。从理论上说,商业性不良债权可以通过技术方法加以解决,然而商业性不良债权与转轨经济中金融业的政策性不良债权混合杂交以后,形成了变种的制度性不良债权,从而使得解决的难度加大。

银行的不良债权本身包含着各方的既得利益,人们不但不把它作为一种负担,反而将其视作占有和继续争夺金融资源及其相关利益的工具,因此从中退出的积极性不高。对国有银行来说,或许拥有这种不良债权不但不是负担,反而会有利可图。因为相关联的金融风险从来都是由政府承担,国有银行自己则坐享其成。既然如此,国有银行在清理不良债权方面也就没有多少积极性。具体表现在,政策性不良债权原本属于国有银行产权结构所允许的合理损失,商业性不良债权成为对国有银行进行市场化改革所付出的必要代价。

2. 不良债权形成中的利益关系:多方寻租的结果

长期以来,政府扮演着为国有企业注资的角色。改革开放以来,政府在国民收入分配中的份额急剧下降,给国有企业的注资能力也大为削弱。这样,就使资本结构依然如故的国有企业一时陷入注资

不足的困境。国家虽然无力直接注资,却有能力提供担保。国家担保使居民存款过多过快地通过国有银行与国有企业的低效生产过程相结合,从而在银企两个环节上,大量民有资本以国有资本的形式迅速传递。

国有银行的信贷资金在有国家担保的场合具有了租金的性质,争取信贷资金支配权的寻租活动由此在国家给国有银行分配信贷规模的层面展开。在每一个计划年度,各个国有银行之间都要展开无休止的寻租竞争。吸收的居民存款越多,就等于拥有越大的信贷支配权,从国有经济的既得利益中分得的好处也就越多。从企业的角度来观察,国有企业一直是信贷资金支配权的主要争夺者。一般来说,在中央层次,国有企业对信贷资金的争夺在很大程度上符合国家租金最大化的目标;在地方层次,又与地方政府的局部利益相一致,从而构成地方寻租的基本内容。无疑地,这些都为企业追求自身利益提供了很大的便利。最后我们再转向国有银行角度。国有银行经常尽可能地扩大其非计划贷款范围,以获取较高的市场收益率。

3. 不良债权清理:社会博弈过程

在清债博弈中,国家必须要考虑其自身的清债成本与清债收益。我国银企不良债权债务清理的反反复复正是中央政府在当前与未来的清债收益和成本之间进行取舍的结果,也是中央政府从自身利益出发,权衡各经济主体利益的结果。中央的清债行动从本质上讲,无非是要收回一部分企业的租金占用权,然后再把它们配置给其他企业。这样便没有一个企业会真正主动地归还债务。当每一次清债行动合乎逻辑地变成谈判行动时,面对欠债利益集团的强大讨价还价能力,清债者总是不得不做出妥协与让步。和其他参与人一样,在清债博弈中,具有自利倾向的国家为了追求租金最大化,必然要考虑清债成本与清债收益。由于清债成本(或收益)因企业的不同类型而异,因此,国家对不同类型的欠债企业要采取不同的清债策略。如果国家对亏损的国有企业清债,就等于把原来转嫁给国有银行的注资压力又更新转移到财政身上,也就是说,国家要支付与所清债务额相当的一笔清债成本,这显然不符合其租金最大化的偏好。同时这也就意味着国家对亏损企业清债的收益趋于零。然而,国家对盈利企业的清债则呈现另一番景象。显而易见的是,让盈利企业归还故意拖欠的银行贷款既不影响正常的生产,又不增加财政负担,如此看来,国家对盈利企业债务的清理是划算的。既然国家只对盈利企业清债,盈利企业就会想办法隐藏有关盈利的信息,把自己假装成亏损企业。与国家相比,国有银行做出的却是迥然不同的策略选择。对亏损企业所欠债务,国有银行一般持尽量多清理的态度。与亏损企业不同,银行给盈利企业的一部分信贷则往往是主动提供的。由于这部分资金大都按议价贷出,银行与企业双方都能从中获得好处。因此,国有银行对盈利企业的这部分欠债总要想办法加以袒护。国家越是清债,盈利企业就越是依赖议价信贷,银企之间的合谋也就越是广泛与紧密。

四、中国金融市场利益冲突的根源分析及治理选择

市场关系是一种普遍化的契约关系,在形式化契约关系基础上建立和运行的市场经济,其基本的道德是信用。上述中国金融市场存在的利益冲突在根本上都是对于市场信用道德的破坏。揭示和分析中国金融市场利益冲突的根源,针对这些根源选择适宜的治理对策,是繁荣中国金融市场的当务之急。

(一)中国金融市场利益冲突的根源分析

社会分工越细,信息的不对称程度越深,发生道德风险行为的概率就越高,个体的道德风险汇聚成整体的道德危机导致社会出现信用危机。制度的建立健全可以抑制道德风险的危害。遗憾的是,目前正处于转轨经济中的中国,旧制度已不能适应社会发展的需要,而新制度又难以在短时间内建立或形成,常常出现不受新、旧制度约束的道德风险行为。美国芝加哥大学教授科斯将道德风险行为分为两类,他认为,产权关系的模糊是导致道德风险的一个重要原因。因此

探寻中国金融市场参与主体的利益冲突的根源可主要从信息不对称、产权关系模糊、制度缺陷、信用缺失四个方面入手。

1. 信息不对称

有人认为,金融市场与金融业是一个信息不完全对称与不完全竞争的市场。例如,在货币市场上,借贷双方对所交易的商品——金融资产所掌握的信息无论在范围上,还是在质量上,都是不对称的。这种信息的不完全对称,一般来说会给市场上的贷款者带来更多的风险与不确定性。这是因为在金融市场上,资金的供应者(贷款者)——银行与投资者并不了解资金需求者的真实经营情况、筹资目的和可能出现的风险;而资金的需求者(借方)完全知道自己筹资的目的、投资项目的预期回报率和风险的大小。因此,由于信息的交易成本相对于商品市场而言很高,所以如果在金融市场上没有一整套完整、系统的制度与规则,必然引起市场秩序混乱。面对金融市场具有的这种信息的不对称性与竞争的不完全性,为了确保存款人、投资者的利益,促进市场的竞争性和完善性,维护市场秩序的稳定,世界各国政府的金融监管机构都非常重视对于本国金融市场的监督与管理。

根据博弈论研究的成果,金融市场上信息的不对称会在不同情况下对金融市场运行秩序造成三种可能的破坏:

首先,可能因此而导致金融市场上"劣币排斥良币"的现象。阿科洛夫(Akerlof)曾经有一个著名的"旧车市场"的举例:在旧车市场上,由于二手车存在着一个质量信息不对称的问题,即买卖双方对于旧车的质量存在着明显的信息不对称。如果没有政府在其中进行旧车质量的监督与管理,旧车市场必然会导致好车被质量低劣的假冒伪劣的旧车排斥出市场,进而最终导致好车市场萎缩。

阿科洛夫"旧车市场"的例子同样存在于金融市场。以资本市场为例,资本市场属于一个典型的信息不对称的"旧车市场"。由于证券的发行公司与证券的投资人掌握的证券投资项目的信息是不对称的,发行公司对所发行的证券具有非常完整的信息,而证券的购买者则对此证券的有关投资风险、收益等情况并不是十分了解。为此,制定一个有利于证券购买者的信息公开披露制度就显得十分必要。信息披露制度应该致力于使证券购买者在进行证券交易的前与后，能随时了解自己所购买的证券的有关财务管理、投资风险等信息。而且这种信息的质量是受到政府严格控制的，是受证券市场的法律规定严格保证的。尤其是长期债券市场的发展，如果没有政府的支持和干预，期限风险的原因将可能使之根本不可能建立起来。

其次，由于市场信息不对称，交易主体对金融资产质量了解的信息费用将会很高，而这种信息又表现为一种"公共产品"，必然存在"搭便车"现象。结果，市场会因缺乏必要的监督与管理而导致交易的萎缩。如果没有政府的干预，制定并实施市场法规，金融市场就不能得到有效的监督，结果必然出现"市场失灵"（Market Failure），并进一步导致金融危机。"市场失灵"会造成严重的经济损害，并对一个国家的社会、政治构成负面影响，这也许就不仅仅是一个市场秩序的问题了。所以，无论是发达国家，还是发展中国家，政府对金融市场的监督与管理都是十分必要的。

再次，根据世界各国政府对金融市场干预的现实情况，政府的干预同样存在着一个"政府的失灵"（Government Failure）或者称之为"管制的失灵"（Regulation Failure）问题。政府失灵一方面表现为政府的无效干预，即政府宏观调控的范围和力度不足或方式选择失当，不能够弥补"市场失灵"维持市场机制正常运行的合理需要。比如对生态环境的保护不力，缺乏保护公平竞争的法律法规和措施，对基础设施、公共产品投资不足，政策工具选择失当，不能正确运用行政指令性手段等，结果也就不能弥补和纠正市场失灵；另一方面，则表现为政府的过度干预，即政府干预的范围和力度，超过了弥补"市场失灵"和维持市场机制正常运行的合理需要，或干预的方向不对，形式选择失当，比如不合理的限制性规章制度过多过细，公共产品生产的比重过大，公共设施超前过度；对各种政策工具选择及搭配不适当，过多地运用行政指令性手段干预市场内部运行秩序，结果非但不能纠正市场失灵，反而抑制了市场机制的正常运作。"政府失灵"比"市场失灵"更加危险，这是因为政府的失灵可以被腐败者的"收益递增"自动地扩展为政府的"普遍失灵",而市场的普遍失灵在经验世界里几乎不可能出现。

　　显然,上述三个问题的客观存在,给金融市场秩序的稳定与健康运行带来了一定的难度与强有力的挑战。

　　不同的市场因发育程度与信息流动机制的不同,信息不对称的程度存在差异。我国证券市场信息的分布呈现严重的非均衡、非对称特征,主要表现为以下两个方面:

　　一是发行者与投资者之间信息严重不对称。发行者作为证券的出售方和市场信息源,对自身经营财务状况、信用能力、实际盈利水平等影响证券质量的信息有着最真切、最充分的了解,在一级市场的交易中拥有几乎完全的信息。但投资者作为证券的购买方拥有的信息主要来源于发行者对外公开的各种资料和报告。目前在我国,这些公开的信息中有相当一部分的真实性、准确性、完整性、及时性等各方面均不足以使投资者对证券的价值做出正确的判断。首先,部分公开的信息有较多的虚假成分。不少公司为了实现股票高价发行、上市,或为了保留配股、上市资格,在中介机构的配合下进行虚拟包装,操纵利润,掩盖亏损,蒙骗投资公众与监管部门。最近两年因此受到查处的上市公司就有一百多家,可见信息造假绝非个别现象。其次,部分公开信息有严重的误导倾向。这主要表现在发行人及有关中介机构在信息披露与传播时,对成绩浓墨重彩,大肆渲染,而对风险轻描淡写,一笔带过,导致投资者对发行人财务状况、信用能力及未来发展前景产生重大误解。最后,公开的信息在数量上不充分、时间上不及时,存在大量的信息黑幕。由于我国部分上市公司在其经营管理方面存在较多的不愿意让公众知道的暗点,大量的信息并未被发行人公开或未被及时公开;特别是为了掩盖经营管理中存在的问题,故意隐瞒或延迟披露重要信息的情形相当普遍。

　　二是机构投资者与个人投资者之间信息严重不对称。这主要体现在两个方面:其一,机构投资者比个人投资者更容易获得信息。首先,机构投资者由于持股量大,与发行人联系比较紧密。有的机构能直接参与发行人内部经营管理决策,有的机构如证券公司为发行人提供过证券承销、并购重组、资信评估等相关服务,因而比一般的公众投资者更了解发行人真实的经营财务信息。其次,机构投资者资金实力雄厚,对搜寻信息的成本有足够的支付能力,而个人投资者因付不起搜寻费用,或因搜寻费用可能超过其所获收益,通常放弃对相关信息特别是内幕信息的搜集。最后,在证券市场上,由于交易者拥有的信息越多越有利,因此,作为信息获得的优势方,机构投资者必然会试图隐藏、垄断信息,或向市场提供虚假的信息,这必然阻碍或延缓个人投资者对信息的有效搜集。在我国,大多数个人投资者获知某项信息是在该信息对股价产生影响之后,已属于过时的无效信息。其二,机构投资者比个人投资者更具有处理信息的能力。信息并不都是一目了然的,对信息的处理和理解需要接受者具备一定的专业知识,因而并非所有的投资者都能对信息的真实内涵做出正确的解读。在这一方面,以"专家管理"著称的机构投资者显然比个人投资者具有优势。

在信贷市场上,银行信贷资金运动过程是贷款投入→贷款使用→贷款收回三个环节周而复始、交替出现的过程。这个运动过程主要涉及银行与企业两个主体。在交易过程中,企业是资金的使用者,对借入资金的实际投资项目(不一定是向银行所声称的项目)的收益和风险有充分的信息。因而对投资项目的回报与盈利,以及借入资金的偿还概率等问题,具有较完全的信息,即拥有私人信息。企业也因拥有私人信息处于信息优势地位。一旦企业利用自己的信息优势,就有了产生机会主义倾向的可能,而机会主义行为容易造成企业的行为异化。企业行为异化的具体表现可分为四类:一是为了取得银行贷款,企业极力伪装成合乎借款条件的借款人。如企业在申请贷款时隐瞒其真实经营业绩和风险状况等。二是违反借款协议,私自改变借款用途。如企业取得贷款后,不是将资金用于向银行借款时所声称的投资项目,而是挪用于其他交易或进行高风险投资,如股票、房地产、期货等。三是企业取得贷款后对所借款项的使用效益漠不关心,不负责任,致使银行资金发生损失。四是企业故意隐瞒投资收益,逃避偿债义务。如企业用所借款项投资,却隐瞒投资收益。

企业行为的异化,使银行在信息不对称的情况下,由于缺乏及时、准确、全面的信息,无法对借款人的信用质量和资金偿还概率做出可靠的判断,存在导致决策失误的可能。

我国的银行业步入市场经济不久,信息问题尚未得到足够重视,信息不对称现象极为严重。在信息极不对称的情况下,银行盲目发放贷款,导致大量贷款无法收回。根据《1998年第三季度金融统计资料》显示,到1998年第三季度末,我国四大国有银行贷款余额6.5万亿元,若以不良债权20%计,则不良债权为1.3万亿元,其中彻底烂掉的债权按30%计(在呆账、坏账、逾期贷款中,坏账占1/3),则有4333亿元①。随后迫于回收贷款的压力,缺乏信息的银行实行了严格的信贷配给,结果又导致了所谓的"惜贷"现象。

2. 产权关系模糊

我国上市公司的治理结构建设的出发点是建立现代企业制度。改制上市前,国有企业从法律上讲归全民所有,但全民无法直接经营数量众多的国有企业,必须由政府作为代表来经营。而政府也无法直接经营这些企业,因而又通过一系列的中间层次委托给企业经理人员来经营,在产权界定模糊的同时还伴随着任何现代企业都具有的委托—代理问题。政府不了解企业经营的真实信息,在可能的情况下,企业会倾向于扩大经理人员以及职工的福利,增加成本开支,少缴利润。

我国的上市公司大多都是原国有企业剥离非经营性资产和不良资产之后,以优质资产为基础,通过增量发行股票而上市的。大股东仍然是国有股东,以存量固定资产控制了中小股东的增量现金市场融资。在股东集团内部,监督实际上是与剩余索取权相对应的义务。对于公司股东,由于监督是公共品,在没有政府干预的情况下,愿意提供监督的人一定是监督收益的最大获得者。理论上大股东在公司中所占的股票份额大,面临的风险也相应更大些,监督的结果对大股

---

① 贾小玫:《试论国有商业银行不良债权的成因及对策》,《人文杂志》,1999年第4期。

东资本收入的影响远远大于小股东,由于监督缺位而遭受的损失也最大,所以大股东对监督有着更高的需求。但在中国上市公司里面,大股东一般都是国有资本的代理人,因而又产生一个谁来监督监督者,如何解决"一股独大"现象的问题。股东对公司经营者的监督是一种集体行动而不是个人行动,任何人都有"搭便车"或不劳而获的倾向。如果小股东因监督而获得的收益不能弥补他付出的监督成本,作为理性经济人,小股东便不会实施监督活动。只要有股东参与监督,最后由"监督"这种公共品带来的股票价格上涨或其他利益都是有利于全体股东的。另外,小股东也知道,在多数情况下,他们的行为对公司很难产生影响,对"企业家"来说只是"噪音",没有实际意义。大量进入股市融资的企业都由中央或地方政府提供了某种"隐含担保",代理人的道德风险行为损失由各级政府担着,各地还纷纷成立上市公司重组办公室以帮助亏损公司恢复融资功能,进一步强化了代理人的软约束。中国证券市场在政府的担保下成为一些个别分子将国有资产私有化的场所,一些"资本动物"抓住地方政府和银行的软肋,大玩特玩"空手套白狼"的资本游戏。

在我国,不仅多数上市公司是国有的,各类超常规发展下的机构投资者(券商和基金)也是国有化而非市场自然选择的机构,而且,国有化程度越高的(委托人的行政地位越高)机构,实力就越强。"公家"机构,某种程度上是不能像真正市场化的投资机构那样为公家、银行和别人的钱负责的。中国改革到了今天,正视企业的私人剩余权具有很重要的意义。

正是由于我们没有在开放股票市场之前建立起能明确保护人们的财产权,使人们的财产权神圣不可侵犯的合理的产权制度,因此,人们的财产权并没有得到真正明确的法律保护。在这种情况下,股票市场上的投资者的利益是难以真正得到有效保护的。在股票市场上的投资者利益难以得到真正有效保护的情况下,我国的机构投资者(主要是证券商)就有可能会为了自己的利益而敢于采取各种损害中小投资者的活动,如传播虚假信息进行欺诈,大搞"内幕"交易,通过"合谋"人为地垄断或操纵市场,侵吞股民资金,恶炒个股等等。

可见,我国机构投资者的种种不规范或不轨的行为是由于没有建立合理的产权制度造成的。

此外,还必须看到,由于我国机构投资者主要是国有的非银行金融机构或证券公司,其股东基本上是国有企事业单位,因此可以说,我国机构投资者的最终所有者实际上仍是国家,即我国机构投资者的财产是属于国家的。由于作为机构投资者股东或所有者的国有企事业单位存在着所有者不明确、或所有者没有人格化以及没有内在的自我约束机制的问题,我国机构投资者的所有者实际上也是不明确的。也就是说,我国证券公司内部也缺乏所有者的约束或监督机制。特别是,由于机构投资者的最终所有者是国家,因此,我国机构投资者经营亏损的财产责任最终实际上是由国家承担的,机构投资者并不承担经营风险或亏损的财产责任,即负盈不负亏。在这种情况下,我国的机构投资者必然敢于进行不计风险的投机活动,因为在这种投机活动中,可以有机会为自己赚得暴利,而发生的亏损则是由国家承担的。

至于一些国有企业用贷款资金不计风险地在股票市场上炒作股票,一些国有银行的分支机构将信贷资金通过各种形式违规进入股票市场进行投机活动,问题同样也是出在产权制度上。因为,这些国有企业和国有银行的分支机构都不是真正独立承担经营风险或财产损失的责任和义务的产权主体,而且,由于它们的所有者是国家,它们不担心因违反市场规则而影响到自己的生存。在这种情况下,这些国有企业和国有银行的分支机构必然敢于不计风险地违规运用借来的资金(银行的信贷资金是银行从储户手中借来的资金)在股票市场上从事风险极大的投机活动。

3. 制度缺陷

证券市场效率归根结底是社会资源的配置效率。社会资源的配置方式按照配置机制的基础作用不同可以划分为两种,即以市场机制为基础的市场经济体制或计划机制为基础的计划经济体制。证券市场制度作为市场化产物,是依靠市场机制来发挥其内在功能,通过市场运行机制与定价机制来实现社会资源的有效配置,其作用过程可以概括为:市场运行效率→市场定价效率→资源配置效率。

按照市场经济作用机制,证券市场有效运行对市场信息予以反映,市场信息形成价格。通过市场定价效率实现价格信号的有效传导,既保证市场价格的合理形成,又能够实现资本的高效流动,以此发挥市场对社会资源的动员作用与配置效能。因此,只要是有效率的市场,市场机制的作用就能够充分发挥,通过市场交易机制和市场定价机制将资本配置到边际效率高的项目之中,社会资源的有效配置就可以实现。在完全市场条件下,市场有效性可以通过信号传导与价格形成机制,实现资源的优化配置。由此可见,在完善市场制度的前提下,市场效率可以用来衡量证券市场效率,即社会资源配置效率。

而考察我国证券市场制度,其建立的初衷是改革设计者在为中国经济快速发展寻求持续资本供给,而这本身就是在计划经济向市场经济转轨中的一项重大制度创新。在这样的初始条件下,政府对证券市场的制度安排起着举足轻重的作用。计划经济特定路径的惯性,使政府依旧对全社会资金的配置进行强有力的干预,从而保证其执行产业政策、实现赶超战略所需的资本。由于行政力量作用于证券市场运行,既定制度安排下信息难以发挥其内在的传导作用,造成市场行为的扭曲,以致证券市场运行的效率过低;定价效率也不可能有效发挥,因而难以做到市场机制下社会资源的有效配置。可见,中国证券市场低效率,不是市场本身错了,而是市场运行机制发生了扭曲,在证券市场运行中其内在机制不能有效地传递信息。而市场机制是依靠"信号"传导机制发挥作用的,在我国经济转轨中,两种力量作用共生的条件中"信号"的形成本身就不可避免地发生扭曲,具有相对优势的利益团体在体制变革或制度变迁中,便利用不完善的制度安排来获取潜在的机会利益,进一步损耗了制度效率。

从证券市场制度缺陷的内涵分析可见,这一范畴并不是一般性制度范畴,而是与特定的社会经济体制相联系的。中国证券市场的制度缺陷,植根于传统计划经济金融体制向市场经济金融体制过渡中产生的"制度错位"。在此需要指出的是,制度缺陷有别于市场缺陷,但不能同市场缺陷完全相割裂。中国证券市场的制度缺陷,是证券市场发展内在规律与政府强制性制度变迁之间的内生性缺陷。制度缺陷作用于市场机制,并导致市场运行的扭曲化,使市场本来的运行机制并不能有效发挥出来。以外部生成作用于内在市场运行机制,信息传递渠道受阻,无法实现信息的有效反映与传递,资本市场行为扭曲,减弱了证券市场资源的内在配置能力。

证券市场的低效率的根源在于中国证券市场的制度缺陷。中国的证券市场是在新旧体制的夹缝中产生与发展起来的。在不同的制度条件下,经济主体表现出不同的行为方式。在纯粹市场经济的"最小政府"和纯粹计划经济的"最大政府"的两极制度下,都不会出现寻租活动。在两种体制的共生中,政府干预市场产生"政策租金"。

政策租金的产生,本身就是证券市场制度缺陷的生成过程。在转轨经济中,政府在制度设置安排上存在支持新兴证券市场发展的意向,即"隐性担保契约"。这会给市场参与主体带来一种额外的利润,即由体制性安排产生的租金。由于证券市场的参与主体是理性的,其必然从自身利益出发,并根据成本收益寻求与分享"政策租金"。在中国证券市场制度变迁中,证券市场制度缺陷的变化使得租金的成本收益率相应发生变化。在证券市场机制不完全的情况下,经济主体依赖国家提供的"隐性担保",寻租成为一种"廉价选择权"。对于上市公司而言,上市公司设法在证券市场谋求更多的"租金",呈现股权融资的偏好,进而股权融资变得非常"廉价",相应社会资本的成本无法有效体现;而在外部,缺乏对上市公司监督制约的中介机构,上市公司利用信息占有的优势地位,甚至同庄家"合谋",寻求租金。对投资者而言,投资者根据政府对证券市场的"隐性担保",对市场发展存在一定预期,并寻求投机的潜在收益。由于投机(寻租)收益远远大于正常的投资收益,而且不用付出什么代价,投机成为一种理性的选择。市场集体行为非理性导致了市场过度投机行为。于是,中国证券市场上出现了长期存在的一个"公开的秘密",即内幕交易、操纵市场等违法违规行为盛行。

4. 信用缺失

我国证券市场信用缺失是一个不争的事实。造成这种状况,有市场不成熟的原因,有经济转型时期体制机制上的原因,有制度建设滞后、市场不健全的原因,也有行业、企业缺乏自律的原因。还有一点比较重要的原因,就是我国的道德评价失范。一般情况下,人们根据内心的伦理心境毫不费力地做出符合多数人普遍接受和认可的道德准则的价值判断。而在道德转型的过渡时期,人们受到双重标准或多元标准的影响,似乎哪一种标准都有一定的"合法性",而任何一种标准的背后,又都可以找到反向标准,它同样具有存在的合理性。这种情境,使得当今道德评价变得模棱两可。我国改革开放以来,道德建设虽然取得一定成绩,但是很难说已经确立了一个人人都认同的道德评价体系。而且由于科学技术日益发展,人们的道德生活和风俗时尚、个人的道德信念及情操、道德观念都发生了急剧的变化,以传统的方式进行考察评估难免会产生困惑。如计划经济体制下提倡的"大公无私"、"毫不利己、专门利人"的道德准则,在当今市场经济条件下,已明显显示出其不适应性。我们都知道,市场经济是建立在经济人假设基础上的,以前备受指责的"人不为己,天诛地灭"的思想,现在看来又有一定的合理性。又如在中国传统文化中,信用被儒家称为来源于人所固有的道德天性,强调人有一种发自内心的诚信与实在,故传统儒家不把信用当作谋利的手段。而在市场经济中,信用带有工具理性的意义。信用是对他人而言的,表现为在与他人进行经济交往过程中必须讲求诚实与信用。正如富兰克林及其追随者马克斯·韦伯认为的那样,"信用就是金钱"①。当某一经济主体和另一经济主体进行经济交往时,双方出于相互满足利益的需要而信任对方,这种信任包括对交易行为结果会获得预期利益的信心和交易对方会有助于这一利益实现的相信。相反,如果人们互不信任,一般很难发生经济交往关系,也就无信用行为可言。同样,如果人们在经济交往过程中发现交易对象是不可信任的,或者对交

---

① 马克斯·韦伯:《新教伦理与资本主义精神》,三联书店1987年版,第33页。

易结果能带来的预期利益没有信心,就有可能不再按约行事,从而出现反信用行为。因此,中国古代儒家传统伦理思想的道德价值评价和信用已经不能够适应市场经济的要求,而新的道德评价体系还没有建立起来,影响到行为主体的行为选择,而行为选择恰好是影响行为结果的直接因素。

经济转型时期我国证券市场秩序的失范和信用的缺失有其必然性。但是,在我国证券市场已有相当规模的今天,如果任其进一步蔓延,不仅严重影响证券市场的稳定和发展,严重损害广大投资者的利益,而且对国民经济的可持续发展会带来很大威胁。整顿和规范证券市场秩序、重建证券市场信用,是一项长期、复杂而艰巨的任务,需要市场内外在多方面做长期努力。近年来,随着证券监管部门加大监管执法力度,证券市场上一些令人触目惊心的违法违规案件和造假典型被相继揭露出来。这些违法违规行为长期以来被隐藏和掩盖,造成了证券市场一定程度的表面繁荣和"泡沫",对中小投资者的利益造成了损害,对投资者的市场信心也是一种打击。证券市场现在已面临信用危机。如何看待证券市场的信用缺失?如何走出信用危机?这是人们非常关心的问题。

证券市场是市场范围充分扩展的必然产物,反过来,证券市场的建立和发展又进一步导致了市场范围的扩大。在证券市场上,非人格化交易①不论其范围、数量还是频率都达到了史无前例的高度。因此,证券市场的产生和发展,对信用及普遍主义的信任有着更高的要求。证券市场信用的缺失不仅导致交易的萎缩,即市场筹集资金、优化资源配置功能的萎缩和丧失,还会产生和积聚巨大的金融风险,对整个国民经济产生非常严重的不利影响。目前,我国证券市场已具有相当的规模,证券市场已成为我国国民经济的重要组成部分,在国民经济当中发挥着十分重要的作用;另一方面,我国加入 WTO

①　所谓非人格化交易,是指交易者是不特定的,彼此之间没有个人的了解。非人格化交易必须通过交易者之间的契约(显性的、隐性的;书面的、口头的)来实施。

后,中国经济将进一步融入全球经济体系之中,在这种情况下,证券市场交易秩序的失范和信用的缺失不仅对我国证券市场的稳定和健康发展构成了很大的威胁,而且,其所聚积的金融风险对整个国民经济的稳定和发展也构成了隐患。

我国证券市场超常规的快速发展,不可避免地造成了证券市场的法制建设长期以来远远落后于市场的迅猛发展。由于法制不健全、市场规则尚未充分建立并得到遵守,导致了证券市场不规范,各种违法违规现象长期滋生和蔓延。违法违规行为的不断出现,造成市场秩序的混乱和市场信用的缺失,影响了证券市场的有效运行和进一步的发展。概括起来,我国证券市场上违法违规行为主要表现为以下几种类型。

其一,违反信息披露的原则和要求。在公众持股的上市公司中,由于股权高度分散,导致公司"所有权与控制权的分离"。这种两权分离使得分散在外的中小股东与公司的经营者在有关公司经营及财务状况等方面存在严重的信息不对称。信息的不对称产生"道德风险"——公司的经营者有可能以牺牲公司的利益为代价追求其自身的利益,中小股东的权益面临被侵害的危险。我国一直强调强制性信息披露制度,要求上市公司必须真实、完整、及时、准确地公开披露公司的重大事项和有关信息。然而,由于信息披露不准确、不完整,信息披露不及时、不真实,造成我国上市公司在信息披露方面很不规范,违法违规问题十分严重。

其二,操纵市场,损害他人利益。操纵行为是一种典型的欺诈。它以欺骗的手段诱使他人买卖证券,其目的是损害他人利益而为自己获取利益。操纵行为扭曲了证券市场价格,扰乱了证券市场正常发挥其资源配置的功能,对证券市场的危害很大。主要体现在:(1)虚构供求关系,误导资金流向;(2)损害投资者利益,危害证券市场的稳定和发展;(3)破坏市场竞争机制。前几年,操纵行为在我国证券市场上十分猖獗,"黑庄"盛行,"恶炒"成风,严重地扰乱了市场秩序,损害了中小投资者的权益。

其三,利用内幕交易,牟取不正当收益。内幕交易违背了市场公平、公正、公开的原则。它使少数人利用其特殊地位,谋取不正当收益,损害其他投资者的利益,不利于证券市场的有效运行。一般认为,我国证券市场上内幕交易的情况比较严重。内部人利用内幕消息牟取暴利。由于信息不对称,许多普通投资者不得不忙于四处打听"内幕消息"。内幕交易是我国证券市场发展面临的一个严重问题,迫切需要肃清。

证券市场上不断发生的欺诈上市、虚假信息披露、违规关联交易以及操纵市场等事件,使得许多投资者受骗上当,蒙受损失。

在信贷市场上,信用缺失日益成为金融风险生成的重要根源,突出表现在以下两个方面:①金融业的过度竞争。一方面,为了争夺存款客户,银行通常提高存款利率;为了吸引贷款客户,增加市场信用份额,银行通常的做法是降低贷款利率。存贷利差的缩小,在其他条件既定时,银行业盈利水平下降,经营风险增加。在这种情况下,许多金融机构不得不越来越重视发展表外业务甚至从事高风险业务,以图得到较高收益。这种"趋利性"使得金融机构放弃稳健经营的原则。另一方面,金融市场的证券化和创新趋势,使许多信誉较高的大公司转向金融市场直接融资。银行要么牺牲贷款的市场份额,要么被迫转向信誉较低、风险较大的中小企业,从而使其资产质量下降,经营风险加大。②信用监管制度的不完善。由于趋利机制作用而规避信用监管,银行业不断地进行金融创新,大力发展表外业务,如担保、承兑、代理等,从而使传统的货币概念和测量口径趋于失效,使金融监管难度加大,削弱了金融监管当局的监控能力。

(二)中国金融市场利益冲突的治理选择

在人类社会的历史变迁中,利益冲突是导致社会革命和社会制度变迁的根本原因。合理的制度安排既能使个体利益得到满足,又能使相互矛盾和冲突的个体利益得到社会的整合。中国金融市场改革的成功依赖于激励约束机制与协调整合机制的启动,改革过程仍然存在的无序和不必要的利益冲突,预示着进一步创新的必要性。由于重大利益调整措施的后置性及权力介入市场领域,寻租活动普

049

遍存在,形成本为解决利益冲突却引起普遍的利益冲突的悖论。因此为缓解经济利益冲突,必须进行全面配套的经济体制改革,从制度规范、法律惩治、产权改革和伦理引导与规约入手,建立起激励约束、协调与整合的制度。

1. 制度规范

新制度经济学的重要代表道格拉斯·C.诺斯认为:"制度是一系列被指定出来的规则、守法程序和行为的道德伦理规范,它旨在约束追求主体福利或效用最大化利益的个人行为。"[①]事实上,在维护金融市场稳定、有序和发展方面,制度确实起到了不可低估的作用。例如减弱或消除了不确定性(风险性),从而使交易成为可能;协调利益冲突、降低交易费用,促进交换发展和市场扩大等。而且由于制度为人们之间的相互作用提供稳定的结构秩序,从而使人们的偏好及与此有关的目标、实现目标的手段均受到它的控制。所以金融运行的结果,包括金融稳定与秩序状况以及金融发展与创新状况等,都是由制度决定的。总的来说,规范的金融制度具有激励和规范人们的金融行为,降低金融交易费用和竞争中不确定性所引致的金融风险,进而保护债权债务关系,促进金融交易的顺利进行和提高金融资源的配置效率作用。

金融制度的一个主要的功能,就是引导和配置其他物质资源。但这种特殊作用的发挥却很大程度地取决于货币资金能否按经济合理原则在各部门和企业之间高效流动。由于金融资源的配置是在金融交易活动中实现的,而金融交易活动又是在特定的金融制度框架内进行的,因此金融制度就必然具有配置功能。具体地说:①金融制度中的组织机构和金融资产将分散的货币资金集中起来,变闲散资金为生产资金,变储蓄资金为投资资金,从而起到有效地调节社会资金余缺和经济运行中的不平衡性、提高资金使用效率的作用;②金融制度通过其各种融资方式和机制,从而实现短期资金长期化和长期

---

① 道格拉斯·C.诺斯:《经济史中的结构与变迁》,上海三联书店1994年版,第225—226页。

资金短期化、变现化（通过证券流通和交易），从根本上解决资金筹集者与出资者之间的长期固定性要求和短期流动性要求的矛盾，实现货币资本在结构上的优化配置；③金融制度所提供的竞争性市场组织通过其灵敏、复杂的价格机制和广泛的信息来源对投资机会、项目收益和企业效率等进行鉴别和筛选，从而将金融资源配置到生产性和高效益的部门中去等等。

　　金融制度的另外一个主要的功能，就是设计与创造和谐稳定的秩序。例如，由于人的有限理性、环境与人们相互关系中的不确定性和复杂性的客观存在，金融活动总要面对某些风险。金融制度的稳定功能之一就体现在借助某些制度安排和组织形式把风险转移、分散到从社会范围看愿意承担风险、并且承担成本较低的那些机构和个人中去，从而缓解因风险集中所造成的不稳定性。再如，现代金融制度所提供的旨在协调人们利益冲突、约束人们金融行为的某些规范和惯例，能够使金融活动主体对未来金融活动形成稳定的预期。至于现代金融制度中的中央银行制度，则更是以维护金融秩序和金融运行稳定为基本职责的。

　　金融稳定的基本制度框架可主要包括以下五个方面：市场主体方面、市场结构和秩序方面、金融调控和监管方面、市场支持保障方面和金融风险处置方面。具体在市场主体方面，我国已明确要建立资本充足、内控严密、运营安全、服务和效益良好的现代金融企业。从目前的情况看，我国的金融机构仍然存在着产权主体虚置、公司治理欠缺、不良资产偏高、经营效率低下等问题，成为阻碍金融业快速发展的"痼疾"。在这方面，构筑良好的资本结构、完善的公司治理等制度架构至关重要。其中最为关键的是要建立多重的股权约束机制，形成有效的激励、监督机制，解决好权责对称问题。而在市场结构和秩序方面，我国金融业存在着直接融资和间接融资、债券市场和股票市场、银行间市场和交易所市场、流通股和非流通股等结构不均衡以及金融秩序不规范的情况，使金融业隐含着内在的不稳定性，极易产生较大的金融波动，进而通过市场间的关联和互动，扩展到整个金融体系，最终酿成金融危机。在这方面，要注意放松金融管制，着力推进金融市场的改革和创新,确保金融秩序的稳定。要逐步建立资本市场与货币市场的良性互动机制,加强深层次的银行与保险业的合作,构建直接金融和间接金融协调发展的制度"平台"。具体而言,要放松商业银行进入证券市场、基金业、信托业等的限制,构建合理解决证券公司融资需求的制度框架;推动资产证券化、货币市场基金等新兴金融工具的规范化发展,规范引导金融衍生产品的创新机制;建立和完善债券、外汇市场的做市商制度,改革强制结售汇制度,完善央行干预外汇市场的有关制度;依法严厉打击和惩治破坏金融秩序的违法违规行为。

2. 法律惩治

市场经济是法制经济,政府对市场应依法监管,这是规范化的资本市场得以建立的根本保证。以法治市的原则,就是用法律法规来规范约束资本市场管理、运作的一种行为。以法治市旨在真正达到保护投资者利益,以公开、公正、公平的竞争原则主持资本市场稳定有序地运行之目的。其中公开是公正性和公平性的保证。"三公"的实现与否,关系到一国资本市场能否健康生存和持续发展。

以法治市,以法管市,是当今世界各国维护金融市场秩序的成功经验。根据中外证券立法的理论和实践,我国以法律法规管理资本市场应当达到的目标是:①有效地保护投资者的利益。这首先是因为在资本市场各行为主体中,投资者无论从信息的获取还是专业知识与技术的掌握上均处于不利地位,是相对弱者,而法律的任务应当是保护弱者,使之能在市场交易中处于平等的地位;同时,资本市场的发展也需要投资者对市场的信任,只有法律化、规范化和真正保护投资者利益的资本市场,才能凝聚投资大众,才能得到健康、持续的发展。可以说,保护投资者的合法权益是稳定和发展资本市场的先决条件。②规范资本市场主体行为,维持资本市场的稳定运行。资本市场的稳定运行包括两个方面:效率和秩序。资本市场的效率是实现资本市场经济功能的保证。资本市场的效率表现在它能够不断形成对所有资金借出者和借入者来说边际回报率都相等的价格,并通过形成的价格迅速、简便地实现转移。资本市场的秩序表现为以公开、公正、公平等三项内容为核心的市场交易与竞争原则得以有效地体现。垄断、欺诈、操纵、内幕交易是资本市场价格剧烈波动、市场秩序紊乱的最重要的原因。

理论上讲,效率和秩序是相互依存的。但在实际操作中,过分严厉的管理有可能会损害资本市场的灵活性,从而影响资本市场的效率。从世界范围来看,各国政府都在力图寻求效率和秩序的最佳结合点。如美国,为提高本国资本市场的效率和本国金融机构的竞争力,正在采取一些灵活变通的方式改变其长期延续的、过于复杂具体的管理法律体系。英国则正在努力构建资本市场的法律法规,以使本国资本市场管理灵活性建立在规范化的基础上。

3. 产权改革

产权改革所隐含的基本经济理论是,它能创造出理性的、能有效利用财产或资源的所有者或市场主体。这是因为:从理论上来说,由于产权改革使各个财产所有者(包括国家和社会公众)的财产所有权都得到明确的界定和有效的保护,使财产所有者只能在自己所拥有的财产权范围内做出经济决策,同时也使各个财产所有者在拥有财产的同时,既可独立获得利用财产所带来的收益,又必须独立承担利用财产所造成的风险、成本或损失,自己承担选择的后果。这样,就能真正实现财产所有者预算约束的硬化,并使各个财产所有者真正拥有内在的自我激励和自我约束机制,这种机制将促使财产所有者既有内在的动力力求最有效利用自己的财产资源,从而最大限度地创造收益,同时又有内在的压力力求最大限度地降低资源使用成本,并尽力减少财产的损失,从而在给定的财产权范围内最大限度地实现自身利益的最大化。显然,这种预算约束硬化、具有内在的自我激励和自我约束机制的财产所有者就是理性的所有者。可见,产权改革及产权制度的合理化将自动创造出理性的所有者。而理性所有者的出现是形成真正规范化的市场机制的最根本要素。

从我国的现实情况来看,一旦我们建立起现代意义上的社会主义公有制产权制度,则各个理性的财产所有者为了实现各自财产利益的最大化,必然会或是通过签订契约而将自己的财产投入到现有的效率好的企业,以将现有的效率好的国有企业改造成公司制企业(效率差的国有企业则应通过市场淘汰机制使其退出市场,以免其继续浪费稀缺的资源和降低社会的福利);或是通过相互的自由选择以签订契约,从而将各自所拥有的财产组合成新的公司制企业。这是因为:如果财产所有者不将自己的财产通过签订契约组合成公司制企业以便作为一个经济主体参与市场交易,而是都直接进入市场,即都直接去利用市场机制,通过直接参与市场交易利用自己的财产,则会造成市场交易数目过大和交易摩擦过多,从而迫使财产所有者不得不花费很大的市场"交易成本"①。这就不利于财产所有者实现财产积累或财产利益的最大化。

相反,如果各个财产所有者在自由选择的基础上根据报酬最大化的原则,通过签订契约而将自己的财产组合起来以形成公司制企业进行生产活动并参与市场交易,则不但可以大大减少每个财产所有者都要直接参与市场交易所需耗费的过大的市场"交易成本",而且,由于各种生产要素(财产)的所有者们合作生产的产品要大于各个生产要素(财产)的所有者们分别生产的产品总和,因此,各个财产所有者通过签订契约将自己的财产集中在一起进行合作性生产就能够创造出更多的产出或收益,从而最终使自己能最大限度地获得收益,并真正实现财产积累最大化的目标。可见,一旦我们建立起现代意义上的社会主义公有制产权制度,则各个财产所有者就必然会有动力通过签订契约将各自所拥有的财产投入到现有的效率好的国有企业,以将效率好的国有企业改造成公司制企业,或是通过签订契约组建新的公司制企业,从而自觉推动现代公司制企业制度的形成。

产权改革不但能创造理性的所有者或市场主体,而且还能构建合理的市场规则和信用准则。这主要是:①产权改革有利于平等原则的形成。在现代社会主义的公有制产权制度中,由于各个市场主

---

① 交易成本是产权经济学中的基本概念,简言之,它是指交易双方用于签订和履行契约所付出的代价,或者说是财产所有者或产权主体运用市场价格机制所需花费的成本。

体(各企业和金融机构)都拥有独立的财产,因此,它们在法律上是完全独立、互不依附、互不隶属的。同时,由于各个市场主体所拥有的财产或财产权利既都一样受法律的平等保护,又都一样受法律的约束,且各个市场主体拥有平等的权利,其进入市场从事交易活动的法律权利或法律地位完全平等。因此,各个市场主体的财产权利和法律地位完全平等。②产权改革有利于自愿原则的形成。在现代社会主义的公有制产权制度中,各个市场主体因拥有独立的财产而相互独立,又完全平等。各个市场主体有权利自主表达自己的意志,做出自己的选择,完全按照自己的意愿参与市场交易或借贷活动,并完全可以排除其他人对自己的决策和行为的随意干预。可见,自愿原则的形成将自动排除政府对经济活动(包括市场交易或借贷活动)进行人为的随意行政干预这一严重违反市场规则的现象。③产权改革有利于公平原则的形成。由于在现代社会主义的合理产权制度中,各个市场主体拥有独立的财产也意味着各市场主体既享有受法律平等保护的财产权利,同时又随之承担了受法律平等约束的财产义务或财产责任。在这种情况下,各个市场主体既可享有同样的权利或拥有同样的机会进入市场从事交易或借贷活动,同时又必须在同样的法律约束或同一个制度规则下进行竞争,从而真正形成机会平等、权利与义务相对应,以及公平竞争等市场规则。④产权改革有利于等价有偿、互利互惠原则的形成。在现代社会主义的合理产权制度中,财产所有权具有独立性和排他性,各个市场主体所拥有的财产是神圣不可侵犯的,各拥有独立财产的市场主体既可以排除他人对其财产的任何违背其意志的干涉,也可拒绝任何强制出让其财产所有权的行为。当各市场主体的财产所有权受到侵害时,法律上将以平等的形式(如返还财产、排除妨碍、消除危险、恢复原状,赔偿损失等)予以保护,而任何恶意侵害他人财产权利的行为均将受到法律的制裁。⑤产权改革有利于诚实信用原则的形成。在现代社会主义的合理产权制度中,由于各个市场主体的财产受法律的明确保护,所有恶意侵犯财产权的行为都将受到法律的处罚或制裁。同时,法律也绝对禁止财产权利的滥用,规定拥有独立财产的市场主体若因

055

不履行自己的义务、责任或因滥用财产权利而导致公共利益或其他人的财产权利受损时，则该市场主体就必须进行赔偿或承担相应的民事责任。在这种情况下，任一市场主体就必然不得不尊重其他市场主体的财产权，不得不真诚相待（即以对待自己事务的态度来对待他人的事务），并且必然会以真实、诚恳、善意的态度参与市场交易活动，真正在市场交换或借贷活动中做到恪守信用、讲求信誉、不欺不诈，不采取不正当的手段来侵占他人的利益，自觉、诚实、严格地履行契约所规定的义务或责任，保证契约的严格履行，从而真正形成"诚实信用"的原则。这种诚实信用原则是维持市场秩序，限制不正当竞争的道德基石。而诚实信用原则的形成能从根本上杜绝假冒伪劣、投机取巧、弄虚作假、损人利己、随意违约或撕毁契约等严重违反市场秩序的行为。

4. 伦理引导与规约

作为一种观念和意识，市场伦理随着人类社会经济活动和交换关系的发展而产生，但在自然经济条件下，由于经济活动的封闭性、简单性和个别性，市场伦理未能作为一种相对独立的伦理形态充分发展起来。现代市场伦理是随着市场经济的发展逐步形成和发展起来的，是市场经济的一个内在规定和健全发展的基本条件。

市场经济作为一种社会经济运行方式，一方面是以人们利益的分离和自利的追求为基础的；另一方面，市场经济又是一种高度社会化的交换经济，人们的利益都是相互联系、相互依存的。这种利益上的追求、自利和利益实现上的依存、互利，是市场经济的一个内在矛盾。协调和解决这一矛盾，从根本上说，要有一套有效的社会规范体系来约束人们的行为及其相互关系，使人们在追求自己利益的同时，尊重他人的利益，在互利的基础上去实现自利。这既需要法律来维护，也需要市场伦理来支持，仅仅靠其中之一是不可能建立起良好的市场秩序的。

在现实的社会生活中，由于法律等正式制度对市场秩序建立和发展的作用显而易见，因而也是被高度关注和重视的。而以伦理道德为核心的非正式制度对市场主体行为规范控制的作用却常常被遗忘或忽视,至少是还未引起足够的重视。其实伦理道德不仅是保持市场经济有效运行的最基本的调控力量或"本质要素",而且也是确立和实现包括制度法律调控在内的其他"非市场控制"的价值基础和社会基础。可以说,伦理道德尤其是市场伦理对于市场有序且有效的运作,不仅是不可或缺的,而且是极为重要的。

现代市场伦理是随着市场经济的发展逐步形成和发展起来的。一般地说,发达的金融市场是市场经济的核心,而金融市场伦理是现代市场伦理的核心。诺贝尔经济学奖获得者道格拉斯·C.诺斯认为:"即使在最发达的经济中,正式规则也只是决定行为选择的总体约束的小部分,大部分行为空间是由习惯、伦理等非正式规则来约束的。"①另外,法律的约束成本较高,金融市场伦理作为调节市场经济中人们之间关系的一种自律性行为规范成本低,作用范围广,作用效用持久,可以在法律没有涉及或无法达到的空间中充分发挥调节作用。

---

① 道格拉斯·C.诺斯:《制度、制度变迁与经济绩效》,三联书店1994年版,第49页。

第二章　中国金融市场伦理缺失的表征及其潜在金融风险

随着市场经济体系的逐步建立和完善,我国的经济发展取得了举世瞩目的成就。然而正在进行的经济体制改革在打破了计划经济下高度集中统一的信用制度与体系的同时,却一直没有建立起符合市场规范的信用体系。由于信用行为缺乏必要的预算约束与制度约束,造成了金融市场上信用关系的严重扭曲和普遍的道德风险行为,违法、违规行为层出不穷,这对我国金融进一步发展形成了严重制约。因而,认真研究和分析中国金融市场上的伦理缺失的表现与危害,对于正在前进和发展中的金融市场无疑是非常重要的。

一、信贷市场伦理缺失的表现及危害

随着我国社会主义市场经济的逐步确立,我国的金融体制正在发生根本性的变革,各专业银行正在开始向商业银行转变,证券、期货市场逐渐成熟。但由于金融市场大规模的资金融合及趋利性、投机性等特点,加之目前金融市场运作缺乏强有力的宏观调控体制保障,以致金融欺诈等违法犯罪活动日渐猖獗。如不及时加以遏制,必将成为我国社会主义市场经济建设中的一大隐患。

(一)信贷欺诈

对于银行信贷活动来说,风险的识别是指通过统一的标准分析确定可能导致风险因素的行为,其主要的判断依据是客户的综合信息、财务信息、账户信息和授信信息等。

许多意欲骗取银行贷款的人,往往会从上述几个方面的信息着手,通过向银行提供虚假的信息来误导银行的风险识别。例如,为了骗取银行贷款,借贷者往往会刻意做大营业额,借助关联企业之间互开增值税发票,在此基础上运用没有真实交易基础的商业承兑汇票制造现金流,致使财务报表营业额增加。这种操作的结果会使银行运用通常的信贷分析指标测算得出该企业具有较强的信贷偿还能力的结论。有了这些看来表现良好的数据,倾向于骗贷的个人或企业就可以通过不同关联公司之间的交叉担保向银行贷款,借出大量银行资金。此时,如果这家公司控制有上市公司,则可能调动大量资金炒作自己旗下的股票,然后将家族企业内的资产以高价注入上市公司,从而将抽水得来的资金偿还银行的部分贷款,增加银行对于巨额贷款偿还能力的信心。

在上述骗贷的各个环节中,如果银行仅仅根据静态的财务数据进行风险识别,是无法揭穿骗贷者的真实目的的。被刻意操纵的财务数据表面上看,会让银行做出申请贷款的公司具有很强的贷款偿

还能力的结论,从而误导银行的贷款决策。在信贷市场上,以银行信贷担保欺诈为例,欺诈行为主要表现为:

(1)以虚假保证进行的银行信贷担保欺诈。虚假保证的主要形式有:互相保证或连环保证;口头保证;名义保证;重复保证。

(2)以虚假抵押(或质押)权进行的银行信贷担保欺诈。虚假抵押(或质押)权的形式有:一物多抵或一物多押;用债务人或第三人无处分权的财产抵押或质押;以范围不明的财产设定抵押或质押。

(3)通过虚构资信状况进行信用贷款欺诈,其手段有:伪称具有独立经济核算、独立经营资金等能力;虚构、掩盖资金状况;虚构保证能力。

信贷欺诈犯罪作为发生在金融领域与金融业务紧密相关的谋利性犯罪,除了具有一般经济型欺诈犯罪所具有的特征外,还具有其自身的特点:

第一,信贷欺诈行为主体呈多元化。金融欺诈犯罪与一般诈骗犯罪相比有一个明显的特点,即犯罪主体多元化。信贷欺诈犯罪不仅涉及自然人,而且还广泛地涉及单位、法人。从当前司法实践看,一些特大的信贷欺诈犯罪案往往由单位、法人实施或参与实施。

第二,侵犯客体具有双重性。经济诈骗犯罪侵犯的客体表现为单一的公私财物所有权,而信贷欺诈犯罪既侵犯公私财物的所有权,同时又破坏了金融管理秩序,尤其是损害我国金融机构的金融信用,严重危害我国金融业的健康发展。

第三,信贷欺诈行为金额巨大,危害性严重。信贷欺诈违法犯罪大多以巨额的钱财为行为指向。这种行为一旦实施,往往对国家、集体和个人的财产权造成严重的侵害。从当前发生的信贷欺诈罪案看,所涉及金额往往特别巨大,严重侵犯公私财产所有权,甚至危及金融机构及金融市场的生存与发展。

(二)企业信用缺失与逃废金融债务

现代市场经济是信用经济,信用是现代市场经济的生命。然而中国市场经济的改革已经二十多年了,现代市场经济所必备的国民信用体系并没有建立。近年来,经济生活中失信失范的行为越来越广泛,情节越来越恶劣,严重影响经济改革和发展的大局。其中,企业的逃废债现象越演越烈,已经成为当前经济运行中的一个突出矛盾。

据中国人民银行统计,目前我国每年因逃废银行债务造成的直接损失大约在1800亿元。企业逃废债屡禁不止和恶性蔓延,不仅扰乱了金融秩序,危及金融资产的安全,而且损害了社会信用,危害极大。此外,据调查统计,截至2000年年末,在工商银行、农业银行、中国银行、建设银行、交通银行开户的改制企业为62656户,涉及贷款本息5792亿元,经过金融债权管理机构认定的逃废债企业32140户,占改制企业51.29%,逃废银行贷款本息1851亿元,占改制企业贷款本息的31.96%。在逃废债的企业中,国有企业22296户,占逃废债企业总数的69.37%,逃废金融机构的贷款本息1273亿元,占逃废债总额的68.77%;非国有企业9844户,占逃废债企业的30.63%,逃废金融机构贷款本息578亿元,占逃废债企业贷款本息的31%。利用改制方式逃废债的国有企业中,中小国有企业占86%以上。调查统计还发现,逃废债企业最多的地区是北京、广东、山东、湖北、江苏、辽宁、陕西和青海。其中,逃废债绝对额最大的是广东、山东、江苏和湖北四省。从金融债权管理机构掌握的动态情况来看,国有商业银行是企业逃废债的最大受害者,同时,相当数量的中小金融机构的债权在企业改制过程中也无法得到保护①。

尽管银行系统内加强了金融债权管理和操作规范,对恶意逃废债的企业实施制裁,有效地遏制了企业逃废债的行为。但是,受各种利益的驱动,一些地区和企业利用各种手段(主要是利用改制方式)逃废债的情况仍然相当普遍。

(1)企业借破产逃废金融债务。如:破产企业未经批准,用应当偿还银行贷款的资产作为安置职工费用处理;破产企业采取高值低

① 国务院办公厅转发人民银行《关于企业逃废金融债务有关情况报告的通知》(国办发[2001]27号),2001年4月12日。

估的办法,使银行受偿率降低,或采取低值高估的办法,将无效资产高价抵给银行;对债权人抵押资产不严格执法,任意宣告无效;企业搞"暗箱操作",不按规定程序召开债权人会议,不及时向债权人提供有关材料,使债权人的权益得不到保障等。

(2)启用下属企业睡眠账户,逃废银行债务。现行政策规定企业改制更名必须经开户银行确认债权保全后,方可到工商行政管理等部门进行申办。由于工商行政管理部门和各金融机构的联动配合,使那些想利用企业改制重新开户逃废债的行为受到限制。企业为达到逃废债的目的,采取了启用以前开户没有贷款的子企业的名称和账户,将其大部分或全部业务转入该账户结算经营,以实现逃避开户银行监督、逃废拖欠银行贷款和利息的目的。

(3)异地开户逃废银行债务。当前由于各职能部门联动监管,使一些效益不好的企业想利用种种手段在当地逃废债的机会减少,企业为达到逃废债的目的,便采取到异地开户、设立分点等形式转移企业结算渠道,逃避贷款开户行的结算监督及法院的封户。

(4)以个人名义开户逃废债务。有些企业在通过集体名义改制重组逃废债无望的情况下,为逃避银行扣收贷款本息,无视法规以企业法定代表人或其他人个人的名义开立个人账户,把企业主要经济业务款项转入个人账户,逃避贷款开户行的结算监督,逃废银行债务。

(5)经营前景不乐观的企业,成立子公司逃废银行债务。由于信用环境的不畅,"逃废债"成为企业甩掉"包袱"的习惯行为。一些企业预测到下一步经营前景可能不乐观,不是从改善经营寻找市场商机中求生存,而是利用暂时没有被银行列为监管重点的空间,先下设形式上独立的分支机构到他行开户,为下一步逃废债务做好准备。还有的借企业分离或合并时,将债务留在原企业,悬空旧债。

更为严重的是,不仅在经济欠发达地区企业逃废债现象严重,在经济发达地区企业的信用缺失也相当严重。浙江作为中国经济最活跃的地区之一,其地方政府和银行一直有着千丝万缕的联系。在很大程度上来说,"浙江经济模式"的产生和风行与各银行的鼎力支持分不开。在浙江的很多城市，银行和政府合作的模式非常普遍。作为"浙江经济模式"的强大经济后盾，各银行为浙江的乡镇企业发展和城市基础设施建设做出了积极的贡献。

然而，到20世纪90年代末，这种"银企合作"的模式受到了巨大的冲击。原因在于不良贷款的大量产生。据悉，在浙江，仅桐乡市（县级市），中国农业银行提供的10亿元贷款就产生了6亿至7亿元的不良资产，不良贷款率高达60%以上。这些不良贷款产生的深层次原因在于，当初地方政府以一纸"红头文件"成立了大量的乡镇资产经营总公司，专为企业做贷款担保。这些资产公司普遍存在着主体不明和虚假注资或出资不实的现象①。

大量贷款的原债务人——当地乡镇企业，现在大多或破产或转制。清偿债务的责任几乎全部落在了贷款担保方——各乡（镇）资产经营总公司身上。然而，这些经政府一纸"红头文件"成立的资产经营公司绝大多数已经变为空壳，清偿债务几乎没有可能。随着这些担保机构"空壳"化现象的蔓延，各银行在浙江不良资产的清理工作正面临着前所未有的困难和挑战。如何尽快清理这些巨额不良资产，如何积极探索新的"银企合作"模式，如何更有效地规避"银企合作"当中的政府信用风险，已经成为"浙江经济模式"保持持续良好发展势头，继续取得资金支持的当务之急。

企业信用缺失，影响经济发展，损害消费者利益，诱发金融危机。企业信用缺失首先表现为企业间相互拖欠货款，债务链屡解不开。从全国看，由于企业间不讲信用，互相拖欠货物构成连环债链的资金总额已达3000亿—4000多亿元，约占全国流动资金的20%②。发展到目前，出于对债务链的警惕，企业间赊销、预付难以进行，交易大多靠现金交易，有的企业甚至采取以货易货的形式。由于惧怕贸易风险，不敢采用灵活的贸易结算方式，使许多贸易机会白白丧失。由

---

① 王振清、谢良兵：《浙江逃废债死结》，《法人》，2004年第7期。
② 李迎丰：《从我国信用存在的问题及危害谈如何重建信用》，中国信用信息网，2004年9月17日。

此不仅造成了交易对象的选择范围缩小,错失交易的最佳机会,降低了资源配置的优化效果,而且交易本身的效率降低,费用上升,周期延长,降低了经济运行的速度和效应,对经济增长形成了严重阻碍。

此外,企业长期大量拖欠银行贷款,诱发金融危机。作为国家融资主渠道的银行,由于借钱不还而形成逃债、滞债、死债的高达数千亿元之多①。企业信用缺失造成银行不良债权大量增加,效益不断下降,潜伏着严重的金融风险。企业信用缺失还会致使银行审慎放贷,甚至"惜贷",从而使银行业务受阻,难以创新发展。

二、货币市场伦理缺失的表现及危害

在我国的金融改革实践过程中,对货币市场的关注程度,明显地低于资本市场。改革的重点集中在以上海和深圳证券交易所为标志的股票市场上,货币市场的发展处于相对的放任自流状态。货币市场发展的明显滞后,使银行和企业的资金循环出现了越来越严重的障碍,资金价格出现严重扭曲,导致形成银行资金和企业资金的非市场性配置。中国货币市场功能定位不准,理论准备、制度准备和工具技术准备不足,货币市场在发展过程中的问题不断积累。本节将从货币市场的三个子市场:票据市场、国债回购市场和同业拆借市场出现的主要问题出发,对货币市场伦理缺失的表现及危害进行分析。

(一)票据欺诈

票据业务的发展对于促进社会主义市场经济、稳定金融市场,提高市场效率、拓宽融资渠道以及推进商业银行的制度创新起着重要的作用,票据市场的良性有效发展可以提高货币政策传导的有效性。近年来,我国票据市场在迅猛发展的同时,票据诈骗案件也时有发

---

① 李迎丰:《从我国信用存在的问题及危害谈如何重建信用》,中国信用信息网,2004 年 9 月 17 日。

生,大大增加了金融市场的风险。

1. 票据市场的作用

票据业务是近两年全国各家银行增长最快的一部分业务。该业务主要包括票据承兑、贴现、转贴现,以及空白票据管理等四项主要内容。其中,贴现票据是最主要的一部分,包括银行承兑汇票和商业承兑汇票等。在金融市场体系中,货币市场是基础,而在货币市场的各个子市场中,票据市场又占据特殊的位置,其作用主要有以下几个方面:

(1)发展票据市场有助于满足市场经济深化发展的要求。市场经济同时是一种信用经济。市场经济条件下的信用包含商业信用与银行信用两个层次。票据市场的最大作用就在于将初级的商业信用形式与高级的银行信用形式连接起来。由商业信用活动产生商业票据以后,商业票据就成为一种信用的载体。商业票据通过银行承兑、贴现、转贴现、再贴现等途径将其转化为银行信用以后,就克服了单纯商业信用自身"低级"的局限性,即由局部的单向的信用转化为灵活的、统一的社会信用形式。社会资金运转的效率由此得到提高。换言之,票据市场的发展与健全,推动着信用经济的发展与健全,这正是金融市场发展对经济发展的贡献所在。

(2)发展票据市场有助于稳定金融市场,提高金融市场效率。从现阶段看,票据市场的信用工具主要是各种交易性商业票据,融资性商业票据尚在被禁之列。交易性商业票据直接产生于商品生产与商品流通过程,票据市场与社会再生产过程的关系最为密切,为商品流通服务的作用最为直接。票据市场的发展有利于促进商业票据的流通,减少企业资金占用,开辟短期融资渠道。

(3)发展票据市场有助于形成新的融资格局,推进商业银行制度创新。过去中国企业获得资金的渠道主要是通过银行贷款和股票上市两种方式。上市筹资方式因其管制严格,能够采用该方式的企业只是少数,大部分还是依靠银行贷款,金融风险主要集中在银行身上。大力发展票据市场,将有利于减弱企业对银行贷款的需求,强化企业自主性融资机制。

（4）发展票据市场有利于充分发挥再贴现的作用，提高货币政策传导的有效性。市场经济要求启用间接宏观调控手段，货币政策是最重要的间接调控手段之一。对于我国现阶段的中央银行的货币政策调控手段而言，最有可能将政策作用落到实处的就是再贴现。

2. 票据欺诈的行为表现与危害

根据我国票据法规定，下列行为是票据欺诈行为：伪造、变造票据的；故意使用伪造、变造票据的；签发空头支票或者故意签发与其预留的本名签名式样或者印鉴不符的支票，骗取财物的；签发无可靠资金来源的汇票、本票，骗取资金的；汇票、本票的出票人在出票时作虚假记载，骗取财物的；冒用他人的票据，或者故意使用过期或者作废的票据，骗取财物的；付款人同出票人、持票人恶意串通，实施上述行为之一的。

近年来，我国票据市场发展迅速，特别是 1999—2002 年间，商业汇票的年签发和承兑量由 3840 亿元增加到 16139 亿元，金融机构办理的票据贴现量由 2400 亿元增加到 23073 亿元（含部分转贴现），分别增长了 3.2 倍和 8.6 倍。2003 年的票据签发和承兑量分别为 2.77 万亿元和 4.44 万亿元，分别比 2002 年又增长 72% 和 92%。在票据市场迅猛发展的同时，票据诈骗案件也时有发生。2004 年 8 月 4 日，银监会通报了两起重大票据诈骗案件的查处情况，这两起票据案件涉及河南、广东、贵州三省的多个城市，以及工商银行、农业银行、建设银行共 5 家分支机构，涉案金额达 2.58 亿元。其牵涉面之广、损失之大，引起了社会的广泛关注，也再次敲响了防范票据风险的警钟①。

票据业务可能已经成为了一些银行虚增存款、掩盖不良贷款率的一种手段。票据业务应该是以真实贸易为基础的。但现在有相当多的票据业务没有贸易背景，这种票据业务空转的运作方式是，一家企业从银行先贷款 100 万元，然后将贷款存入银行，之后用 100 万元

---

① 周欢：《加强银行内控，防范票据欺诈风险》，《中国货币市场》，2004 年第 10 期。

的存款额作保证金,如果保证比率是50%的话,企业就可以开出200万元金额的承兑汇票,然后企业可以再用承兑汇票到其他银行转贴现,扣除贴现率后,可以得到180多万元的现金,而后企业便可以把该笔资金再作保证金,再开承兑汇票……相应的金额也是循环放大。对银行来讲,企业的保证金可以成为银行拉来的存款;而承兑汇票金额是算入信贷资产项下的,可以为银行增加贷款总额,从而可以降低银行的不良贷款率。但最终,这种泡沫一定会破裂。

(二)国债回购交易中的伦理缺失

国债回购交易是国债现货交易的衍生品种,是以证券交易所挂牌的国债现货品种作抵押的短期融资融券行为,实际上就是资金拆借的一种行为。融资方为债券所有者,通过放弃一定时间内的国债抵押权,获得相同时间内对应数量的资金使用权,期满后,以购回国债抵押权的方式归还借入的资金,并按成交时的市场利率支付利息;融券方为资金所有者,通过放弃一定时间内的资金使用权,获得相同时间内对应数量的国债抵押权,期满后,以卖出国债抵押权的方式收回借出的资金,并按成交时的市场利率收取利息。对于资金拆出方来讲,国债回购实际上是购买一种短期国债的行为。

国债回购交易在我国的发展时间不长,但回购规模巨大。2003年场内、场外交易额已经超过17万亿元,远远超过同业拆借的2万多亿元的规模①。参与国债回购交易的市场主体包括中央银行、商业银行以及财务公司、保险公司、证券投资基金、证券公司等非银行金融机构以及非金融机构法人。市场参与者的众多和交易量的巨大使得国债回购交易对我国货币市场、资本市场都已经产生极大的影响。

当前,违规回购国债主要表现为变相挪用客户资金和私下融资融券,其操作手法主要有三种:一是券商私自把客户存放在其席位上

---

① 杜江:《我国金融机构运用国债回购的行为分析》,华东师范大学硕士论文,2004年5月。

的国债借给一些机构,这些机构再通过国债回购融资,并将所得资金投到二级市场,期满前将国债买回来;二是券商往往通过承诺回报的形式,高息招揽社会企业和个人的闲散资金购买国债,托管在自己的席位上,再通过交易所进行国债回购,将国债抵押融入的资金投到股市,期满前将国债买回来;三是券商在资金需求方和国债持有人之间发挥中介和监督作用,资金融出方买入国债并托管于券商的交易席位上,资金需求方用托管于券商席位上的国债作抵押,通过交易所国债市场融入资金,券商"监督"双方履行约定,获得1%—2%的中介费。这种所谓的"三方监管"其实就是一种变相的非法融资。

国债回购是沪、深两地证交所为解决国债持有者短期资金融通而推出的一个业务品种,它的本质是用国债质押向市场进行融资。在我国国债回购与股票、国债现券实行一级托管不同,依照交易所市场现有的做法,作为交易所会员的券商,在其以一个债券交易主席位为首的所有连通席位上托管的全部国债,都被自动折算成可用于国债回购的标准券,但这些虚拟的标准券并未计入各自相应的一级账户,而是采取了席位二级托管制。正是由于标准券的二级托管,券商内部的国债现券和回购资金安排便成了一个盲区,交易所不能通过登记结算系统直接了解到由券商回购融资标准券的真正所有者是谁。

在现有机制下,将客户持有国债以客户名义进行国债回购融得的资金,完全可以划入同一席位下的另一资金账户,以其他股东账户的名义进行股票投资,而这恰恰为套取客户国债信用,进行变相国债委托资产管理提供了可乘之机,这种操作手法是引发国债投资和国债回购业务风险的滋生地。同时,券商在国债回购业务中的违反金融市场伦理的行为,在为自己带来短期盈利的同时,也为长期发展埋下了巨大的隐患。

2004年5月份中国登记结算公司内部数据显示,券商挪用客户国债现券量与回购放大到期欠库量达1000多亿元,被证监会关闭、托管或正在严查的券商中,大部分与国债回购有关联。以大鹏证券为例,大鹏证券有限责任公司成立于1993年,是全国性大型综合类证券公司。注册地深圳市,注册资本 15 亿元人民币。截至 2003 年年底,公司总资产 82.84 亿元,净资产 21.32 亿元,管理客户资产超过 220 亿元。然而,2004 年中期数据显示,2003 年还盈利 2000 余万元的大鹏证券,转瞬成了亏损一族。具体的数据触目惊心,大鹏证券上半年营业收入只有 1.19 亿元,而营业支出竟然高达 2.39 亿元。在亏损券商名单上位列第三。亏损的原因并不复杂——大鹏证券违规挪用客户国债进行回购交易,套取资金。当国债回购到期时,大鹏证券又由于种种原因不能如约清偿资金,回购交易面临失约,从而导致国债欠库。由于国债与股市同样萧条,如果马上清还,大鹏证券可能会走上灭亡之路。而且,如果"逼债"过急,可能导致券商铤而走险,用银行的拆借资金填补客户国债,从而将国债回购风险转嫁给银行①。

目前,我国证券市场上大量的国债违规回购已经形成了相当大的负面影响,而且在事实上已经成为诸多券商问题爆发的导火索。在违规的国债回购交易中,不仅牵扯机构多,波及股票市场和债券市场,也间接促成银行体系一些问题贷款的产生,存在着严重的金融风险隐患。

(三)同业拆借市场的伦理缺失

同业拆借是金融机构之间发生的临时调剂性借贷行为,金融机构之间开展拆借业务应严格遵守拆借利率规定、拆借时间规定以及拆借资金指定用途。各种高息拆借和延长拆借期限、改变拆借用途等行为,都会加重银行的融资成本,同时增加银行不良资产的比重,还将给社会带来混乱,影响社会正常发展秩序。

1. 同业拆借的概念与特征

同业拆借是金融机构之间进行的短期资金交易活动,也叫同业拆放。金融机构之间为了相互支持对方业务活动的正常展开而进行

---

① 敖晓波:《违规进行国债回购亏损,大鹏委托理财账户被封》,《京华时报》2004 年 12 月 14 日,B42 版。

同业拆借,可使拆入方得以补充临时头寸,同时拆出方也能通过拆出资金得到一定的收益。可见,同业拆借是金融机构之间发生的临时调剂性借贷行为,与一般的借款业务相比,它有许多独具的特点:

(1)同业拆借的期限短。根据中国人民银行 1994 年 2 月 19 日《信贷资金管理暂行办法》的规定,金融机构之间的同业拆借按期限分为 7 天以内、7 天以上和 4 个月以内的短期同业拆借。商业银行向信托投资公司、企业财务集团、金融租赁公司拆出资金的期限不得超出 7 天。中国人民银行[1997]245 号《关于禁止银行资金违规流入股票市场的通知》中规定证券公司拆入资金的期限不得超过一天。这种对同业资金往来期限上的严格规定与每一时期中央银行的货币政策、监管力度,以及对不同性质金融机构的管理要求有关。

(2)同业拆借资金用于金融机构弥补头寸、调剂余缺。拆出方的资金只限于交足准备金、备付金,归还向人民银行再贷款之后的闲置资金;拆入方拆入的资金只能用于弥补票据清算、联行汇差头寸不足和先支后收等临时性周转的需要。商业银行法明确规定了禁止利用拆入资金发放固定资产贷款或用于投资。

(3)同业拆借利率是根据市场供求变化而形成的。从 1996 年 6 月 1 日起,中国人民银行取消了同业拆借利率的上限管制,由拆借双方根据市场资金供求情况自行确定利率。

(4)同业拆借参与者是银行和其他非银行金融机构,不具备法人资格的银行和其他金融机构的分支机构进行同业拆借业务要经过总行授权。

2. 同业拆借市场伦理缺失的表现及危害

我国的同业拆借是 1984 年 10 月以后逐步发展起来的,当时信贷资金实行了"统一计划、划分资金、实贷实存、相互融通"的新办法。通过计划分配与调剂资金余缺的老办法已明显不能适应需要,资金拆借市场遂应运而生。近年来,全国已先后建立起五十多个区域性资金拆借市场,形成了一个以大中城市为依托的跨地区、跨系统、多层次、大范围纵横交错的融资网络。资金拆借市场的营运为调剂各金融机构间的资金余缺,充分利用资金使用的时间差、地区差、行际差,灵活调度头寸,加速资金周转,提高资金使用效益发挥了重要作用。

但是,拆借市场在发展过程中也出现了许多问题。在商业银行同业拆借业务中,除了对拆入资金的金融机构资信状况审查不严造成的无法按时回收拆借款项外,由于伦理缺失导致的各种违法、违规现象层出不穷。这主要是由于拆借双方不按金融法规程序操作,利用资金拆借渠道拆出拆入资金逃避信贷规模控制和管理,其具体表现主要有以下方面:

(1)同业拆借资金作为短期资金调剂业务,人民银行总行根据资金供求情况不断确定和调整每个阶段的拆借期限。但许多同业拆借合同签订的期限均长于人民银行同业拆借期限的规定,把短期资金变成了长期投资,远离了同业拆借的本质。

(2)在人民银行对同业拆借利率未开放之前,对每个阶段的利率均有严格规定。金融机构之间开展拆借业务应严格遵守利率规定。但在实际发生的同业拆借业务中,存在着高利率或收取手续费、好处费,变相提高拆借利率的现象。

(3)一些金融机构为了追求高利率,任意拆出资金,或将拆入资金用于固定资产投资、炒房地产和股票、办公司、用于地方财政开支,严重违反了信贷资产安全性、赢利性、流动性统一的原则,将短期资金作为长期资金使用。这种不按人民银行规定使用同业拆借资金的现象,不但导致拆借合同无效,更使这部分资产存在巨大的风险。

各种违法违规的同业拆借行为已经产生了很大的危害,各种高息拆借和延长拆借期限、改变拆借用途等行为不仅加重了银行的融资成本,也加大了银行不良资产的比重,同时还给社会带来了混乱,影响了社会的正常发展秩序。

三、股票市场伦理缺失的表现及危害

我国股票市场从上个世纪90年代建立开始就获得了飞速的发

展,巨大的财富效应也吸引了很多的投资者加入。在监管制度缺乏和利益心理驱使下,各种投机行为和违法违规行为层出不断,突出地表现为过度投机、市场操纵、内幕交易和证券欺诈行为,不仅有违证券市场公开、公平、公正的基本伦理准则,也为证券市场的健康发展带来较大隐患。

(一)过度投机与零和博弈的困扰

单纯的投机实质上和赌博一样,起不到促进经济发展的积极作用,其实质是货币财富在不同主体之间再分配的一种"零和博弈"。从总体上说,投机并不能使社会福利增加,赢家所得只会小于(因为有各种损耗)而决不会大于输家所失。投机并不是资本主义的特有产物,也不是违反法律规范和道德规范的不良行为和不当行为,但是,投机必须有一个度的限制,也就是投机的法律界限和道德界限。如果超越了这一界限,投机将演化为以牟取暴利为目的的过度投机,特别是以操纵为手段,以欺诈为手段,以内幕交易为手段的过度投机更是市场长期稳定健康发展的大敌。这种过度投机行为不仅扭曲了价值的评断标准,而且扰乱了正常的市场运行秩序,制造了与经济发展极不相称的泡沫。

1. 对中国股市过度投机与泡沫的分析

股票市场属于虚拟经济的范畴。从虚拟经济的角度来看股市,首先要看股票的理性价值是多少。在经济学上,股票的理性价值就是它未来收益的折现。但这只是理论上的,因为谁也不知道股票未来到底值多少钱。正因为这样,股市内在就含有泡沫,泡沫的膨胀和破灭就会造成股市的波动。股市有泡沫是正常的,有投机也是正常的。问题就是泡沫要适量,投机要适度。可以说,没有投机,就不可能有波动,就没有股市。因此,股市里适度的泡沫和投机是必要的。但是过度投机和过量的泡沫就会产生危机。只有当投机活动与投资等活动结合在一起并实现良性互动时,才能对经济具有积极的作用。而单纯的投机实质上和赌博一样,是钞票搬家,起不到促进经济发展的积极作用,因此属于货币财富在不同主体之间再分配的一种"零和博弈"。

那么,为什么会产生过度投机和过量泡沫呢? 笔者认为,这里面有两种泡沫:一是客观泡沫,一是主观泡沫。客观泡沫是由客观世界的不确定性和人们对这种不确定性认识的局限性所造成的。如理性价格的概念是建立在未来的收益和未来的折现率基础上的,这两个数定了,才能算出股票合理的价格。但这两个数都是波动的,会随着经济基本面的变化而变化,也与企业的经营状况变化息息相关。尽管我们现在对利率的变化、企业经营状况的预测能力大大提高,但也不可能完全预测准确。有些因素是不可能预测到的。因此从这个角度来讲,股市上就会存在客观的泡沫。

更重要的泡沫是主观泡沫,是由人们对未来的预期过于乐观所造成的。这种过于乐观的因素有很多。造成我国主观泡沫的原因具体来说,主要有以下几点:

(1)交易机制不健全。我们的股市是单边市,只能做多,不能做空。只有股市上涨大家才有机会可以赚钱,股市下跌的话,谁也没有机会赚钱。所以大家都希望股市上涨。成熟的股市具有做空机制,既可以做多,也可以做空;即可做信托交易,亦可做期货交易,因此股市下跌也有机会赚钱。

(2)政府对股市的干预太深,也就是大家常说的政策市,政府的政策和官员的言行往往对股市影响很大。由于目前我国股票市场正处于新兴加转轨阶段,政策的随意性较强,朝令夕改现象的存在,使众多投资者对长期投资没有信心,投资中的短期行为占主导地位。在这种情况下,没有股市的上涨甚至暴涨,社会资金便难以进入股票市场;没有投机利润效应,股市便没有吸引力。因此,在目前这一历史阶段,高股价和暴利效应是中国这样的新兴市场不可避免的现象,市场的参与者必须通过制造股价涨落起伏来获取投机收益。

(3)新股发行定价不合理。市盈率确定权力化,使得股市发展走向博弈,到处流传圈钱和发财的神话,社会心态走向贪婪。而它能够获得市场的认可,在于人们都在相互利用这种贪婪之"信誉"进行博弈,也就是市场上通常讲到的"博傻"。各种越轨乃至犯罪行为因为巨大的利益诱惑而出现。部分上市公司不负责任的圈钱行为,对未来股市发展的不良影响是很深远的,它可能使得未来股市根本没有利润可以获得,或者只能靠继续更大的投机来维持,严重时,可以置市场于死地。

(4)上市公司的整体回报率低。2000年我国股票市场全部上市公司只有800亿元人民币的利润,其中分红只有100亿元,而印花税和证券公司的交易佣金就达到了900亿元①,全部上市公司的利润还抵不上印花税和证券公司的手续费。在市场没有建立做空机制的情况下,如果上市公司不进行红利分配,股价波动便是投资者获利的惟一途径,投机和泡沫也就成为了市场的常态。

(5)股权分置,同股不同权。在我国股票市场中,企业融资1万元,市场的终极资金付出可高达近2万元。投资者从市场投资买入股票与融资企业实际获得的资金的悬殊差距,用经济学语言表述就是,这种融资系统"效率低下"并"存在制度黑洞"。

客观地说,长期支撑我国中小投资者信心的是对庄家、券商等机构的迷信,而机构信心则来源于政策的宽容和支持。为了扩大市场规模,完成支持国有企业的任务,政府曾有意或无意地纵容了许多不规范行为。并在市场低迷时推出救市措施,这导致市场投机之风盛行,同时强化了各类投资者的政策依赖。因此,要想杜绝虚假信息,改变过度投机的现象,必须从根本上改变市场服务的主旨,改变从市场圈钱的思想,确定公平、公正的市场意识。

2. 金融市场中过度投机产生的伦理要求

按照经济学的一般解释,投机就是先知先觉者(包括机构和个体)利用市场信号的错误和失真,抓住这一机会寻租的市场行为。因此,投机并不是资本主义的特有产物,也不是违反法律规范和道德规范的不良行为和不当行为,而且由于投机机会和投机利润的存在,在很大程度上还有助于矫正市场错误的信号,有助于价值发现和价值创造,有助于人类聪明才智的发挥。股票市场作为市场经济的重要组

---

① 林毅夫:《中国股市的四个问题》(上),中宏网,2001年3月21日。

成部分,同样也存在着投机的充要条件,存在着投机的空间和投机的收益,而且由于股票市场作为高风险市场,成功的投机还能获取高额的回报。这部分回报就是对先知先觉者智慧的补偿和付出高风险的回报。因此,股票市场的合理投机是应该允许的,是不应该被限制的。

但是,投机必须有一个度的限制,也就是投机的法律界限和道德界限。如果超越了这一界限,投机将演化为以牟取暴利为目的的过度投机,特别是以操纵为手段,以欺诈为手段,以内幕交易为手段的过度投机更是股票市场长期稳定健康发展的大敌。这种过度投机行为不仅扭曲了股票价值的评断标准,而且扰乱了正常的股票市场运行秩序,制造了与上市公司的经营业绩极不相称的股市泡沫。因此过度投机行为应成为监管的重要对象和法律打击的重要目标。过度投机使股市的繁荣与经济的增长建立在一种巨大的泡沫之上。过度投机的证券市场已经完全脱离了实际的物质生产,在股价不断攀升的同时,制造业的利润却在下降。政府宣布的国民生产总值(GNP)与国内生产总值(GDP),这两个公认的反映经济增长的数字,是建立在增加值的货币单位的基础上的,而由于货币金融体系已同实质经济"隔离",这两个数字对讨论国民经济的健康毫无益处。更为可怕的是,这种金融泡沫的急剧膨胀,需要从物质生产部门掠取更多的物质资源来避免金融泡沫破裂,从而势必导致物质生产部门的衰败。这种恶性循环正是当代资本主义危机的新的表现形式。

人们通常认为,在市场交易过程中,我们不应该对受害者或受损失的人给予保护。因为,市场肯定会产生赢者和输者,并且许多交易都是零和游戏。在这种零和游戏中,虽然市场交易对双方来说都是冒险,但一方的收获正好是另一方的损失。从这个角度来看,证券市场中交易者的目的不是防止损失与伤害,而是确保游戏的公平。问题在于,目前我国的有关法律并没有一个科学的尺度对合理投机和过度投机划清界限,在道德范畴上也没有将两者严格地区分开来。例如,我国的《证券法》只粗略地列举了几条过度投机的手段,而且量刑标准也十分模糊,从而给过度投机者以可乘之机。如果在法律上将合理投机和过度投机视为同罪的话,又势必扼杀股票市场的活力,如果不对投机问题加以限制的话,又会加剧市场的动荡,因此,在法律上必须对合理投机和过度投机加以严格的限制和区分,否则法律不仅将有失公允,而且还会有失偏颇。

从市场的角度来观察,可以得出这样的结论:中国股市的涨落起伏主要不是政策造成的,也不是大部分股票不流通造成的,而是投资和投机者造成的,是股民和庄家的意愿,说到底是市场规律造成的。中国股票市场更多表现的或者说首先表现的是政府与股民的博弈,上市公司与投资者的博弈,其次才是庄家与散户、投机者与投机者之间的博弈。在这场较量和争夺中,任何不公平的交易都可能伤害交易双方。因此,人们迫切需要建立确立公平交易、透明交易的股票市场。也就是说,股票市场必须要遵循公开、公平、公正的原则。

(二)市场操纵引发的道德风险与伦理困境

市场操纵行为如果任其发展下去,对市场的发展和经济秩序都会带来直接的危害。少数人的市场操纵行为,带给社会的,不仅是市场风险的人为放大和强化,而且也会使市场经济的泡沫化或投机化成为一种主流,扭曲市场价格,误导资源的配置,破坏公平交易的市场环境,进而危及整个国民经济的安全运行。操纵市场的行为世界各国都对其严厉禁止。

1. 市场操纵行为的表现及特征

中国证券市场自成立以来,走过了 10 余年的历程。在这些年里,一些个股股价变动的直接驱动力在于庄的作用。据 2001 年的调查数据显示,从事代客理财业务的投资咨询、投资顾问类公司管理着 7000 亿元规模的"私募基金"。这些公司有 23% 左右是将所募集资金投资于国债二级市场,其余均投资于股票市场。再加上证券公司和日益壮大的开放式基金队伍,目前证券市场上机构投资者已经大致能占到 30%—40% 的比重①。各路庄家蛰伏于机构投资者之中,

① 杜猛:《我国上市公司资产重组对产业结构调整的效应评析》,《经济管理》,2001 年第 9 期。

在毫无约束的信息隐匿和法规缺失的情况下,大肆操纵市场,充分利用非对称信息的优势进行牟利。从而形成了中国证券市场上独特的庄家文化,严重侵蚀了证券市场健康发展的根基。

通常来说,证券市场上的操纵市场行为,是指个人或单位背离证券市场的自由竞争和供求关系原则,为了获取不正当利益或转嫁证券风险、人为地操纵证券价格,以引诱他人参与证券交易,扰乱证券市场秩序的行为。这种行为具有一个共同的特征,即行为人通过各种操纵手段,造成证券交易活跃或者证券价格暴涨暴跌的假象,诱使投资者上当受骗参与交易,而自己则在价格上涨时卖出证券,在价格下跌时买入证券,从中获取巨额利润,致使其他证券投资者遭受巨大损失。可见,这种行为的实质,是让未参与其行为的投资者产生错误的判断和认识,利用后者的错误认识、错误行为大赚其钱。操纵市场行为,人为地扭曲了证券市场的正常价格行情,造成虚假的证券供求关系,误导资金流向,损害了广大投资者的利益。

庄家的行为特征大致包括以下五个方面:①对敲,即庄家将股票从一个账户对敲到另一个账户。这种交易是一种不转移股票所有权的交易,是《证券法》明文禁止的行为,这种行为的结果是庄家股票持仓量不变,但支付了一定的交易成本,造成交易活跃的假象。②非理性交易,即以较高的价格买入股票再以较低的价格卖出股票,俗称"砸盘"。③反复转托管,在所有权不变的情况下,频繁将所持股票从一个交易商转移到另一个交易商,造成交易活跃的假象。④垄断筹码,通过高抛低吸买入同一支股票的流通股,并达到可以单方控制价格的数额。⑤制造交易量,庄家通用的手法多为对敲,自己买给自己,再自己卖给自己。表面看该股的成交量不断增加。做庄的关键是控制流通股数量,当流通股筹码收集到一定程度后,庄家就可以自如地控制股价的运行趋势了。

2. 市场操纵行为的伦理分析

这种股票的收集和派发过程是典型的隐藏行动和信息的道德风险行为。期间往往还要配合"信号发送"制造出各种"噪音",通过这些噪音信号影响投资者的决策。应该说,噪音交易者的从众行为是庄家操纵股价的理论基础。从数量上讲,中国股市噪音交易者太多。他们不仅得不到信息,而且即使得到信息,其中的大部分人也不具备应有的信息分析和处理能力。在股市中广为人知的术语"利空出尽是利好,利好出尽是利空"描绘的是,投资者要在这个充满道德风险的市场中生存,只有采取逆向思维的投资策略才能跟上庄家的节奏。

北京大学中国经济研究中心教授宋国青的"老鼠仓"模型认为,中国股市中庄家盛行,是"老鼠"们在作怪。因为坐庄的钱是公家的,坐庄者的真正目的是通过跟庄来牟取私利。"老鼠仓"可以借助庄家的内幕信息"先进先撤"。只要有公款作为后盾,他们就会不断地找寻"庄股",在价位比较低时买入,等待数额巨大的公款将股票价格抬高后卖出,从中渔利。在这个模型里,每个主体都是理性的,最后亏的是公款①。张维迎认为中国股市实际上是场外的资源补充场内,股市已经成为了一个"寻租场"②。

应该说,以上的分析是有道理的,但导致中国证券市场庄家行为盛行的主要原因还在于坐庄的个人收益很高,但成本却很低。除去资金成本等会计概念,坐庄的违规成本并不高。游士兵、吴圣涛对1994年1月到2000年12月证监会披露的对证券违法犯罪的226个处罚公告的实证研究表明:交易市场中的主要违法犯罪主体是证券经营机构,所占比重为70%;证券经营机构92.5%的违法犯罪行为都发生在交易市场。虽然证券市场上的内幕交易和市场操纵行为的普遍性已经得到了大家的认同,但通过样本分析得到的结果是:市场操纵和内幕交易在证券违法犯罪中占的比重分别只有5.5%和2.6%,排名分列第6位和第8位,显然与现实存在较大差异③。

这种情况的出现主要是源于我国股票市场建立时,政府就把股票市场定位为改造国有企业治理结构和使国有企业脱困的工具。因此证监会在政府的意愿下就具有了双重的职能和任务,在其行使职

---

① 宋国青:《中国股市的"老鼠仓"模型》,载中经网,2001年11月9日。
② 张维迎:《股市寻租场》,《财经》,2002年第5期。
③ 游士兵、吴圣涛:《中国证券违法犯罪的实证研究》,《证券市场导报》,2001年第6期。

责时存在打击庄家和促进低质量的国有企业脱困之间的矛盾。为了维持二级市场一定的市盈率,从而给国有企业创造条件,对庄家的市场操纵行为必须要保持一定的宽容度。

但是庄家的这种种市场操纵行为,如果任其发展下去,对证券市场的发展和经济秩序都会带来直接的危害。少数人的证券市场操纵行为,带给社会的,不但是证券风险的人为放大和强化,而且也会使证券经济的泡沫化或投机化成为一种主流,扭曲市场价格,误导资源的配置,破坏公平交易的市场环境,进而危及整个国民经济的安全运行。

鉴于证券市场上操纵市场行为的巨大危害,世界各国都对其严厉禁止。监管当局利用法律手段禁止任何单位和个人以获取利益或减少损失为目的,利用其资金、信息等优势或者滥用职权操纵市场,以期为证券市场创造良好的运行秩序。

(三)内幕交易

有的经济学家和哲学家认为内幕交易在自由市场中是可行的和有用的,并不是不道德的。而在我看来,内幕交易无论是在目前的非法形式下还是在合法的市场机制中都会侵犯相关各方的隐私,破坏竞争,损害自由市场的有效功能。

1. 内幕交易产生的伦理问题

内幕交易是投机买卖的反面,是一种不承担风险的奖励。它通过不公平地使用信息而获取财富和损害他人。这里,有一条核心原则是明确的:由于信息会影响价格,所以意味着潜在的得失,任何人都不应该利用公众不知晓的重要信息来获取利润。可见,这里涉及的是证券市场上存在的一个重要问题,即信息是私人利益还是公共利益? 在社会运作中,竞争与合作是直接对立的。从竞争的角度看,信息是种私人利益,在证券交易中,私人信息可以带来竞争优势。而从合作的角度看,根据凯恩斯的理论,金融分配是赌博行为的副产品,可能会产生消极影响。

可见,根据伦理经济的观点所作的评论要比根据经济的观点所作的评论层次更高。因为它旨在整合考虑两方面的长处:效率和公正。因此,对于内幕交易,伦理经济的问题就是,内幕交易是否有效率而且是公平和公正的,而不仅仅询问它是否有效率①。

2. 对内幕交易行为的伦理分析

有的经济学家和哲学家认为内幕交易在自由市场中是可行的和有用的,并不是不道德的。对于这种观点,我想从伦理学和经济学的角度对内幕交易的价值进行质疑。笔者认为,内幕交易无论是在目前的非法形式下还是在合法的市场机制中都会侵犯相关各方的隐私、破坏竞争、损害自由市场的有效功能。

支持内幕交易的理由很多。如有人认为内幕信息应该保密。这些信息通常包括合并、收购、新股发行和裁员等,只有少数人知道这些信息,这些信息是参与上述活动的人的财产,他们应该有权利防止泄密。此外,即使是在理想的环境中,也不可能把信息平等和公平地传播给利益相关的各方,或者能够对信息做到绝对保密,因此,内幕交易很难被禁止,也很难断定哪些信息是内部信息。也就是说,界定和控制内幕交易是很困难的。也有人认为,对于那些利用了内幕信息的人来说,由于他们是在这些信息被公开之前就利用了这些信息,因此他们的交易是建立在或然性而不是必然性之上的,他们是在赌博。如果他们错了的话,市场会"惩罚"他们。更为重要的是,有些经济学家认为无论对内幕交易者还是场外交易者来说,内幕交易都能够使市场更准确地反映公司的实际经济状况,使公司的股票价格更能够代表公司的价值。按照这种观点,内幕交易实际上使市场更加公平,因为内幕交易使股票价格更能够反映公司的财务状况,从而使得所有的股票交易者都能受益。

这些支持内幕交易的理论看起来都是很有说服力的,但实际上都存在错误。这种错误的产生在于他们不了解自由市场是如何运作

---

① 金融市场中的效率是关于信息处理的效率,也就是说,新的信息流动的速度不顾社会后果地影响着证券的价格,这种所谓的效率的社会后果并不总是积极的。

的,而且错误地理解了亚当·斯密的理论,特别是错误地理解了亚当·斯密关于自我利益和看不见的手的概念。

(1)在《国富论》中,斯密一再赞美无限制竞争的优点及其给生产者和消费者带来的益处。他认为一个完全自由的体系能够造成一种环境。在这种环境中,对劳动和原料的不同使用造成的优劣势,从总体上看是完全平等和不断趋向平等的。但重要的是,斯密把完全自由看作竞争的必要条件。完全竞争只有在交易双方条件大体相同时才有可能发生。因而,这并不意味着斯密偏爱结果的平等,他的观点正好与此相反,当竞争双方势均力敌时,市场最有效率。从斯密的角度来说,只有当人们在操作时用理性、道德情操和同情来约束个人利益时,看不见的手才能有效。根据斯密的观点,如果对个人利益不加限制,当个人利益损害他人利益时,就会违犯公正的法律或公平竞争的规则。

(2)在斯密所说的市场中,交换是在有限制的以自我利益为中心的各方之间进行的比较公平的交易。而内幕交易者的不受限制的活动以不同于斯密所说的方式影响着竞争。无论是合法的还是非法的内幕交易,对理想的自由放任的市场都有消极的影响,因为它侵蚀了市场的基础——竞争。不是每个人都平等地得到信息,建立在各方都具有获得同等优势基础上的竞争被排除了。内幕交易除了使得交易者沉溺于贪婪之中,还会产生其他的伦理问题。有的信息属于隐私,是应该保密的,而内幕交易却会泄露这些信息。

(3)作为非法活动的内幕交易对市场的影响是很明显的。这就好比一场游戏。在这种游戏中,有两套规则:一套是显而易见的,或者说是正式规则,一套是只对某些人有效的和暗含的规则,也就是潜规则。在这种类比中,有的潜规则是非法的,而那些大玩家却力图使这些规则生效,并常常能控制整个游戏。而实际上,正是这些规则决定着游戏的结果。但并不是所有的市场参与者都通晓这些规则,至少他们对那些决定着大赢和大输的重要的潜规则是一无所知的。而且由于有些重要的运作规则是非法的,有的人虽然知道这些潜规则也不愿意采用。这就使得这种游戏如同被操纵的市场一样,对于市

081

场参与者来说是不公平的。这种不公平性不仅在于有的人不知道那些重要的规则,而且在于这些"特殊"规则是非法的,它们只为某些具有特权的人所使用。

(4)市场既不是独立的也不是规范的,交易者在市场中的作为和他们的行为方式,影响着市场约束其他交易者的方向和种类。也就是说,市场的特征是交易者行为的产物。受限制的自我利益创造的是个近乎自我规范的市场,因为它允许以自我利益为中心的个人和公司尽可能地竞争。从长远上看,市场也会运作得更加有效,因为它排除了那些越轨行为,这些越轨行为创造出的市场条件除了对他们和他们的客户有利外,对其他人毫无益处。

那么在内幕交易被合法化或者不被禁止时,情况又会是如何呢?也许有人会说,在这种情况下,内幕交易应该是公平的,因为每个人都可以参与。尽管有的人可以在拥有某些特别信息的基础上进行交易,其他的人也有他们特殊的信息,如果信息灵通和最能获得信息的人被允许应用他们的能力,市场将能够更有效地运行。而市场本身会规范所谓过度的内幕交易。然而,在市场运作正常的情况下,输赢都是公开竞争的自然结果,根本不会存在什么过度,因为市场最终会调整投机者的那些所谓的不公平收益。

(四)虚假陈述与证券欺诈

虚假陈述是责任主体故意编造不真实的信息进行民事欺诈,为了防止证券市场中的欺诈行为,法律产生了强制信息披露规则以及对虚假陈述公司信息行为的惩罚性条款。

1. 虚假陈述的原因与具体表现

虚假陈述,有时法律在规范用语上也称之为虚假记载,是指上市公司在其公开的文件中将一些本身并不存在的、虚构的内容,以信息公开的格式和方式公布于众。虚假陈述与重大遗漏不同,虚假陈述的责任主体是故意的编造不真实的信息,无论其动机与目的如何,都是有意的进行民事诈欺。证券市场监管的一个主要目标就是在证券的销售过程中防止欺诈行为的出现。这里所说的欺诈就是对重要的事实做故意歪曲与虚报,从而使依赖这种歪曲与虚报信息做决策的投资者蒙受损失的做法与实践。

就其表现形式来说,虚假陈述主要有两种:其一,编造本身并不存在的信息,欺骗投资者做出错误的判断;其二,故意掩盖某些已经发生事实的真相,或者扭曲已发生的事实,以骗取投资者对上市公司的信任。上市公司进行虚假陈述的目的或者动机有很多,但从具体市场情况来分析,最常见、最典型的主要有以下几种:

(1)骗取上市资格。中国的证券市场建立起来的时间仅十年而已,受上市公司数量与证券市场规模的限制,使得诸多的股份有限公司进入股票市场进行融资的道路变得艰辛而漫长。因此,许多股份有限公司为了能够上市,一方面花费大量的人力、物力乃至财力,不惜代价的进行"公关";另一方面又与承销商、会计师事务所、评估事务所及律师事务所等互相勾结,在上报审核的材料上大做文章;或者编造并不存在的连续盈利的虚假会计报表,或者隐瞒亏损或其他重大事项,以骗取上市资格。在这方面一个典型的例子就是成都红光实业股份有限公司因为大肆造假而被中国证监会处以重罚。但这只是冰山一角,尚有许多的上市公司不是没有造假,而只不过是问题没有暴露或尚未被查处而已。

(2)骗取配股资格。根据《公司法》和中国证监会的有关规定,上市公司如果想要保持配股资格,必须达到法律所规定的经营目标,比如净资产收益率在10%以上等。而有些上市公司,其经营不尽如人意,净资产收益率达不到10%的幅度,那么为了骗取配股资格利用政策空隙或非法手段进行交易或利润操纵,将本身并不存在的利润通过虚构方式公布于众。如上海国嘉实业股份有限公司,就在其1997年的年度报告中编造了并不属于该年度的利润6100万元,受到了中国证监会的处罚①。

(3)利用虚假陈述单独或伙同他人操纵股票价格,从中获利。我国《公司法》第149条明确规定:"公司不得收购本公司的股票。"

---

① 薛峰:《中国证券市场的法治状况研究》,《芜湖师专学报》,2002年第2期。

083

由于与此相关的严格的监控手段和程序尚未建立,致使许多上市公司与一些有资金实力的机构互相勾结,利用信息发布的权利和机会,进行虚假陈述并参与炒作本公司的股票。例如,受中国证监会查处的深圳发展银行在 1996 年 3 月至 1997 年 4 月,长达一年的时间里,一边公布有关经营状况的信息,一边却大肆炒作本公司的股票。而海南民源现代农业发展股份有限公司,即琼民源,则是公司控股的大股东,民源海南公司与深圳有色金属财务公司联手,由公司制造虚构利润或其他利好消息,由大股东直接参与炒作,获取暴利,并将一部分获利纳入上市公司的收益中。

2. 虚假陈述的界定

上市公司向社会公开发行股票及股票上市后,将公司的发展演变和经营情况等信息向社会公众,特别是向证券投资者予以公开,是法律赋予上市公司的法定义务。上市公司作为一种典型的公众公司,在多数情况下,其控股股东或大股东本身也就是公司的管理者。尽管如此,绝大多数的股东尤其是中小股东是不可能参与公司经营管理工作的。而证券市场的投资者的投资决策,虽然受各种因素的制约和影响,但绝大多数投资者,则主要依赖上市公司公开的各种信息、报表等进行决策,上市公司进行虚假陈述必然会导致投资者做出错误的判断,从而影响其决策。

在一个开放、成熟和有效率的证券市场上,公司股票的市场价格会充分反映与该公司及其经营情况有关的重大信息,无论是真实的信息还是虚假的信息。也正是由于股票的价值几乎完全取决于那些很难验证的信息,所以投资者很容易成为欺诈的受害者。一个房屋的购买者至少可以检查房屋,而证券的购买者仅仅就是依赖公司的公开信息而进行买入的。很多信息都掌握在发行公司的手里,证券交易的这种特点,使得要求投资者证明其损失与信息披露义务人的虚假陈述行为有直接的因果关系是非常不现实的。因此,虚假陈述会被反映到股票价格中,从而使得股票价格被人为的扭曲,不能体现其真实的价值。投资者按市场价格买卖股票,是基于对该价格的信赖,因此无论投资者是否知悉并且直接信赖公司的虚假陈述,这些虚假陈述都会通过对股票价格的扭曲而间接影响投资者买卖股票的决定。换句话说,股票价格相当于充当了虚假陈述公司与投资者之间的中介。在这个意义上,投资者甚至不需要证明自己实际看到或听到过虚假陈述,只要公司对有关重大信息做出了虚假陈述,就推定其对在此期间买入或卖出股票的投资者的决定发生了影响,从而与投资者的损失之间具有因果关系。

3. 虚假陈述与证券欺诈对市场发展的危害

为了使众多的不能直接参与公司经营管理工作的股东掌握和了解上市公司的基本经营情况,同时也为了使证券二级市场参与者更好的决定其投资方向和策略,法律规定,上市公司在发行股票时和持续上市期间,其主要情况、公司的经营状况以及公司发生的重大事项必须向社会公众公开。就证券投资者等不参与公司经营的股东而言,其了解公司情况"没有别的路径,只有依靠发行公司提供的公司的信息","证券信息公开可以沟通公司的所有者与经营者的联系",而且"公司信息公开是证券欺诈很难逾越的屏障"①。

为了防止证券市场中的欺诈行为,法律产生了强制信息披露规则以及对虚假陈述公司信息行为的惩罚性条款。该项法律产生的依据是著名的"欺诈市场"理论(fraud on the market)。"欺诈市场"理论的精髓在于:在规模巨大、人数众多、交易并非面对面进行的现代证券市场上,虚假陈述所影响和欺诈的不是单个的投资者,而是整个证券市场,是股票的价格。在这个意义上,虚假陈述以相同的方式和程度影响了在此期间买卖股票的每一个投资者,这些投资者当然可以对虚假陈述公司提起集团诉讼。上市公司及其他陈述人必须对其虚假陈述承担法律责任,这种责任的承担不以投资者或公司股东有实际的损失为前提,即使陈述人虚假陈述并未给投资者或公司股东造成实际的经济损失或其他损失,陈述人同样也要承担相应的责任。

我国最高人民法院《关于审理证券市场因虚假陈述引发的民事

① 王保树:《发行公司信息公开与投资者的保护》〔A〕,《商事法论集卷1》,法律出版社1997年版,第279页。

赔偿案件的若干规定》(2002年12月26日通过,2003年2月1日起施行。以下简称《规定》)在认定虚假陈述与损失之间的因果关系方面接受了上述案例所确立的原则。《规定》第18条规定:"投资人具有以下情形的,人民法院应当认定虚假陈述与损害结果之间存在因果关系:①投资人所投资的是与虚假陈述直接关联的证券;②投资人在虚假陈述实施日及以后,至揭露日或者更正日之前买入该证券;③投资人在虚假陈述揭露日或者更正日及以后,因卖出该证券发生亏损,或者因持续持有该证券而产生亏损。"根据该条款,只要投资者在虚假陈述影响所及期间买卖证券并因此受到损失,就认定损失同虚假陈述之间具有因果关系。这同上述"欺诈市场"理论是一致的。同时,《规定》第12条还允许投资者以共同诉讼方式提起诉讼,这同上述判决所欲达成的主要目标也是一致的。

此外,我国为了确保证券价格公正反映它们的真正价值,要求证券的发行必须经过监管部门的审批,并制定了基于公司经营业绩进行审批的监管体制。但是,这种优绩规则显然要差于强制信息披露规则,因为证券市场的信息不对称是各种问题发生的主要原因。这种不对称主要表现在上市公司虚假包装、公布虚假的财务信息,欺骗广大投资者。按照阿科洛夫的"柠檬市场"理论,当上市公司和中介机构掌握的信息大于投资者时,市场便会受到损害,市场便会萎缩,次品便会冲击优质产品,坏股票便会淘汰好股票。中国股市今天也正在上演着这样一些戏剧。特别是当不好的信息集中透露出来之时,市场上的投资信心会受到较大打击,股价泡沫会随之产生一定程度的破灭。这才是中国股市重心逐步下降的主要原因。如果不规范市场,虚假信息泛滥到一定程度时,股市可能产生更大的崩溃。

企业不恪守诚信,就没有信誉,也就没有了事业和社会地位。就我国各类企业目前的道德状况来看,许多企业缺乏基本的道德底蕴。部分企业为了单纯赚钱而生产,把企业财富狭隘地理解为钱和物,抛弃了企业既要增加财富又要帮助社会增加财富的企业社会责任。有的企业甚至为了眼前的短期利益,不惜损害他人利益,坑蒙拐骗,丧失了作为企业发展后劲和动力的企业道德。从当前股票市场发展的现状看,部分企业不以作假为耻,反以欺诈为能。即使在一些政府部门,也没有把包装看作是一种欺诈,甚至协助企业出具虚假文件,以便达到上市要求。包装已经成为成绩和手段的荣耀。如此缺乏诚实和真实,将来的隐患会很大。这种心态就像做贼,第一次害怕,第二次不怕,再后来就把偷盗作为自己成功的标志。每一次做贼都会感到兴奋,没有羞耻感和道德自我谴责。股票市场上的隐瞒、做假,最终损害的是国家和民族利益,或许不是现在显现而是将来,时间会检验一切。

四、我国金融市场伦理缺失的总表征及其引发的金融风险

金融市场的伦理涉及微观的个人、企业组织和宏观层面的金融制度,其核心是金融行为的目的性、合法性和道德规范三者的统一。遗憾的是,长期以来,我国的金融市场进行的是一场缺乏伦理规范的市场游戏,金融伦理规范陷入一种严重混乱无序的状态。前面论述的金融市场伦理缺失表现总体可归结为以下几个方面:

(一)金融市场缺乏诚信

诚实守信是人们在经济交往中的基本行为准则,也是任何社会中经济实体生存与发展必不可少的一项道德资本。然而,当前金融市场的诚信已经变成一种稀缺资源。证券市场投资基金早在正式推出之前,曾被广泛地期待为市场上最重要的"健康力量"。1998年以来,每一批基金来到市场,无不载着监管层的厚爱和舆论的褒扬,但事实又如何呢?刊登在2000年10月号《财经》上的封面文章《基金黑幕》的揭露,令市场各方大跌眼镜。基金通过"对倒"(自己作托)制造虚假成交量,利用"倒仓"操纵市场,并以此来提高基金净值,投资组合公告严重失真等等,市场上最重要的健康力量尚且如此,其他的可想而知。

让我们以"银广夏"事件①为例来看一看金融市场的诚信缺失状况。1987年4月,陈川创立"深圳广夏录像器材有限公司",1993年11月,陈川在宁夏合资成立"广夏(银川)实业股份有限公司",1994年6月17日公司股票在深圳证券交易所上市,股票代码0557。此后银广夏投资牙膏、水泥、白酒、牛黄、活性炭、葡萄酒、房地产,但收效并不显著。1996年公司开始治沙种草,创建闻名于世的银广夏麻黄草种植基地,银广夏由此踏上发迹的征程。1998年10月20日,天津广夏(集团)有限公司与德国诚信贸易公司签订了蛋黄卵磷脂和桂皮、生姜精油、含油树脂等萃取产品出口供货协议,供货金额5600万马克。1999年天津广夏实现对德国诚信公司出口1.1亿马克,使当年上市公司利润总额达到1.58亿元,每股税后利润达0.51元并推出每10股转增10股的分配方案,银广夏股价从13.97元飞涨到35.83元;2000年银广夏创始人陈川去世,宁夏科技厅厅长张吉生接过指挥棒,天津广夏再立新功,当年实现出口1.8亿马克,每股税后利润达0.827元,并且与德国诚信公司续签出口合同60亿元人民币,使银广夏的业绩和股价两个车轮飞转,成为深沪两市屈指可数的蓝筹牛股。股价于2000年12月29日完全填权并创下37.99元新高,较1999年"5·19"行情前上涨8倍多,全年涨幅居沪深两市第二。然而,2001年8月,银广夏却因媒体一份质疑,露出造假破绽,身价一落千丈,成为千古之恨。

对银广夏事件,中国证监会经过一个月的稽查,终于公布了稽查结果:事实表明银广夏存在严重造假行为,公司通过伪造购销合同、伪造出口报关单、虚开增值税专用发票、伪造免税文件和伪造金融票据等手段,虚构主营业务收入,虚构巨额利润7.45亿元,其中,1999年为1.78亿元,2000年为5.67亿元。据此,银广夏风光多时的业绩神话破灭了,被连续两年半亏损的事实所取代。

"银广夏"事件使投资者对我国证券市场的有效性、上市公司的

---

① 刘锡标、王伟:《"银广夏事件"引发金融市场风险管理的思考》,《蒙自师范高等专科学校学报》,2001年12月。

诚信、中介机构的公信力等问题提出了质疑。有人甚至认为，如果我国的证券市场像美国证券市场那样具有极高的约束上市公司行为的能力、股价具有使公司价值回归的功能、事务所具有国外知名事务所那样的职业道德、执业规范和执业能力，就不会有"银广夏"事件发生，就不会使投资者蒙受如此大的损失。但是，美国有史以来最大规模的破产案——"安然公司破产案"的发生使我们改变了这一思维定式——光靠监管是不够的。

金融市场上当然不是只有银广夏一家制造业绩陷阱的骇人之事。郑百文是一个根本不够上市条件的企业，但却靠虚假包装，并在行政审批"严格"的把关下跻身证券市场，通过虚盈实亏报花账，最终使郑百文的投资者被深度套牢。如果只有一个或少数几个公司造假不足以大惊小怪，但随着亿安科技股价高台跳水，麦科特虚构利润，蓝田神话迅速破灭，还有赫赫有名的会计师事务所——中天勤的崩塌……一个个黑幕频频曝光，令人震惊的是证券市场不造假的公司却成了少数。

人们不禁要问，负责审批的管理机构，为公司上市提供服务的诸多中介机构，上市公司的管理层以及证券监管机构的要员们，他们的职业操守哪里去了？如果有一个环节把好关，也不至于酿成大祸。

不仅资本市场如此，货币市场的情形也一样令人担忧。作为信用支柱和主体的银行信用，也由于信用的缺损在一定程度上破坏了金融市场的有序性、公正性和竞争性。诸如个别金融机构擅自放宽融资条件，违规对企业签发无真实贸易背景的商业汇票进行承兑贴现，致使银行信贷资金违规进入股市；有些银行工作人员与企业内外勾结骗取银行信用，致使银行信贷资金无法收回，形成巨额呆账和坏账；部分银行服务意识淡薄，缺乏诚意，致使自身的承诺与实际工作严重脱节，贷关系款、人情贷款等，结果导致银行不良资产的形成以及金融市场风险的积累。仅以信贷资金违规进入股市来看就足以令人触目惊心。在庄家吕梁案（中科创业案）中帮助庄家创造两个月内"融资"54亿元的中介机构，正是明知其操纵股价违法违规，却又争先恐后为其融资的众多证券公司，其中绝大多数是国有大型证券公司,总计牵涉 153 个营业部。在亿安科技案中,罗成自炒本公司股票的资金相当一部分来自银行贷款,至少涉及四家银行①;而在罗成投入股市的 18 亿元之外另有 19 亿元,则来自证券公司的融资安排,总共 54 家营业部②。这只是货币市场信用缺损的一个方面。另一方面,作为资金的借入者——企业,逃避银行债务的现象更是比比皆是。据央行调查统计,截至 2000 年年末,在工、农、中、建、交五家商业银行开户的 62656 户改制企业,涉及贷款本息 5792 亿元,其中经过债权管理机构认定的逃废债企业 32140 户,占改制企业的 51. 29%。银行为此承受的直接损失每年约 1800 亿元③。

(二)"三公"原则被肆意践踏

金融伦理在强调诚实守信、操守为本的法则前提下,要求建立公开、公平和公正的市场竞争环境。然而,目前金融市场的"三公"原则却被肆意践踏。公开原则的核心要求是实现市场信息的公开化,即要求市场具有充分的透明度。公平原则要求在金融市场的交易活动中的所有参与者都有平等的法律地位,按照公平统一的市场规则进行各种活动,各自的合法权益能够得到公平的保护。这里,公平是指机会均等。公正原则要求金融监督管理部门在公开、公平原则基础上,对一切被监管对象给以公正待遇。

由于金融市场的道德伦理建设滞后,公平原则形同虚设。一些机构或个人,置公平原则于不顾,通过制造虚假信息进行猖狂的内幕交易;利用资金优势,随意操纵证券价格。而广大的中小投资者由于在信息、能力、资金、观念、股权上明显处于弱势,其合法权益未能得到有效保护。许多上市公司,对重大信息迟迟不公告,甚至隐瞒和否认事实上已经存在的信息。更有甚者,利用虚假信息配合主力炒作,欺骗中小投资者。一些资金大户利用资金优势操纵股价,获得暴利,

---

① 胡舒立:《吕梁、罗成和"东方不败"的支撑体系》,《财经》,2003 年 4 月 9 日。
② 胡舒立:《吕梁、罗成和"东方不败"的支撑体系》,《财经》,2003 年 4 月 9 日。
③ 《中国人民银行一项调查统计表明 3 万余企业逃废债务 1851 亿元》,《国际金融报》,2001 年 6 月 7 日,第 1 版。

置他人利益和法制于不顾,严重扰乱了证券市场的运作秩序,扭曲了投资人对上市公司的价值评判标准,增加了证券市场的运行风险。广大中小投资者根本无法享受市场成长的快乐,他们不得不在一次又一次的套牢、斩仓、再套牢、再斩仓的恶性循环中与市场为伍或者选择退出。这种证券市场的不公平造成了财富的严重倾斜,巨大的利益反差已经使证券市场的运行轨迹渐渐脱离了公平的圆心,证券市场已被看成是财富掠夺的场所。长此以往,由于市场的公信力下降,将会直接导致市场的萎缩乃至崩溃。

市场公信力的下降,与我国股票市场功能的定位存在偏颇有重大关系。股票市场应当是一个有效的融资和投资的场所,而我们现在的市场在强调融资功能的时候,忽视了投资功能。从股票投资的风险和预期回报应当对称的观点来看,投资者要能取得高于债券投资的回报,才会愿意承担股市的风险,进行股票投资。在上市公司以相对低廉的成本进行融资的同时,股票市场的投资者却难以获得高于债券投资的回报,最终会导致投资信心受到挫伤。此外,目前我国股市还是单边市,只能做多不能做空,股票市场运行机制的不健全,使其难以充分发挥其功能。由于我国制定《证券法》时正值亚洲金融危机,立法比较偏重考虑防范金融风险,所以规定可以交易的金融品种较少,且只能现货交易,不能信用交易,即不能融资融券,买空卖空。而股票市场成为单边市场最大的问题是投资者只能在股指上涨的时候有机会赚钱,股指下跌的时候就会全部被套,影响了股票市场的活力。成思危在出席南开大学"全国虚拟经济研讨会"时指出,我国股市目前还是半流通市,只有公众股可以流通,国有股和法人股不能流通,半流通市的结果造成了同股不同权,流通股和非流通股持有者的利益不一致,尽管股指在下跌,但非流通股持有者还是不断发布利好消息,希望通过增发来"圈钱"。① 我国股票市场存在的内生性制度缺陷,从制度层面弱化了市场的"三公"原则。

---

① 刘西涛:《落实"国九条"恢复股市本色》,《中国财经报》,2004 年 10 月 19 日,第 8 版。

（三）部分金融从业人员的职业道德沦丧

金融从业人员的职业道德与经济信用，是整个金融伦理的基石。职业道德说到底就是每一个从业成员最基本的角色义务原则，这个原则集中体现在与其职业相联系的责权利的分配与使用上。所谓"责"即职业责任，源于职业和岗位的内在要求，体现于每个人对自己行为的一切后果负责的道德义务。所谓"权"是指每种职业都享有一定的社会权利，即职权，如使用、操作、管理或支配某些社会资源的权利，通过职务报酬获得社会财富的权利。这些权利是社会公共权利的一部分，体现着社会公共道德，因此要求对权利的使用要得当，不能乱用职权，以权谋私。所谓"利"是指每种职业和职业岗位都体现和处理着一定的利益关系，尤其是那些以公众为服务对象的职业，都是社会利益（或国家利益）、公众利益、行业集体利益和个人利益的集结点。如何处理它们之间的关系，既是职业的责任和权利所在，也是职业内在的道德内容。

但从金融实践的结果看，在处理职业的责、权、利三者的关系上，许多人依仗职权，将利益分配的砝码自然朝着个人利益或小团体的利益倾斜，而社会利益、国家利益和公众利益成了牺牲品。相当一部分金融从业人员（尤其是高级管理人员）的职业道德水平低下，缺乏责任感，乱用职权，利欲熏心，表现为严重的金融腐败和金融犯罪。从原华夏银行行长段晓兴到原建设银行行长王雪冰，再到光大集团（总公司）原董事长朱小华都暴露了金融从业人员的职业道德的沦丧，作为这三者中的代表人物王雪冰在任职中国银行期间利用职务之便，贪污、受贿、收受贵重礼品折合人民币数百万元；生活腐化，道德败坏；违反金融监管规定，工作严重失职，造成严重后果。最近又一位中国大陆富翁——上海首富周正毅涉嫌问题贷款而被调查。这条石破天惊的新闻原本也算不上什么稀奇，但周正毅事件与以往有所不同的是，这次还伴随着一位金融高官的应声落地。中银香港总裁刘金宝在5月底突然去职，因涉及违规与受贿接受审查。虽然目前尚无人统计已见诸报端的全国大大小小的行长有多少人已经落马,有多少证券从业人员被处以刑罚,但有一个不能回避的事实是,金融腐败所造成的经济损失已在各类腐败经济损失中高居前位。我国的金融改革所面临的选择之一就是在对银行进行股份制改革的同时要维持国家在金融领域的金融主权,这是不可动摇的原则之一,因为这一原则已经被当前的许多国家的经验所证明。但在保证主权国家对金融的控制权的同时,如何消除由此带来的消极影响,如道德风险问题则是一个莫大的难题。它或许是我们未来的金融改革必须面对的问题之一。

(四)金融市场伦理相对缺失的根本原因

综合看来,金融市场中的伦理缺失,无论是缺乏诚信、"三公"原则被践踏,还是从业人员的职业道德沦丧,其根本原因都是来源于作为市场主体的"经济人"的"利"与金融市场内在要求的"义"的冲突。

一方面,作为金融市场主体的"经济人"都是"利己"的,无论是企业、金融机构还是个人投资者,他们对最大利益的追求,在市场主义者眼里,是不容侵犯的权利,这是市场主体的权利伦理;但另一方面,在市场主体追求个人最大利益的同时,市场主体之间利益上的矛盾和冲突是不可避免的。经济活动的目标是追求利益,但追求利益的动机不同。追求利益的动机可能从一己之利出发,也可能从社会之利出发,因而利益的追求既具有经济价值,也具有道德价值。当市场主体在竞争与冲突中实现"利益共谋"时,各个市场主体对利益的最大追求推进了社会经济的发展,这时候,"经济人"的"利"与金融市场要求的"义"是统一的,经济价值与道德价值是统一的,市场主体的行为自然也符合伦埋要求。当市场主体的利益追求妨碍了社会经济的发展,这时候,"经济人"的"利"与金融市场要求的"义"是矛盾的,经济价值与道德价值相冲突,这是我们在金融伦理研究中必须明确的问题。

首先,金融市场伦理相对缺失源于金融活动互利与道德行为互利的错位,表现为有利于双方,却有害于第三者。有人认为经济金融活动能够进行下去,就必然要满足交易双方的需要,因此,自利是经济行为的基础,互利是其结果。亚当·斯密所谓的"看不见的手"指挥着经济人实现经济价值与道德价值的统一。其实不然,金融活动的互利与道德行为的互利是不同的,其中有重合的方面,也有不一致的方面,恰恰是这些不一致的方面常常会体现为义与利的对立。比如上市公司与中介机构合谋,虚假披露信息,上市公司取得股票发行资格,中介机构取得相应收益,这种行为有利于交易双方,却损害了投资者的利益,违背了证券市场的伦理要求。其他如信贷欺诈、票据欺诈等行为,都是有利于交易双方,但对整个金融市场产生了较大的危害,也就是说,金融活动的互利与道德行为的互利是错位的。

其次,金融市场伦理相对缺失还源于金融活动中的"经济人"的利己动机。即使在某种情况下从利己的动机出发可以导致利他的结果,但并不能保证结果永远利他。道德价值对于动机是有要求的,道德行为中的利他不仅要求结果利他,也要求动机是利他的。证券投资基金就是一个很好的例子。监管层大力发展投资基金是希望作为机构投资者的投资基金能理性引导投资者,稳定证券市场。但因为证券投资基金也是"利己"的,也有自身的利益追求,他们不可能成为证券市场上的"雷锋"和"解放军"。因此,我们看到,一方面,在投资基金追求自身利益的同时,的确客观上引导了投资者的理性和证券市场的健康发展;但另一方面,投资基金自身的违规和内幕交易行为也层出不穷,如果没有法律的约束,我们根本无法保证投资基金对证券市场的长期促进作用。

最后,金融市场伦理相对缺失还源于金融活动中的短期行为。这种短期行为可能短期有利,但长期有害。以政府行为为例,在信贷市场上,政府为了扶持国有企业的改革,帮助国有企业渡过难关,经常授意国有银行向国有企业发行"政策性贷款",其结果是,从短期来看,国有企业从死亡线上挣扎出来,获得喘气的机会,但由于并未解决根本性问题,大多数企业经营日益困难,还不了贷款,直至将国有银行拖下深渊。在证券市场上,政府同样为了为国有企业解困,重融资、轻投资,一味纵容国有企业在证券市场上圈钱,结果,短期看,帮助国有企业获得了发展的资金,但长期来看,国有企业制度性弊端暴露出来后,危害了整个证券市场的发展,这个苦果我们目前也已经品尝到了。所以,金融市场的道德行为,不仅要求符合行为者双方的眼前利益,也要符合其长远利益。

总的来看,上述对金融市场伦理相对缺失的原因的总结,根本都来源于市场参与者作为"经济人"对自身利益的追求与金融市场对道德价值的内在要求的冲突。

(五)金融风险与金融道德风险成因解析

西方经济学研究是建立在"经济人"假设的基础之上,在微观经济学的研究过程中已经发现了一系列经济学的困惑与悖论,而这些正是从利己的动机出发所导致的义利冲突和潜在的金融风险,可以为我们提供有益的启示。

西方经济学家曾经揭示过两种社会经济领域常见的基于义利冲突而产生的道德现象:

其一,道德风险。道德风险是指从事经济活动的人在最大限度地增进自身效用时做出不利于他人的行为趋向。亚当·斯密已经注意到这个问题,他指出:无论如何,由于这些公司的董事们是他人钱财而非自己钱财的管理者,因此,很难设想他们会像私人合伙者照看自己的钱财一样警觉,所以,这类公司事务的管理中,疏忽的浪费总是或多或少地存在的①。这种现象在经济行为中是经常发生的,不仅会出现在委托代理的情形中,而且在所有信息不对称的情况下都可能发生。比如,在保险市场中,通常投保者对可能发生的不确定性的事件有更多的了解,并很可能采取措施来影响这些事件发生的概率,或者直接牟取不正当的利益。如果没有为自己的住房买火险的人,可能会小心翼翼,购买防火设施;而买了保险的人,尤其是一旦发生意外能够得到全额赔付的人会放松警惕,而如果他得到的赔付将

① 亚当·斯密:《国民财富的性质和原因的研究》(下),商务印书馆 1974 年版,第 303 页。

095

超过他的实际损失,他可能会有意烧毁房屋。金融机构和投资者的道德风险使得机构和投资者丧失了识别和控制风险的动力与能力,最后的结果是什么呢?结果是我们的金融市场不能为资产的收益准确定价,价格不能准确反映资产的隐含的风险和带来的收益。

其二,搭便车。搭便车是指从别人的贡献中得到好处,而自己却不承担义务或少承担义务。比如在一个社区中,居民需要分摊消防部门的费用,一些不愿意出钱的人会说自己不需要消防部门的服务。但是当这些人住的房间着火时,消防部门一般也会去扑火,因为火灾会对邻近的房间造成危险。这些人不费任何代价就可以获得服务,这就是搭便车。按照自利的原则,就没有人愿意出钱,都想成为搭便车的人。从某种意义上讲,在证券市场上没有办法解决"逆向选择"和"道德风险"。因为要减少"逆向选择"和"道德风险",基本条件是改善信息的非对称状态,要改善信息的非对称状态,必须花费一定的信息成本进行调查、分析和监督。然而由于证券市场的高度分散性,"搭便车"行为普遍存在,抑制了信息投资。目前,我国证券市场机构大户操纵市场、银行违规资金入市、证券机构违规透支、新闻媒介推波助澜、误导误信股民跟风等,都是信息传递机制不畅,功能存在障碍的具体表现。

西方经济学对于资本主义市场经济中出现的现象的理论概括,在社会主义市场经济条件下也是普遍存在的。由于揭示这种现象的西方经济学的理论基础是"经济人"假设,因此,它对于经济伦理学研究的意义在于它揭示出在经济活动中,在追求利益最大化的前提下,将会出现义利冲突引发金融风险。

市场经济体制下伦理道德的相对缺失同时也是引发我国金融风险的重要原因。具体来说,有以下几方面原因:

(1)我国历史上形成的独特的政策性信贷体制,是金融风险形成的原因。由于历史的原因,国有商业银行贷款是企业最主要的资金来源,同时国有商业银行也是国有企业最主要的债权人,其承担的政策性贷款仍以各种形式存在。这种信贷机制造成国有企业的经营风险以及国民经济运行中的许多经济风险向国有商业银行转移,形成国有商业银行的金融风险。由于制度的原因,目前国有商业银行甚至还在为信托、租赁、证券公司等非银行金融机构承担风险,使得国有商业银行风险较为集中。

(2)由于我国目前独特的金融风险形成机制,市场经济伦理道德规则的相对欠缺是引发我国经济运行风险的重要原因。市场经济正常运行的一个重要的基础就是具有完整人格的市场经济主体(包括个人、企业、政府等),即经济个体具有强烈的自主观念、时间观念、开放观念、法制观念、公平观念和契约观念,以及平等、自由、公正观念。目前我国由于经济伦理规则的相对欠缺而导致市场经济主体的这些伦理观念的欠缺,导致市场经济主体人格不完整,阻碍了我国市场经济体制改革的顺利进行,市场经济的运行机制——竞争机制、优胜劣汰机制、市场退出机制、法制运行机制等难以建立,运行受阻。经济主体违背经济规律的行为必然会受到经济规律的惩罚,造成风险,而这些经济运行风险由于上述风险传导机制最终会转嫁给银行,形成金融风险。

(3)经济主体缺乏伦理观念约束——缺乏契约观念、信用观念、忠诚观念也会造成金融风险。市场上交易双方交易顺利进行的前提是,交易双方必须具有可信性和互相信赖性。而这种可信性、互相信赖性、忠诚和相信的存在基础首先就是存在于人们脑海中、并体现在人们行为上的伦理道德。而伦理道德的欠缺必然会造成欺诈、腐败、违法行为。由于上述风险传导机制,风险最终会转嫁给国家,形成金融风险。

市场经济伦理道德的相对缺失引发我国金融风险,主要有以下具体表现:

(1)在我国高度集中的计划经济体制下产生的极端集体主义及依附人格对我国金融风险的形成和放大。在高度集中的计划经济体制下,我国的集体主义原则在实践中曾经演变为一种"左"的极端集体主义道德形式。这种极端集体主义割裂了集体共同利益与个人利益的联系,把集体共同利益抽象化、绝对化,并以此简单地否定个人利益。由于经济伦理规则的相对欠缺而导致市场经济主体的这种极端集体主义塑造了中国社会中带有一定普遍性的负面人格——依附人格。具有依附人格的个体及由这类个体组成的集合体——企业（特别是国有企业）均表现出对国家强烈的依赖性。个体面对下岗分流时不是自强不息，自谋出路，重新就业，而是等着国家救济，为其谋出路，这无形中加大了企业破产、资产重组的难度与阻力。市场经济优胜劣汰的机制不能正常进行。同时资不抵债的企业不但不再为社会创造价值，还需国有商业银行发放安定团结贷款、排忧解难贷款，造成银行呆、坏账增加，形成了金融风险。国有企业独立意识低，缺乏自我约束、自我发展、自担风险的自主观念，对国家等、靠、要，缺乏竞争意识和创新精神，使得国有企业在资金、政策等方面都占优势的情况下，经济效益却大大落后于私营企业、三资企业。国有企业的依赖性形成了企业的经营风险。在当前银企关系和信贷机制下，企业的经营风险转移给了银行，加大了银行贷款的信用风险。这种依赖性也使国有上市公司忽视了自身的义务，只知索取，不知回报，有的更是疯狂掠夺，导致证券市场的畸形发展，加大了证券市场风险。

（2）缺乏市场经济伦理道德的政府部门也会形成和放大金融风险。沿袭计划经济的惯性，政府具有极强的绝对集体主义观念，缺乏必要的法律意识，其结果是造成政府部门对微观经济具有强烈的介入意识、干涉意识。这种道德观念的错位造成政府部门行为失当，对经济、金融方面一些过度的、不恰当的干预，形成和放大了银行的金融风险。例如，政府部门要求银行发放的政策性贷款、安定团结贷款、老少边穷扶贫贷款；政府部门的司法干预使企业破产，逃废银行债权，形成、引发了银行的金融风险；政府部门对国有企业的"父爱"，干预证券市场，重融资、轻投资，一味偏向国有企业，积累了证券市场的巨大风险。

（3）企业个体缺乏契约观念，加大了金融风险。遵守合同、信守合约是市场经济的伦理道德。部分企业由于缺乏契约观念，恶意拖欠银行信贷已是常事。企业之间的"三角债"不但阻碍了经济的正常运行，而且极大地破坏了中国尚不成熟的信用制度，反过来又进一步冲击了人们的信用观念。企业的信用风险被制造、放大，加大了银行的金融风险。企业在证券市场融资过程中,随意改变资金投向,不遵守前期约定,也会极大损害投资者的信任和信心。证券公司随意挪用客户保证金,随意挪用客户的国债用于回购交易,都是对市场经济契约精神的粗暴践踏,加剧了证券市场的风险,危害证券市场的健康发展。

(4)带有功利主义倾向的道德畸形发展,拜金主义严重,极端利己主义滋长,社会责任感淡化,这一切都可能制造、引发金融风险。由于我国当前缺乏有针对性引导的伦理道德,致使许多人在经济大潮中迷失于金钱物欲之中,只知君子爱财,却不知取之有道。无私奉献、廉洁奉公逐渐湮没于贪污腐化、行贿受贿、为己谋私、盗卖国家资财等违法活动中。由于行业的特殊性,金融机构从业人员的违法行为和金融犯罪层出不穷,新时期下各种高科技犯罪和内外勾结的欺诈舞弊更是防不胜防,形成整个金融行业的系统风险,也严重影响了金融业的声誉。

(5)国有企业、国有金融机构缺乏风险意识、效率意识和约束机制,也是产生金融风险的一个重要原因。例如国有企业缺乏风险意识、效率意识,盲目引进外资,引进设备,举借外债,而不考虑成本收益,也不考虑汇率风险与利率风险,既增大了企业的经营风险,也引发了担保银行的金融风险。金融机构缺乏市场经济伦理道德的约束,缺乏风险意识、效率意识和约束机制,造成金融机构过分追求规模指标,盲目扩大经营规模,粗放式经营,效率低下,引发了金融机构的资本风险和流动性风险。

第三章 金融市场主体行为的伦理分析

　　要对金融市场伦理进行重构,就必须要研究市场行为主体。金融市场行为主体主要有三类,即:作为经济活动主体的公司等经济组织、中介机构以及作为行为调控主体的政府。在经济活动中,公司和中介机构的行为首先体现为以盈利为目的的金融行为;但同时,作为由不同"经济人"组成、具有独立行为能力的主体,又有其内在的道德属性,金融行为中蕴含和渗透着伦理因素;作为社会的组成部分,社会对企业和中介机构也有着相应的伦理道德规范和要求。自从现代市场经济产生以来,政府不仅作为行政组织而存在,也是运用财政、金融、产业政策等经济手段以及法律手段和必要的行政手段对经济进行调控的主体。政府的经济调控行为中同样渗透和蕴含着伦理因素;社会对它也有一定的伦理规范和要求。本章将从金融伦理的角度对于作为金融活动主体的公司、中介机构和作为金融调控主体的政府分别进行研究,并对它们之间的金融伦理关系进行分析。

一、金融市场主体及其行为分析的伦理学视角

在经济学、法学等著述中,人们对于市场主体及其行为进行了比较深入的分析,而伦理学的分析尚不多见。其实,在金融领域中,根本就不存在纯粹的"经济人"、"金融人",当然也不存在纯粹的"道德人"。市场主体从来都是经济性和道德性的合一。研究"经济人"、"道德人"概念及其行为,是正确认识金融市场主体不可或缺的一环。

(一)经济人与道德人的表象差异

做经济人,追求自身效用最大化;还是做道德人,对社会无私奉献? 这看似是矛盾的两种价值观。然而,任何矛盾都是对立统一的。人们往往只注意了经济人与道德人的对立性,而忽略了两者的统一性。经济人为了追求可持续的发展,其自利的利己行为在无形中内涵着道德人的利他性,这就为我们分析金融市场中的各个利益主体的伦理行为提供了可能。

1. 经济人释义

"经济人"思想是英国古典经济学家亚当·斯密在其《国富论》中首先比较系统地提出的①。此后,经济学、心理学、生物学、社会学等诸多学科对此进行了长期的研究和争论,形成了比较一致的共识:

---

① 亚当·斯密:《国民财富的性质和原因的研究》(上),商务印书馆 1974 年版,第 13 页。

101

第一,每个人天然是他自己利益的最好判断者,每个人都应该有按照自己的方式从事经济活动的自由,不应受过多的限制和干预。斯密认为,每一个人在他不违反正义的法律时,都拥有完全自由,采用自己的方法,追求自己的利益,以其劳动及资本和任何其他人竞争。国家的过多干涉只会造成对个人私利及社会利益的伤害,协调个人利益和社会利益的可行办法就是让市场经济规律充分发挥作用。这样,个人不仅能实现他们自己的目的,即以最小的牺牲来满足自己的最大需要,而且有助于增进社会公共利益。

第二,自利是人们从事经济活动的动力。斯密认为,人首先有改善自身状况的自利愿望,"这愿望,虽然是冷静的,沉着的,但我们从胎里出来一直到死,从没一刻放弃过这愿望。我们一生到死,对于自身地位,几乎没有一个人会有一刻觉得完全满意,不求进步,不想改良。但是怎样改良呢,一般人都觉得,增加财产是必要的手段……"①这就引起了人们的经济活动。在经济交换关系中,"我们每天所需的食料和饮料,不是出自屠户、酿酒家或烙面师的恩惠,而是出于他们自利的打算。我们不说唤起他们利他心的话,而说唤起他们利己心的话。我们不说自己有需要,而说对他们有利。"②这也就是说人的经济活动的动力来自于自身利益需求的驱使,无论是经济活动分工还是商品交换,都直接起因于人类自我利益的考虑。

第三,每一个人在追求自己的私利时,必须考虑他人的私利,只有双方利益同时满足,交换才能发生。按照斯密的意见,"……要想仅仅依赖他人的恩惠,那是一定不行的。他如果能够刺激他们的利己心,使有利于他,并告诉他们,给他做事,是对他们自己有利的,他要达到目的就容易得多了。不论是谁,如果他要与旁人做买卖,他首先就要这样提议。请给我以我所要的东西吧。同时,你也可以获得

---

① 亚当·斯密:《国民财富的性质和原因的研究》(上),商务印书馆1974年版,第314页。

② 亚当·斯密:《国民财富的性质和原因的研究》(下),商务印书馆1994年版,第14页。

你所要的东西：这句话是交易的通义。"①每个人在谋求最大利益从事生产活动时，不能不顾及他人的利益，因为其生产首先表现为为交换而生产，即为了由社会上其他人所决定的目的而生产。每个人的利益在交换中既是自己的目的，又是别人的手段，而且也只有成为别人的手段，才能达到自己的目的，只有达到自己的目的，才能成为他人的手段。其经济活动必然是在自己的利益中包含了别人的利益，在别人的利益中包含了自己的利益。

第四，每个人谋求最大利益的倾向与行为会增进社会利益。斯密认为："他追求自己的利益，往往使他能比在真正出于本意的情况下更有效地促进社会的利益。"在经济活动中，每个人都尽量运用自己的财产或劳动实现其产品的最大价值，并且一般地仅仅追求个人的享乐和利益，而不企图增进公共之福利。但作为社会的一员，其经济活动只能在社会秩序所指定的道路上前进，从而促进了一个并非属于他原来本意的目的。所以"每个人改善自身境况的一致的、经常的、不断的努力是社会财富、国民财富以及私人财富赖以产生的重大因素。这不断的努力，常常强大得足以战胜政府浪费、足以挽救行政错误，使事情日趋改良"②。

可见，所谓"经济人"，指在经济活动中有头脑、会计算、有创造性、能寻求自身利益最大化的人。"经济人"的本性是指人根据趋利避害原则，通过"成本—收益"的计算，优化选择所面临的一切机会和目标及实现手段。经济活动的动力机制形成了"追求利益最大化"的经济人。因而，"经济人"具有如下特征：把对自身利益的追求和满足看成是人们经济活动中的原始驱动力；面对经济活动的种种抉择，把个人利益看作是市场行为取向的最后决定者；具有"经济合理主义"精神，把追求最大利润作为活动的惟一目的；个人对物欲的追求满足带动了整个经济活动领域的"繁荣"，实现了效用和功能的

<hr />

①　亚当·斯密：《国民财富的性质和原因的研究》(下)，商务印书馆 1994 年版，第 14 页。

②　亚当·斯密：《国民财富的性质和原因的研究》(上)，商务印书馆 1979 年版，第 315 页。

最大化。

2. 道德人释义

"道德人"的概念是德国宗教伦理学家马克斯·韦伯①特别强调的,他认为市场经济的动力机制造就了"经济人"的特征,而市场经济的约束机制又塑造了"道德人"的品格。利他是道德的一种特征,而"纯粹利他"则是道德最显著的特征。对于"道德人",这里有三个层次的含义:一是行为主体的利他性;二是行为主体的理性;三是行为主体追求团体利益的最大化。对于利他,不仅包括动机上的利他,也包括行为上的利他。也就是说,这里的利他既包括纯粹利他,也包括利己利他。本书认为,"道德人"是指人们在社会实践中形成的对人与人关系的、行为规范的认识主体和实践主体。"道德人"不同于"经济人","经济人"关注的是行为后的"盈亏","道德人"关注的是行为的"善恶";"经济人"表现的是人的活动的物质方面,"道德人"表现的是人的活动的精神方面。

可见,"道德人"具有如下特征:强调合乎理性的伦理精神是推动社会经济的巨大动力;追求经济活动的社会目标;把促进经济与道德的同步发展视为社会发展的客观要求。

3. 经济人与道德人的差异

经济人与道德人由于价值取向的不同,导致两者存在着大相径庭的差异:

(1)"利他与利己"。经济人的利他只是结果的利他,动机仍然是利己的。这种利他不过是实现利己的手段。而道德人的利他是动机本身的要求。道德人不仅把他人正当利益的实现看作自身利益实现的一种手段,而且看作制约自身行为的约束条件。如在市场交换中,经济人的利他可以表现为满足对方某种畸形或低级需要,比如毒品或淫秽物品交易。从对方来说,他获得了满足。从经济人来讲,实现了自身利益。这完全符合市场的互利原则。但对道德人来讲,利他不仅是手段,而且是约束和目的。毒品和淫秽物品是对他人的毒

---

① 马克斯·韦伯:《新教伦理与资本主义精神》,三联书店1987年版,第71页。

害,不是真正的有利于他人的。道德人的利他是"有限的",是指对他人正当利益的满足,而对不正当利益不仅不能满足,反而要坚决反对。

(2)"短期利益与长期利益"。经济人的利他可能是短期的,他不考虑长远的结果。一般来讲,经济人能运用资本—收益计算出自身利益和他人利益,眼前利益和长远利益。根据利益最大化原则,他会选择收益最大、见效最快的方案,而不会顾忌他人的长远利益。如高利贷可以使借贷者在短期内受益,而今后却在长期中陷人比借贷更差的困境中。这种交换,不损害经济人利益,也不违背互利原则,但却违背了道德原则。道德人要求反对一切不正当的损人利己的行为。

(3)"双赢与多赢"。经济人的互利原则只对交易双方有利,而对第三方不具有互利性,这样使经济人的行为仅局限于双方有利的范围,对于其他领域是否受害却漠不关心。如排放烟雾对附近居民健康和财产造成损害,排放污水给农业生产带来损失,乱砍乱伐森林对生态造成破坏等等。对此,经济人是事不关己,高高挂起。但对道德人来讲,要求交换所涉及的所有相关者均要受益,至少不能受害。

(二)经济人行为内蕴伦理性

虽然经济人与道德人存在着似乎不可调和的矛盾,但在"潜在、无形"中两者具有行为趋向的一致性。经济人生存在一个不可回避的社会群体中,要实现自身价值最大化,必须适应和改良他"取利"的环境,否则今天拓荒性的取利便难以维持今后的继续取利。因而为了实现永久的谋利,经济人有意、无意地充当了道德人的角色,其行为内含道德伦理性,目的是追求一种可持续的经济人行为。

1. **经济人行为伦理性的本质**

"经济人"的伦理性是"经济人"在经济交往中自觉克服短期的、片面的谋利冲动,为获得长远的、完整的利益而做出的价值选择。经济人的伦理性往往表现为以追求精神利益、声誉收益最大化为目标,通过人文价值渗透到经济交往活动中,通过非正式的价值规范结成网络组织，形成相互尊重、相互信任的人际关系，从而积累社会资本，最终为企业创造获得长远的、完整的经济利益的机会和条件。

经济人行为伦理性的意蕴来自于经济人所生存的社会共同体。在这个共同体中，经济人所蕴含的某种道德追求的"本色"得到彰显。人人追求利益最大化的同时，也在影响或帮助着他人利益的最大化。对这种错综复杂的经济关系，人们往往自发地形成协调相互关系的惯例，并将这些惯例演化成大家共同遵守的各种规则，以此来协调人们的利益最大化行为之间的矛盾关系。这些惯例规则内涵着人们的道德意识和价值观念。如肯定自身利益，尊重他人权利，平等参加社会事务等。这既是市场经济发展对社会提出的新道德要求，也是社会对经济人个人道德人格的要求和塑造。种种惯例、规则的一部分逐渐被人们的道德理念自觉接受，并成为约定俗成的协调共同环境下人们之间关系的道德规范。在经济人追求利益最大化的市场竞争行为中形成并逐步确立下来的道德规范和价值观念，如肯定自利行为的合理性等，反过来刺激着人们追求利益最大化的愿望，鼓励人们去实现自身利益的最大化。正是在这种种行为方式、价值观念和社会规则的相互作用中，经济人形成了反映或表现自身人格特征的道德理念和规范准则：尊重个人的权利、价值，肯定每个人都有合理追求个人利益的权利；崇尚市场竞争，视竞争为人的理性选择和社会正义等等。

2. 经济人行为伦理性的特征

"经济人"的伦理性行为不是出于眼前的小利或局部的小利，而是为了自己的长远利益、完整利益，是对周围的各种社会关系与环境的深谋远虑。考虑他人的利益，即使在信息不对称的条件下，通过对他人带来方便和好处，从而使自己也得到相应的方便和好处。伦理性是"经济人"的一种智慧，通过利人而达到利己，而且是为自己带来长远利益、完整利益。

"经济人"伦理性是通过其行为的实质性人文价值来实现"经济人"行为的长远的、完整的经济价值的。"经济人"通过明了长远的、完整的利益及其实现途径而获得道德的认同并做出道德的行动。所有这些行为都超越了工具合理性的计算理性形式,是一种实质性的人文价值。实质性的人文价值是向活生生的人开放的,它是连接现实经济交往中人与人关系的纽带。

"经济人"的伦理性是与其价值理念体系相联系的。这种理念体系是一种"无形的手",它决定人们在什么时候去与谁发生经济交往合作,用什么方式去发生经济交往合作,以及在什么时候不与谁发生经济交往合作,不用什么方式去发生经济交往合作。当交往双方有了伦理性的信念,就能给彼此带来真、善、美、利的期望和信心,经济交往合作就是可能的。否则,没有伦理性的信念,彼此玩弄机会主义手腕,就会使彼此丧失真、善、美、利的期望和信心,断送经济交往合作的可能性,尤其是断送连续性经济交往活动的可能性。

现代市场经济的高层次竞争,其实就是经济伦理性的竞争。一个富有经济伦理性的"经济人",它的信任半径就会不断扩大,交易范围就会不断扩展,物质资本、人力资本、社会资本就会不断聚积。这样,其内部凝聚力就会不断增强,外部的竞争力就会不断壮大,就会走上一条可持续发展的道路。伦理性厚道者,则企业长盛不衰,许多百年老店就是例证;伦理性缺失者,如美国的"安然"、"世通"等公司"其败也忽"。可见,经济人如果目光短浅,一切唯利是图,损害相关者的利益,逃避社会责任,不讲公德,就会断送他长期发展的根基。所以,在现实的经济交往中,"经济人"经济活动的动机和目的除了追求自我物质利益最大化目标之外,它还具有追求精神利益、声誉收益最大化的目标。这就是"经济人"行为内含的伦理性,它为我们分析生存于金融市场大环境中的各个主体的经济伦理行为提供了可能。

二、公司伦理分析

传统企业理论认为,企业作为经济组织,其职能就是为社会提供产品和服务,企业的目标就是追求最大限度的盈利。这是因为社会生活目标从来都不是单一的和既定的,而是多元的、变动的,可由社会成员自由选择的。经济学所能做的,只是以最佳方式即以最有效的手段来最大限度地满足这些选择,而企业就是满足这些选择的最有效的组织形式。盈利率和生产率是衡量企业是否成功的最重要的标志。

传统的关于企业认识的最大偏颇,是把企业视为一个单纯的经济机构。在利润最大化的目标下,企业经营中日益泛滥的种种丑行,如行贿受贿、垄断价格、欺诈交易、弄虚作假、窃取商业机密、非法政治捐款等,带来了许多恶果。企业的反伦理行为,不仅扭曲了市场关系,腐蚀了社会风气,而且破坏了企业与其利益相关者的关系,直接影响到企业的形象和长期绩效。因此,企业不得不屈从于社会公众的压力和自我生存的需要,关心非企业和非经济问题,即企业的社会责任和义务问题,开始重视企业伦理问题。

进入 20 世纪 80 年代,有关企业伦理问题在理论和实践两个方面取得了深入进展。一方面,在美国、日本和欧洲一些发达国家,绝大多数学院开设了企业伦理方面的课程。而关于企业伦理的研究,也从某一地区、某一行业转向不同地区企业伦理的比较研究,甚至是全球企业伦理研究,从单学科研究转向跨学科研究。一些学者还建构了企业决策的伦理分析模型,为企业伦理向企业管理渗透开辟了道路。另一方面,伦理规范被广泛引入企业管理实践,一些企业建立了书面的企业伦理守则。还有一些大公司开始设立伦理委员会和负责处理伦理问题的行政主管,专事解决企业经营中的道德两难[①]。

(一)公司的社会责任与经济绩效

公司作为一种经济组织,追求经济的绩效是其天然的使命。然而,公司同时还是一种社会组织,因而它同时还担负着任何一种社会组织都应该担负的社会责任。研究作为金融市场主体的公司,不能

---

① 赵德志:《现代西方企业伦理理论》,经济管理出版社 2002 年版,第 4—10 页。

不研究其社会责任与经济绩效之间的关系。

1. 社会责任的内涵

20 世纪 80 年代以来,有关企业伦理问题在理论和实践两个方面取得了深入进展,它起源于对企业的社会责任的探究。而社会责任是一个含义极广因而也是歧义较多的一个概念。有关的定义可以大概地分为两类:古典观和社会经济观。

(1)古典观的定义

著名经济学家、美国哈佛大学教授弗里德曼(Milton Friedman)是古典观最重要的支持者,他认为企业的社会责任就是增加利润,"在自由企业和私有产权制度下,公司经理也是企业所有者的雇员,并直接对其雇主负责。他的责任就是按照雇主的愿望来经营企业,这一般表现在遵守基本的社会规则的前提下,尽可能多的赚钱。在这种社会里,只有一种企业的社会责任,即在不违背游戏规则的情况下,使用其资源,并致力于设计完备的、能够增加公司利润的活动。"[1]

弗里德曼的这一观点,可以从微观经济学中得到解释。从微观经济学的一般观点出发,我们可以得出这样的结论:如果企业的社会责任行为增加了经营成本,则这些成本必须或是以高价转嫁给消费者,或者是通过较低的边际利润由股东们承担。但在一个竞争的市场中,如果管理当局提高价格,必然减少销售。完全竞争的市场并未假设成本中含有社会责任成本。因此,提高价格必然损失市场。此外,在一个竞争市场中,投资是向回报率最高的地方流动的。如果担负社会责任的公司不能将高社会成本转嫁给消费者,而不得不在内部吸收这些成本的话,其回报率必然降低。经过一段时间,投资就会从担负社会责任的公司流出,去寻找由于不承担社会责任而有更高回报率的公司。

(2)社会经济观的定义

---

[1] Milton Friedman, "The Social Responsibility of Business Is to Increase Its Profits", in Hoffman & Moore ed. , *Business Ethics*, McGraw-Hill, 1990.

针对古典观的观点,持社会经济观的学者指出:时代的变化使公众对公司的社会预期发生变化,而公司的法律形式就是对此最好的说明。例如,公司要经过政府的许可才能成立和经营,同样,政府也有权解散公司。因此,公司已经不再是只对股东负责的独立实体了,它必须对建立和维持他们的更大的社会负责。在社会经济观的支持者看来,管理者应该关心长期的资本收益最大化。为了实现这一目标,他们必须承担社会义务以及由此产生的成本。他们必须以合乎伦理的经营来增进社会福利,他们必须对企业所在的社区负责,资助慈善事业,在促进社会进步方面发挥积极作用。

在各种有关企业社会责任的定义中,比较完整的是美国威斯康星大学麦迪逊分校图书馆馆长罗宾斯的定义。罗宾斯认为,企业的社会责任"是一种工商企业追求有利于社会的长远目标的义务,而不是法律和经济所要求的义务"①。当然,这一定义的前提假设是企业遵守法律,并追求经济利益。同时,又将企业看作一个道德机构,在它努力为社会做出贡献的过程中,它必须分清正确和错误的行为。

2. 企业伦理与经济绩效

从上述对企业责任的不同定义可以看出,人们对公司社会责任定义的分歧,主要是集中于他们对社会责任内容的认识程度以及如何平衡承担社会责任和取得企业绩效的关系问题。对于企业来说,承担社会责任和取得经济绩效都是最现实的问题,而二者看上去又是矛盾的。因此,在当代西方企业伦理学著作中,对企业伦理与企业绩效关系问题进行了大量的讨论,并提出了许多见仁见智的看法。

(1)间接收益论:许多学者强调富有社会责任感是组织有效性的基石和保证,一套建立在合理的伦理准则基础上的组织价值体系也是一种资产,可以带来多种间接的收益。如美国哈佛商学院教授林恩·夏普·佩因就认为,对建立和维持一个有效的组织来说,伦理是一种促进因素,而不是一种阻碍,并从组织功效、市场关系和社会地位等三个方面阐明了企业伦理作为一种资产所带来的间接收益。

---

① 斯蒂芬·E.罗宾斯:《管理学》,中国人民大学出版社1997年版,第97页。

在他看来,一套良好的价值体系对于取得和维持杰出的组织业绩十分重要,既可以监督管理的层次,又不至于失去控制重点和组织中心。"这样或那样的研究均已表明,经理人员如果希望培育一个充满信任、责任和抱负的组织环境,就必须建立一套基于合乎伦理原则的组织价值系统。虽然没有任何一套单一的价值组合适合于每一家公司,但是,通常与忠诚——如诚实、公平和信赖——联系在一起的价值都是任何有效的价值体系中必备的价值要素。"[1]同时,社会责任意识和伦理观念不仅有利于组织的运作和控制,同时也是市场上识别一家公司的关键,它有助于公司与主要利益相关者建立起牢固的关系。因而,企业必须着眼于利益关系而不是利益交易,必须坚持伦理的观点去处理市场活动。最后,他指出,公司经营具有伦理导向的第三个好处表现在非市场关系方面,特别是与以利益相关者为代表的广泛的社会团体之间的关系方面。一个合乎伦理经营从而具有较好信誉的公司,不仅可以减少遭受起诉、法律制裁和政府限制性法规制裁的可能性,而且可以赢得利益相关者的信任和合作,从而有助于获得竞争优势。

（2）长期正相关论:与间接收益论略有不同的是,持这种观点的学者明确提出公司社会参与和经济绩效之间存在一种正相关关系,认为承担社会责任的公司不会降低公司的经济绩效,因为社会参与为公司提供了大量利益,足以补偿其付出的成本。尽管在短期内,忽视严格的道德准则会带来更多的利润,但从长远看,符合道德标准的做法与日渐增多的利润是一致的。

（3）互为因果论:持这种观点的学者以美国加州大学教授波斯特为代表,他认为,公司的社会责任行为和经济绩效的关系极为复杂。其中可能存在一种因果关系,即如果有证据表明社会参与与经济绩效是正相关的,这也许并不意味着社会参与产生了更高的经济效益,也可能正相反。就是说,它可能表明正是高利润才使企业有条

① 林恩·夏普·佩因:《领导、伦理与组织信誉案例》,韩经纶、王永贵、杨永恒译,东北财经大学出版社1999年版,第5页。

件广泛参与社会活动,承担社会责任。因而,企业社会责任与经济绩效两者无论是正相关还是负相关,都是难以证明的。

波斯特指出,公司一方面必须尽可能多地盈利,一方面必须承担社会责任,是20世纪90年代以来公司面临的一个主要困境和难题。将公司的目标的重点放在满足股东期望的短期利润最大化上,会导致公司忽视其他利益相关者的利益和要求。同样,短期成本的增加也会使公司社会责任计划大打折扣。为解决这些难题,公司应有一种"开明利己"的态度。就是公司既不放弃自身的经济利益而又具有社会意识,将利润视为持续向顾客提供真正有价值的东西,帮助雇员成长以及公司作为有责任的公民的回报。持"开明利己"的态度,意味着公司付出合理的短期成本去担负起既有利于又有益于公众的社会责任,追求一种既使承受短期利润压力的公司满意,又使公司获得公众长期积极支持的结果。

3. 企业的社会责任与道德经济

基于上述分析可以看出,传统的关于企业认识的最大偏颇,是把企业视为一个单纯的经济机构,这在工业化早期也许是合适的,但是在工业化成熟阶段仍然秉持这种看法,就明显落后于时代了。社会时代及人们关于企业观念的改变,客观上要求企业承担起超越经济目标的更广泛的义务。也就是说,现代企业的发展必须要在其所承担的社会责任与经济绩效之间寻找一个恰当的平衡,这种认识主要是源于以下几个方面的理由:

(1)在工业化成熟阶段,随着第三产业的迅速崛起,人们追求更高质量的生活,这就要求企业必须考虑社会成本问题和生态环境问题。尽管社会成本和私人成本的分离一直是经济学家们所热衷的话题,但是在利润最大化的假设下,二者之间的差异性概念几乎完全被忽略了。现在,由于人们对环境破坏、技术变革的副作用和外部因素的增多越来越感到关切,社会成本问题已经成为社会政策的中心问题。在这种情况下,人们自然要求企业承担经济职能以外的更多的社会责任,在私人成本和社会成本之间维持一种均衡。

(2)在工业化成熟时期,各种职业集团开始取代传统的家庭、教会,成为人们寻求意义和实现价值的重要场所。尽管企业仍需追求利润,但其与新崛起的非营利机构的政府一样,也具有一般社会团体的性质。"由于传统的社会支援来源(小城镇、教会和家庭)在社会上已经崩溃,新的组织形式,尤其是公司,已经取而代之,这些组织必然会变成谋求安全、正义和新生的场所。将公司仅仅作为一种经济工具的想法,是完全不能理解近半个世纪中社会变革意义的。"①

(3)市场经济体制的推进,在资源配置方面,市场经济体制比中央计划体制更有效。政府开始放松管制,推进自由化改革,这种经济进一步自由化、市场化的趋向,必然使企业更加注重伦理。因为,自由的增加同时意味着责任的增加。在不依靠政府主导下的行政指导和产业政策等条件下,对各企业自主性的理念以及设定的目标和在此基础上自我约束的伦理要求也就更高了。

(4)现代市场经济正越来越成为一种规范经济、信誉经济、文明经济、法制经济,现代市场上的企业家已经不是市场初生阶段时那种很难同强盗、骗子区分清楚的形象,而是讲法制、讲规矩、讲道德、讲文明的现代企业家形象。前者在那时曾经是人们崇拜的英雄形象,但在今天却成为人们鞭挞和谴责的对象,今天人们推崇的企业家典范则是后一种形象了。因此,在现代社会和市场中,一个企业越是具有伦理道德水平,就越有可能在市场上和社会上赢得消费者和同行的信任和信誉。在一个讲道德、伦理、文明的社会和市场中,企业的信用、声誉是一种无形的资本、潜在的市场。这种无形的资本、潜在的市场是企业发展中长期起作用的因素。从这个角度看,企业伦理建设虽然直接提高的是企业的伦理素质、伦理水平、伦理价值、伦理形象,但这种伦理素质、水平、价值、形象的提高却可以转化为企业的经济效益,转化为企业在经济上的利润和收入。

因此,现代许多大公司都实施伦理方案以塑造"道德公司"形象。一些学者明确表示:"无论经济和社会发展处于什么阶段,基本的伦理规范都是任何经济和社会生活的准则;较高的道德水准对于

---

① 丹尼尔·贝尔:《后工业社会的来临》,新华出版社1997年版,第324页。

经济的繁荣和持续的经济成功是不可或缺的。"①从伦理规则的意义上说,传统的工商业尚且不能缺少诚信规则,现代更为广泛更为复杂的市场经济就会要求更高的道德水准在其中发挥作用。可以这样说,市场经济的成熟形态应该是道德经济。

(二)公司文化与竞争伦理

公司文化或组织文化是指一些假设、观念和价值观的普通集合。在公司文化中肯定包含着对其他公司及社会的基本态度。公司不论大小,作为法人都是平等的。公司走向市场,必然要参与市场竞争。竞争应当遵守公平、正义的原则。

1. 公司文化的内涵

在现代西方公司伦理研究中,决策者被置于公司伦理主体的地位。因此,其个人特征受到学者们的重视和强调,尤其是组织中其他因素对公司行为是否合乎道德的影响。在这些因素中,被强调得最多的是组织文化。这诚如波斯特所说:"个人价值和伦理特征在改进一个公司的伦理行为方面起着重要作用,然而,这种作用不是单独发挥的,因为个人价值还受一个公司文化的影响。"②

构成公司文化或组织文化的假设、观念和价值观是为了应付内部环境和外部环境而在组织内部发展起来的,并且它们被传给新的成员以指导他们在这些环境中的行为。组织文化的主要功能是:①使组织成员产生认同感;②使组织的交往体系具有稳定性;③为行为提供理论基础和方向。

因而,在公司文化中肯定包含着对其他公司及社会的基本态度。公司不论大小,作为法人都是平等的。它是一种新的组合,表现出现代社会合作、利己、利他的原则,是共赢和谐的关系。社会的和谐建立在公司的和谐之上,这种和谐表现为竞争的和谐,是动态的平衡与

---

① 乔治·恩德勒:《面向行动的经济伦理学》,上海社会科学出版社2002年版,第2页。

② 波斯特:《企业与社会》,机械工业出版社1998年版,第121页。

和谐,尊重社会法治和商业伦理,特别是商业伦理,应该是公司文化更重要的组成部分。

2. 公司的竞争伦理

竞争是市场经济的基本法则。企业走向市场,必然要参与市场竞争。竞争推动企业的发展,但也可能导致企业的破产。因此,企业要生存和发展,必然要千方百计地增强竞争实力,提高竞争艺术。然而,市场竞争并非只是纯经济的行为,它在目的和手段上有合义和不义之分,也就是说,市场竞争有善恶。不正当竞争行为不限于侵害竞争对手的行为,还包括其他搭便车、投机取巧或者损害消费者权益的不正当商业行为。这是反不正当竞争又称为不公平交易或者不公平竞争的原因。这些不正当竞争行为大体上可以归为三种基本类型:一是行为人与他人之间存在着竞争关系,而不道德地排挤竞争对手的商业行为,这类行为最为常见;二是经营者虽未排挤竞争对手的竞争,但通过不正当手段获取竞争优势的行为,主要表现为搭乘有竞争关系的经营者的便车,或者误导消费者;三是以不正当手段破坏他人竞争优势的行为。如职工为泄私愤披露所在企业的商业秘密。

近几年,随着我国市场竞争的激烈和市场需求的不足,不正当竞争和市场垄断成为社会关注的热点问题。假冒伪劣甚嚣尘上、屡禁不止,已成为老大难问题;价格大战此起彼伏,行业自律硝烟不断,停产限产保价又加入战团;公用企业和其他独占经营者强制交易时有发生,受害的消费者颇有怨言。凡此种种,不一而足。放眼世界,时下购并狂潮风起云涌,蔚为壮观;美国司法部起诉微软公司捆绑销售,联邦贸易委员会审判英特尔公司不公平交易,欧盟委员会查处可口可乐公司垄断行为,反垄断法的大棒不时挥舞,令人目不暇接。自由竞争可以实现优胜劣汰,优化资源配置,确保市场经济生机勃勃。在优胜劣汰的残酷竞争面前,循规蹈矩者固然为其主流,通过通谋、购并等瓜分市场、攫取独占地位、限制竞争者,竞争的优胜者滥用优势地位而坐享其成者也不鲜见,竞争自由会因此而受到妨碍甚至被葬送。

从国外的法律来看,英美法国家将"不劳而获"、"不播种而收获"作为其认定不公平竞争行为的基石,大陆法国家将诚实信用作为反不正当竞争法的"帝王原则"或者最基本的原则。无论"不劳而获"、"不播种而收获",还是诚实信用,都具有浓厚的道德色彩。我国反不正当竞争法将公平、诚实信用和遵守商业道德规定为基本原则,其维护商业道德、确立竞争道德规则的精神更是不言而喻。之所以如此,是因为,反不正当竞争法的根本目的是消除自由竞争的"过火"行为,即其前提是有了自由竞争的舞台和充分的竞争自由,经营者却滥用竞争自由,实施不道德的竞争行为,不正当地损害了竞争对手或者消费者的利益,从而破坏了市场竞争的道德。无论"搭便车"、不劳而获的仿冒他人商业标识行为,吹牛虚夸的虚假宣传行为,还是投机取巧的商业贿赂和其他不正当引诱行为,损人利己的商业诋毁行为,本质上都与良好的商业道德背道而驰。

(1)竞争的首要伦理原则是承认竞争对手的各项正当权利和平等地位。应当认识到,作为竞争对手的企业无论大小、强弱,在市场地位上都是平等的竞争主体,不存在优等和劣等之分。不能否认其他企业和自己拥有平等的各种权利,包括生存权、名称权、名誉权和专利权等。这不仅是企业时刻保持自己生存和发展的需要,因为今天的弱小企业有可能成为明天的强有力的竞争对手,也体现了对对方的尊重。

(2)在竞争手段和方式上要坚持利己不损人的伦理原则。竞争取胜的关键是要靠自己的发展,竞争的手段和方式要以此展开,而不是靠压低竞争对手来抬高自己。换句话说,竞争可能有另一套逻辑:不是努力改进和提高自己,而是想方设法损害别人,以此使自己获得相对优势,即使这样会减低自己的利益也在所不惜。这种损人的做法不仅使自己的利益遭受了损失,也是不道德的。特别是,如果竞争对手也采取同样的做法,就极有可能造成两败俱伤的局面。利己不损人是竞争的最低的伦理原则。

(3)竞争的正义原则。在市场经济制度的条件下,利益主体的利己动机有可能产生利他的后果。从微观上来讲,在一次成功的交换中,参与交换的任何一方都向对方让渡了对于自己来说效用不大、但对于对方来说效用相对较大的物品(可能是有形的,也可能是无形的。包括货币在内),并同时得到了对于对方来说效用不大、但对于自己来说效用相对较大的物品,从而达到了"双赢"的结果。任何一方的利己动机都产生了利他的后果。从宏观上来讲,通过"双赢"的交换活动——竞争机制还使得"双赢"的结果尽可能的"优",有限的社会资源实现了优化配置,从而发挥其最大的效用。那么,要完成一次能够达到"双赢"效果的成功交换,需要怎样的条件? 就市场活动的主体而言,任何一个交换者显然不能完全从自己的利己心出发、完全站在自己的利益立场之上,因为利己心天然的倾向于夸大自己的利益而漠视别人的利益。那么能否完全从利他心出发、完全站在对方的利益立场之上呢? 这一立场因其违反人的天性而不可能。所以,可行的只能是利己心与利他心之间的平衡,即用一个假想的与各方利益无直接关系的旁观者的立场来看待参与交换的利益。这是在市场的交换活动中的利益主体所应当遵循的道德原则。我们不妨称之为正义原则。正义原则要求从旁观者的立场评判利益,从而带有普遍性的特质。这使得它与康德所说的"绝对命令"有相通之处。也就是说,以当下在场的"我"或"他者"的利益作为行为的出发点,正义原则从两个层面超越了道德境遇的特殊性:其一,"我"或"他者"作为一个个体的特殊性;其二,当下的处境的特殊性。

(三)可持续发展

在当今世界,生态环境问题越来越严重,这首先表现为对人与自然的和谐关系的破坏。发生于 20 世纪后半叶的人与自然之关系的总体性危机,是人类沿着工业文明的轨迹向前发展的必然结果。工业文明的价值指针是狭隘的人类中心主义(或人类沙文主义)。这种狭隘的人类中心主义以近代的机械论世界观及二元论(人与自然的)为基础,把人与自然对立起来,认为人是自然的主人和拥有者;自然被演绎成僵死的原料仓,毫无内在价值可言;人的使命就是去征服和占有自然,使之成为人类的奴仆。作为人类中心主义内核的世俗人本主义,则把人完全理解为一个受其感性欲望驱使的"奴隶",

认为人生的目的就是使这些欲望得到满足。既然文明的指向是使人的欲望的满足,那么,提高人类征服和掠夺自然的能力,使人们的越来越膨胀的欲望得到满足,便成了近现代文明的基调。

然而,人的欲望是无穷的,那些不受限制的欲望无疑是贪婪的同义语。相对于人的无限的欲望而言,科学技术与生产力的任何进步都不过是杯水车薪。一种文明如果把掠夺和征服自然(以便使人的无穷欲望得到满足)视为自己的价值圭臬,那么,环境污染与生态危机的出现就是必不可免的。人类目前所面临的环境危机,是源于科学技术提供资源(或治理污染)的速度慢于人类消费资源(或制造污染)的速度。与以往的历史相比,人类目前所掌握的技术无疑是最先进的;但是,环境危机正是在我们拥有如此空前的技术力量的背景下产生的。因此,环境危机是不能通过单纯的技术手段来解决的。

目前全球性的资源环境危机,主要来自文化观念和价值取向方面的问题。人类应当进行一场深刻的思想变革,建设"环境伦理",以推动循环经济的发展。"环境伦理"主要以保护地球资源和确保人类可持续发展为原则,在生产生活中坚持合理利用资源和能源、减少污染排放、循环使用资源等环保理念。

承认技术手段在保护环境方面的局限性,并不是要否认科学技术在保护环境方面的重要作用,而是要求我们突破技术决定论的局限,把环境保护与可持续发展放在文明转型和价值重铸的大背景中来加以思考,从世界观和价值观的高度寻找环境保护的新支点。就环境伦理而言,这就是要走出或超越狭隘的人类中心主义,承认大自然的内在价值(即经济价值之外的审美价值、生态价值等),把人与自然视为一个密不可分的整体,追求人与自然的和谐,尊重并维护生态系统的完整、美丽和稳定。

随着人类对人和自然关系认识的深化,人们不断用宣言、政策、国策以及法律等手段,来调整人和自然的关系,企图求得人和自然的和谐发展。但是,仅用上述手段还是不够的,还必须建构一种生态伦理学,帮助人们全面地、科学地认识和处理人和自然的关系,使人类在征服自然的活动中走向理性阶段,受到理性的约束和道德的约束,在改造自然的活动中自觉地处理好人和自然的关系,走可持续发展道路。建构生态伦理学是人类对人和自然关系认识深化的必然结果,是走可持续发展道路的客观要求,是一切国家永续发展的必然选择。一句话,是生态危机呼唤生态环境伦理。

因此,自 20 世纪中叶以来,人类伦理思维的触角极大地向前延伸了。而环境伦理,在近半个世纪的岁月中,由孤寂而愈益受到关注,由理论舞台的边缘而逐渐走向中心。它的出现进一步丰富了"伦理"的内涵,也标志着人类伦理思想的一次新的转折。

企业作为经济组织,从事生产经营活动,不仅处在一定的社会环境中,还处在一定的自然环境中,生产经营所需要的各种物质投入归根结底都来自自然界,生产经营中所产生的各种废弃物,最终也要自然界来消化。生产经营本身,也需要一定的环境条件。因此,企业保护自然的义务和责任更加重大。掠夺性地开发资源,向环境随意排放废渣、废气、废水等污染物,污染了环境,破坏了生态,也缩小和毁坏了人类的生存空间,是对自然和社会的双重破坏。因而,企业必须在关注经济利益的同时,把关注自然作为必备的伦理理念。为此,必须克服对待自然环境的实用主义态度和惟利是图的行为,把企业发展与生态环境相协调的价值观作为企业的重要价值取向之一。这不仅有利于企业和人类的道德完善和道德进步,而且有利于整个地球文明的繁荣和进步,建设人与自然和谐统一的新世界。

三、中介机构的伦理分析

金融市场的基本功能是沟通借贷双方,使资金从储蓄者手中转移到投资者手中,促进社会资源的有效配置。如果在这个市场上信息是完全的,则资金盈余者可以很容易判断潜在的借款人是否值得信任,他们将资金投入后是否能产生预期的效益,到期的还本付息是否有保证。那么相应地,从储蓄到投资的转化成为了一个无须研究的自然过程,金融中介机构将失去存在的理由,而金融监管就更是无从谈起。但金融市场运行的现实情况说明，金融市场是一个信息不完全的市场，要实现资金的安全高效转移并非易事，任何一宗看似简单的金融交易背后都有一套复杂的制度安排作保证，其中就包括了金融中介机构的存在。金融市场的中介机构分为不同的类别和行业，而每个中介机构又设立了不同的职位，与此相适应，它们都需要职业伦理规范的调整。

（一）银行行为的伦理分析

从银行家担当的角色上看，他们是现代资本社会的基础，他们通过个体或公司这样的集体对人们的生活产生影响。银行家在面临超出传统银行家所能够接受的正常信贷风险时拖延决策时间或逃避问题，会被认为是最不道德的行为。银行家经常会面临伦理困境。

1. 银行家面临的伦理困境

人们通常认为，作为经营风险的企业，银行家必须对经营中的风险予以高度重视，并在经营决策中贯彻"锦上添花"的方针，而不能做"雪中送炭"的慈善家。然而，人们的这种认识并不能使银行家摆脱日常业务中必须面对的许多种伦理挑战。商业伦理中不断出现的争论，使银行的活动不断被审视，焦点集中在当他们面临超出了传统银行家所能够接受的正常信贷风险时如何行动。

在这方面，一个很重要的问题是以伦理名义强加给银行的公共压力，这些压力会使银行家拖延决策时间或逃避问题。事实上，不同的银行家有不同的伦理信念，而且很多决策是商业问题而不是伦理问题，银行家对公共压力的逃避，搁置难以做出决策的问题被认为是最不道德的行为。因为，搁置难以做出的决策很具有诱惑力，但这是不符合社会利益的。由于有面临公众的抗议或法律干涉的可能，应该避免困难的选择，但是当银行家面临这些选择时应该及时做出决策。

社会只规定伦理框架，银行可以在这个框架内制定自己的行为规范体系。决策的责任包括两个方面：银行在做出决策时必须考虑社会责任，社会也要考虑银行做出决策时所遵循的标准。如当借款机构受到兼并或潜在破产的威胁时,银行采取的任何行动都会自然地给股东带来更大的负面影响。当银行需要照顾其客户时,必须以不威胁自己的存在为限度。同时,银行又必须有长远打算,不能在客户最需要它的时候退缩。此外,银行面临的其他冲突包括:如何对待专有信息;当由于国内原因或全球政治稳定受到威胁导致破产从而引起失业时,应该如何平衡效率与正义之间的关系。

从银行家担当的角色上看,他们是现代资本社会的基础。他们的活动被严格审视,因为他们通过个体或公司这样的集体对人们的生活产生影响。意识到并响应日益增长的需求和社会的期望是现代银行业的一个维度。这个职业的永恒特征是必须关注社会中特殊利益集团的看法。因此,一项成功的贷款只考虑有担保的利润和利息差额是远远不够的,银行正处于前所未有的被审视的状态之中。

除了传统的风险承担者和管制者外,银行的一举一动都被来自各种利益集团的数不胜数的舆论监督着。因此,对于银行家来说,总是落后于社会潮流或没有响应这些变化,就会日益遭到股东、客户和雇员的排斥。充分意识到外部力量作用的复杂性和愿意接受挑战并对它们做出适当的回应将是种考验。

2. 银行家行为的伦理分析

信贷是银行的主要业务之一,与信贷交易相关的法律是广泛的和复杂的,但它不直接与债权人和债务人的道德问题相冲突。习惯法(刑法和民法)和商业银行法都力图保障信贷交易中的诚实性、公开性和透明度,以防止欺诈行为。但是,从更广的意义上来看,在信贷事务中,法律似乎远离道德。在银行的信贷活动中引起伦理困境的情况有多种,其中兼并和破产问题是比较突出的,具有代表性的问题。

(1)兼并引发的伦理问题

兼并这个词似乎本身就蕴含着赢家与输家的含义。许多兼并的想法来自于某个法人为增加市场份额以提高获利能力和最终实现更大的股东利益的愿望。在这样的战略中,包含着这样的观念:某些人的得意味着其他人的失。支持这种竞争性出价的银行家承认,兼并的结果通常会给被兼并的实体带来合理化冗员、工厂关闭或转让和其他负面结果。

困境由此产生。首先,银行家是否应该卷入这样的活动,如果应该卷入,在考虑这样的买卖时应该采用什么原则。银行家应该考虑给被兼并公司带来的负面结果,还是应该把自己看成旁观者? 在这些交易背后存在着贷款者和借款者的动机,对这种动机的考虑不断进入银行家的议事日程,使得只关注交易的信贷风险已经明显不够。因为当竞争正式成为了判断兼并是否妥当的惟一标准后,银行家的巨大压力往往来自法律领域之外。

在考虑兼并时,一个公司从多个银行贷款这种现象的存在会引起利益冲突,因为出价者和目标公司可能是同一家银行,或常常是同几家银行的客户。在这种情况下,当一位银行家被出价者要求贷款支持一桩敌意兼并时,他不得不问他的利益在哪里。在许多情况下,由于双方同此银行的商业合作关系的强度不相上下,以至于银行家无法取舍,从而自愿不介入这样的兼并。然而,当他们处于伦理上考虑没有承担合理的信贷风险时,其竞争对手可能提供这种贷款。

从更广的意义上说,一个银行是否应该将其顾客当成该银行参与的敌意兼并的目标,这无疑也是个会不断争论下去的问题。在这种情况下,目前的商业惯例认为不是全部,但大多数顾客应该承认如果兼并出价最终有利于目标公司的股东,那么谁贷款给这种出价就是无关紧要的。

(2)公司破产引发的伦理困境

银行家在提供贷款时,应该考虑借方的当前和未来的偿付能力,包括采取合理步骤来发现借款人现有的债务状况。从实际的效果来看,使银行家自愿接受这种义务比法律规范要好。因为当法律规范在对违规者进行惩罚的同时,把很多信用状况欠佳的借款人推到了无证贷款人那里。现实生活中,缺乏信用担保的中小企业融资难和农户小额信贷问题,似乎强化了人们对这一问题的认识。这就要求银行能够承担更大的社会责任,而不应该过度依靠法律。同时,法律也要为债权人和债务人的道德责任留下一些空间。

但是,在公司活动中,因为公司处于财务困境的状况会产生银行家与各种风险承担者之间的利益冲突,这使得公司倒闭或面临倒闭成为了一个特别重要的研究领域,在极端的情况下,银行保护贷款免遭损失的利益会与公司的继续存在发生冲突。此时,银行家面临的真正的困境是需要给这些公司时间,以便使那些解决方案结出果实。如果银行家决定收回贷款,那他必须充分意识到收回贷款的结果,这种意识的开发是对现代银行家进行培训的必要组成部分。因为,银行家能否做出均衡的决策决定着产生成功的结果还是有损名誉的事件。

(二)会计师行为的伦理分析

《中华人民共和国注册会计师法》规定:"会计师事务所是依法设立并承办注册会计师业务的机构。注册会计师执行业务,应当加入会计师事务所。"在证券市场上,上市公司主要是接受某一特定的会计师事务所来进行审计的。按照国际惯例,会计师事务所对上市公司的审计被称为民间审计或独立审计,而注册会计师的独立审计又因被认为是"独立审计人员为确定和报告某种特定经济实体的数量化信息与准则之间的符合程度,而收集和评价与数量化信息有关的证据过程"而具有社会鉴证职能。注册会计师作为证券市场重要的参与者,上市公司对外提供的所有会计信息,都必须经过注册会计师的审计鉴证,并出具鉴证意见。注册会计师以超然独立的第三者身份,遵循独立、客观、公正的原则对上市公司的会计报表进行审查,其实质就是对上市公司会计报表的编制是否符合《企业会计准则》和《企业会计制度》及国家其他财务会计法规的规定,会计报表是否在所有重大方面公允地反映了上市公司的财务状况、经营成果和现金流量,会计处理方法的选用是否符合一贯性原则等进行全面的监督检查,并就此发表鉴证意见。可见,会计师事务所的会计监管对确保上市公司披露的会计信息的质量起着极为重要的作用。因此,提高上市公司信息披露的真实性、准确性、完整性、及时性,是会计师的重要职责。

我国证券市场经过十多年的发展,上市公司已经逐步走上了规范的公开披露信息的轨道,这本身是一个历史的进步,是我们选择市场经济体制的必然。但是,在证券市场上,作为"经济警察"的注册会计师,并不是总能扮演好"警察"的角色。近年来市场上暴露出许多问题:从1997年琼民源公司案发,到后来的红光实业、东方锅炉、大庆联谊、郑百文、黎明股份、亿安科技、银广夏等重大的虚假信息披露案件都足以说明,我国部分上市公司会计信息失真,尤其是蓄意的会计造假行为已经引起了社会的广泛关注。当然,在考察国内会计师事务所违规操作的同时,我们还要认识到,国际上一些知名的会计师事务所也不同程度地存在着同样的问题。例如发生在美国的"安然事件",就对赫赫有名的安达信会计公司亮起了红灯。

这些现象的出现,一方面是由于原来按照社会主义会计准则编撰的会计数据,现在要求符合新会计标准,转型经济中的公司面临大量问题。即使这些公司的财务按照新会计标准执行,仍然有许多人担心这些新簿记方式体现的公司内在价值到底有多大的可信度。并且,财务数据转换所带来的不确定性创造了操纵市场的可能。另一方面是由于会计师事务所作为鉴证类中介机构,其在社会分工中占据着极其特殊的重要地位,独立、客观和公正是它们行使权力的基本道德立场,这就要求在监管机制上要确立起能够真正维护独立、客观和公正的行为准则。

沿着这一思路,我们就可以对证券市场上出现的会计师事务所种种违规现象和行为,从制度和伦理两方面进行比较全面的解释和分析,而不是盲目地苛求会计师的职业操守。

1. 不具信息优势的独立审计在会计监管中的作用

注册会计师的独立审计是证券市场会计监管的关键环节,是确保上市公司会计信息质量的外部制度安排。但独立审计只是会计监管的一个环节,它并不能保证防止、发现和纠正被审计单位的所有错误。在被审计单位管理层蓄意作弊的情况下,更不能保证查出所有的舞弊行为。注册会计师执行的独立审计签发的审计意见也不是对被审计单位财务状况、经营业绩和现金流量真实性的绝对保证。如果无限拔高独立审计在会计监管中的作用,将上市公司管理层舞弊或经营失败而导致投资者遭受损失的责任都归咎于注册会计师,一方面对于注册会计师来说是不公平的;另一方面也不利于建立一个行之有效的会计监管体系,不利于界定各监管主体在会计监管中的职责。

2. 利益冲突与有效的外部监管

长期以来,美国对经理人员的监管主要依赖经理人市场来约束他们的行为,如果谁没有良好的职业经历,在位时虚构业绩,那么,他就会失去信誉,丢掉自己的饭碗,再也没有人去聘用他。同时,会计师事务所和注册会计师则是依赖其行业内部严格的自律制度和在职业生涯中建立起来的良好信誉来规范约束其行为的。因此,美国对经理人员和注册会计师主要是依靠市场这只"看不见的手"来约束其行为的。但大量的事实表明,市场解决不了所有的问题,"看不见的手"总有失灵的时候,完全依靠市场力量和民间自律进行会计监管,以规范信息披露是不切实际的。市场经济需要适度的管制,会计准则和审计准则是管制的表现形式,但会计准则和审计准则本身同时也是被监管的对象。对政府这只"看得见的手"而言,会计监管没有止境。

因此,会计师事务所能否把好上市公司的会计监管关,一个关键的问题是能否对会计师事务所进行严格的监管。正如香港学者郎咸平所说:"没有严格的监管,即使五大进入中国也会作假账,尽管他们可能不像中天勤那么恶劣。"[1]据郎咸平所说,美国的一些著名投资银行在香港市场上经常操纵市场,但在美国国内,他们却很少敢这样做,因为香港没有美国那样严格的监管制度与严格的处罚措施。可见,要使投资者信任中介机构,关键是加强对中介机构的监管。如果不能建立起严格的监管制度,缺乏制度约束的会计师事务所,仅仅凭借道德力量,谁又能保证他们在巨大的经济利益驱使下不与上市公司串通作弊呢?

----

[1]　郎咸平:《没有严格的监管,五大进入中国肯定也会作假账》,中华财会网,2002年1月24日。

此外,在强调政府监管作用的同时,我们还应认识到作假是一项"系统工程",它需要市场各方的"协调配合"才能不被识破。因为如果仅仅是企业管理层舞弊作假,而市场各方却能各司其职的加强监管,证监会、证券公司、会计师事务所都能有效地发挥其专业监管职能,证券分析师、信用评级机构、新闻媒体都能有效地发挥其舆论监督作用,那么,作假实非易事。会计打假同样也是一项"系统工程",需要市场各参与方都加入到打假队伍中来,让作假者成为过街老鼠,如履薄冰。只有这样才能形成会计监管的良好环境。

3. 理性"经济人"与会计诚信

按照主流经济学的观点,证券市场的各参与方都是理性的"经济人",有着各自的利益动机和利益追求。证券市场又是一个充满机会和诱惑的博弈场所,面对巨大的利益诱惑,理性"经济人"会做出什么样的选择呢?也许多数人会用道德约束自己,但不是每个人都讲道德,总会有一些人经受不起利益的诱惑而置道德于不顾。因此,证券市场需要制度安排对参与者和监管者进行约束和威慑。但如果参与者和监管者不讲诚信,无论多么严密完美的制度安排与严厉的惩罚措施也不能防止有人以身试法。当巨大的经济利益与严肃的道德规范发生冲突时,只有潜移默化的诚信教育才能使天平倾向于道德规范。

从这个意义上说,证券市场中各种违法违规事件的发生,是当今的证券市场忽视诚信教育所付出的代价。为了有效地规范市场各参与方的行为,需要对有关各方进行全方位的诚信教育,而且诚信教育还应作为会计监管制度建设的一项重要内容持续长久地坚持下去。

(三)证券分析师行为的伦理分析

证券分析师向机构和个人投资者提供买卖股票的建议,同样面临各种各样的利益冲突。他们通常会遇到来自于所就职公司、上市公司以及机构投资者等方面的压力。一个规范的证券市场是证券分析师执业的前提,专业、诚信、尽职是证券分析师所必须具备的职业品德。

1. 证券分析师面临的利益冲突与行为表现

证券分析师,是指专门向个人投资者或机构投资者提供证券投资分析意见,并指导其进行投资的专业人士。其职责是研究上市公司情况,向机构和个人投资者提供买卖股票的建议。证券分析师通过对上市公司信息的整理和分析,提出建议,引导投资方向,以使资本能向效益较好的企业流动,从而达到市场资源的优化配置。我国证券分析师制度还没有建立起来,但证券咨询业有所发展。随着证券市场的逐步完善,人们越来越关心上市公司的投资价值,从而对真正的证券分析师需求越来越多。证券分析师作为承销机构的雇员,对整个市场的价值是毋庸置疑的,他们收集信息、分析信息的活动显著地提高了市场的定价效率,从而增进了所有投资者的利益。

我国证券分析师行业起步较晚,大约出现在 20 世纪 80 年代中后期,在一些大城市的一级半市场上,开始有人研究股市行情,传递信息,指导操作。到了 90 年代,逐渐形成了一个股评群体。独立性和客观性是证券分析师的立业之本。但是现实中各种关联交易的存在,使得证券分析师常常面临各种利益冲突,很难保证其分析报告的独立性、客观性及其自身的信誉。如为了获得公司的支持,分析师可能与其所分析的公司合作,发布对公司有利的报告,从而使分析报告失去价值。就业务而言,证券分析师能够帮助其所在公司赚取更多交易佣金。证券分析师帮助供职公司赚取更多佣金的主要方法是较多提供"买进"的建议,以增加交易量。在自营业务方面,分析师所在公司通常持有大量证券分析师所分析的股票。

在极端的情况下,证券分析师持有其所分析并推荐他人购买的股票是最根本的利益冲突:一种情况是,证券分析师在其所分析公司发行上市之前就持有(直接或间接持有)这些公司的股票,当这些公司上市后,分析师就建议投资者购买这些股票,一旦股价上涨,便择机抛售;另一种情况是,证券分析师的个人账户股票交易与他们的投资建议正好相反。

2. 证券分析师行为的伦理分析

尽管我国制定了证券分析师职业道德规范,但该规定过于抽象,仍然无法全面规制证券分析师的行为,特别是对证券分析师所面临的利益冲突没有做出强有力的防止措施。证券分析师在执业的过程中实际上面临的多方面的利益冲突,是其道德风险的根源。

(1)来自上市公司的压力。证券分析师由于执业需要必然要与上市公司管理层发生联系,以获取公司的有关信息。分析师对股票的评价直接影响到上市公司的利益。若一个证券分析师对某公司股票做出不好的评价,则上市公司管理层肯定不愿与其沟通。

(2)来自机构投资者的压力。机构投资者通常是证券分析师所在公司的大户,一旦他们购买某种股票,肯定希望股价上涨,而要求证券分析师做出股票上涨的评价。证券分析师又很可能迫于压力而不得已做出看涨的评价。当然,证券分析师可以从机构投资者那里获取大量佣金。

(3)来自证券分析师所在公司的压力。证券分析师所在公司可能本身也要进行投资,而与上市公司或机构投资者存在利益关系,同样会给证券分析师施加压力。

(4)证券分析师自身利益的冲突。证券分析师很可能对自己购买的股票大肆宣扬,从而在看涨时卖出,以获取大量差价。证券分析师本身就处于一个矛盾的环境中,很难保持一个中立的地位①。

一个规范的证券市场是证券分析师执业的前提,而规范我国的证券市场则更是一个浩大的工程,它需要方方面面的工作,涉及各方面制度的完善。此外,要区分证券分析师是无意过错还是有意误导很困难,预防这方面的风险关键还是证券分析师的行为要正。证券分析师的风险时代已经到来,讲求诚信至关重要。作为分析师,首先要诚信,在调查时要苛求事实,不能被虚假表象所迷惑;其次,在分析、撰文时要适当地注意一些技巧,不要轻易地被人利用。如果真正做到以上几点,这种风险还是可以避免的。

---

① 司徒大年:《证券分析师:角色、责任及独立性》,《金融与保险》,2002年第8期。

（四）保荐代表人行为的伦理分析

保荐制度的核心在于形成责任追究机制，而这种机制的核心是诚信法则。如果没有保荐代表人的诚信，责任追究机制将无法落实。保荐代表人①勤勉尽责、诚实守信，可以从源头上提高上市公司质量，进而恢复和增强广大投资者的信心。

1. 保荐代表人面临的利益冲突及道德风险

实施保荐制度②是中国证监会贯彻《国务院关于推进资本市场改革开放和稳定发展的若干意见》（以下简称《意见》）的重要内容，是《意见》中关于"要进一步完善股票发行管理体制，推行证券发行上市保荐制度"精神的具体体现，是我国证券发行制度的一次革命性变革。保荐制度总结了实行核准制以来的经验，对发行上市的责任体系进行了明确界定，建立了责任落实和责任追究机制，为资本市场的持续稳定健康发展提出了一个更加市场化的制度框架。这是中国证监会根据我国"新兴加转轨"的市场特点，从资本市场发展的全局出发推出的旨在进一步保护投资者特别是公众投资者的合法权益、提高上市公司质量的重要举措。这些制度安排将有力推动证券公司及其从业人员牢固树立责任意识和诚信意识，在对发行人进行尽职推荐、持续督导时，真正做到勤勉尽责、诚实守信，发挥市场对发行人质量的约束作用，进而从源头上提高上市公司质量，恢复和增强广大投资者的信心。

保荐人制度的设计、目标及旨意是向市场化方向迈进，保荐制度的核心在于形成责任追究机制，而这种机制的核心是诚信法则。如果

---

① 保荐代表人就是保荐机构中具体执行保荐项目的投行人员，他们需要通过保荐代表人考试并符合中国证券监督管理委员会规定的各项相关条件，经保荐机构推荐，在中国证券业协会注册而获取从业资格。

② 保荐制度是指，由保荐人（券商）负责发行人的上市推荐和辅导，核实公司发行文件中所载资料的真实、准确和完整，协助发行人建立严格的信息披露制度，不仅承担上市后持续督导的责任，还将责任落实到个人。简而言之，就是让券商和责任人对其承销发行的股票负有一定的持续性连带担保责任。

129

没有保荐代表人的诚信,责任追究机制就无法落实。诚信是职业道德的价值观念之一,它是受职业利益决定的。没有诚信,也就没有长远的利益。保荐代表人的职业利益来源于保荐企业家数的多少。目前我国大多数证券公司保荐代表人的收入由三部分组成:基本年薪、签字费和业务提成。很显然,签字的家数越多,职业收益越大。近两年来,由于证券市场交投清淡,股指连续下挫,投资银行业务的利润成了整个证券公司利润的主要来源。基于此,证券公司纷纷大力拓展投行业务,而对保荐代表人在保荐项目中能否勤勉尽责、诚实信用约束不够,相应的惩罚机制也尚未建立,保荐代表人的违规成本极低,加大了保荐代表人为追逐短期巨额执业收益而违反职业道德的可能性。

保荐代表人作为企业发行新股的主协调人,涉及的业务极其复杂,加大了监管当局的难度。而且我国的证券市场中计划经济残留下来的诸多问题尚未解决,一下完全接受引进的市场化的保荐制度准备不足;《公司法》、《证券法》等相关法律对于保荐代表人这一新兴事物尚无明确规定;2003年年底颁布的《证券发行上市保荐制度暂行办法》中对于保荐机构和保荐代表人在同一项目中所共同承担的责任应按何种比例承担、如何承担没有明确规定,对于有关保荐代表人的执业规则也是空白,目前的规则对保荐代表人违规的处罚过轻,保荐代表人承担的仅是除名等行政处罚责任,收益与所接受的惩罚不相匹配;我国的《刑法》和《证券法》中虽然规定了承销(保荐)机构和承销人员(保荐代表人及其他项目人员)在违规作假时应负的行政责任、民事赔偿责任和刑事责任,但在实践中一般很难落实。在权责利不匹配的情况下,职业道德风险便会加大。

目前我国引进保荐制度的时间较短,登记注册的保荐代表人仅有609名(截至2004年10月),是市场的稀缺资源,在各证券公司中分配不均衡,在通道制尚未取消的情况下,保荐代表人的通道作用和证券公司的扩张欲望注定了二者利益上的高度一致,从而大大降低了保荐机构对保荐代表人的监督制衡作用;加之《证券发行上市保荐制度暂行办法》规定,保荐代表人必须在两年内完成一个项目的发行,否则必须重新参加保荐代表人考试及重新履行保荐代表人的登记,为保全资格,保荐代表人在项目选择上可能会因为无奈而降低标准,冒险而为之,从而引发较大的职业道德风险。

另外,中国证券市场的市场化步伐过快,与之相适应的相关制度和市场资源没有跟上市场的步伐,尤其是保荐代表人这一市场行为主体作为稀缺资源,在制度不完善的情况下,进入门槛较低,没有将执业质量作为衡量标准并细化,更没有对执业人员的职业道德标准和诚信记录做相关规定,从而不能排除有违反职业道德甚至违规人员进入了保荐代表人这一行列。从不同的程度上加大了行业职业道德风险。

2. 保荐代表人行为的伦理分析

保荐代表人作为一个独立的经济人,也以追求利益最大化为基本目的。在保荐活动中,保荐代表人之所以勤勉地履行保荐人制度中为其设定的基本义务,其目的在于能够以此获得证券市场监管机关和投资者的认可,并从成功地保荐公司上市的结果中获得巨大的利润,同时也为自己树立了良好的商业信誉,进而为占有更大的证券市场的份额聚集"资本"。因此,尽管保荐人制度在客观上起着防范投资风险的作用,但作为该项制度的基本主体——保荐代表人的主观目的,则是希望从保荐行为中获取更大的经济利益。正是通过对风险和收益的比较,决定了保荐代表人是否进入市场,以及在进入市场后的行为取向。

(1)保荐人资格与公司上市风险

保荐代表人在实施保荐行为的过程中,因被保荐企业上市是否成功存在不确定性,保荐代表人未来的收益也具有不确定性。在现行制度框架下,通道制①未取消时,保荐代表人作为一种稀缺资源可

---

① "通道制"是在证券发行市场由行政审批制向核准制转变的过渡时期采用的一种行业自律办法,其核心是"证券公司自行排队、限报家数"。所谓"自行排队、限报家数"是指每家证券公司一次只能推荐一定数量的企业申请发行股票,由证券公司将拟推荐的企业逐一排队,按序推荐。所推荐企业发行1家即可再报1家(2004年6月24日之前是所推荐企业每核准1家即可再报1家)。证券公司一次推荐的企业数量由中国证券业协会依据其上一年度的承销家数及发行质量具体确定。

以同时保荐几个项目,保荐代表人客观上具有通道的作用,保荐人的"准通道"作用和券商强烈的扩张欲望注定了两者之间的微妙关系。保荐代表人作为目前我国资本市场的稀缺资源,从项目争夺和维系保荐资格的角度讲,保荐代表人同样存在生存压力。保荐代表人所面临的最棘手的问题就是如何保证在两年的时间内完成一个项目,以确保保荐资格。根据中国证监会网站的统计数据,目前我国 A 股市场上包括 IPO、增发、配股在内的融资项目平均为每年 120 个,在未来两年时间内需要 480 名保荐人签字,余下的 120 多名保荐人将会因为没有项目可做而被自然淘汰。考虑到深交所推出中小企业板块的因素,发行节奏可能稍快。但需要指出的是,这种计算方法没有考虑过渡期不限制保荐代表人签字数量的政策安排,也没有考虑因为项目周期短而引起的保荐代表人重复使用因素。另外,2004 年内推出的第二次胜任能力考试又会产生一批新的保荐代表人,总量供给会扩大。所以说,第一批保荐代表人所面临的项目短缺压力还是比较大的。在这种情况下,如果保荐代表人认为项目可能会带来比较大的风险拒绝签字,而保荐机构却不愿放弃在项目上的投入时,保荐代表人面临的压力是巨大的。

(2)保荐代表人面临的法律责任与市场竞争的压力

保荐代表人由于采取违法行为而可能承担的法律责任包括四类:一是由于保荐代表人与被保荐企业或其他中介机构合谋、或者由于保荐代表人本身专业素质较差、或者内部公司职员的失职行为造成的信息披露不真实所需承担的连带民事赔偿责任与行政处罚;二是保荐代表人不履行基于保荐协议产生的义务而承担的民事责任;三是保荐代表人进行内幕交易等市场不当行为所须承担的民事赔偿与行政处罚;四是保荐代表人及其内部职员因上述违法行为情节严重,构成犯罪时所承担的刑事责任。[1] 在这种情况下,保荐代表人理性的选择似乎应该是只从事合法业务或无风险的业务。但事实上,由于保荐市场、证券代理市场或主承销市场业务的有限性,以及为数

---

① 魏巍:《保荐人风险不容忽视》,《金融时报》,2003 年 11 月 27 日,第 9 版。

众多的竞争者,使得保荐代表人在选择业务时并没有太多的余地。因此,成熟的保荐人制度,必须以高效率的市场作为前提和基础,即市场可以通过"价格激励"来引导和优化资源配置。这个条件使得保荐代表人可以不为市场因素和政策因素承担责任。而在市场发育尚不完善的条件下,全面采用保荐人制度,可能会让保荐人承受更多的责任。也就是说,保荐人制度执行以后,从业于投资银行业务的"系统风险"增加了。同时,如果保荐代表人的能力不足以承受法律为他们规定的责任,则一方面一些责任会落空,另一方面也无法起到提升市场公信的作用。

因而,从理论上分析,保荐人制度虽然有利于我国证券市场的健康发展,但在美国、中国香港地区等实行保荐人制度的证券市场上发生的丑闻也表明,保荐人制度并非万能,保荐人制度自身也需要不断完善。为使保荐人制度有效正常地运转,必须使保荐人制度的设计满足两个原则:①必须确保足够多的、具备一定资格的准保荐代表人愿意进入保荐代表人市场,才能保证市场的竞争性和活跃性,避免在市场运作一开始就出现寡占市场或者根本无人愿意进入保荐代表人市场的情况;②必须监督和激励保荐代表人选择合法行为,防止出现保荐代表人市场群体作弊,肆无忌惮地欺骗投资者,使得保荐市场畸形发展。

(五)律师行为的伦理分析

在现代社会中,人们通过以保障人的尊严为本的基本人权、自我决定权等权利,来期待和追求更自由、公正的社会。随着人类社会的不断发展,个人的要求与期待变得多种多样,要求加以保护的价值也就难以得到统一。在错综复杂的众多价值之中,出现了相互之间的对立和冲突。为了对这种现象加以调整,保持正常的社会生活,法律规范变得日趋复杂多样,其具体运用也变得细微、微妙。怎样灵活运用法律手段,来实现社会的自由公正,同时最大范围地确保、发挥个人的自我决定权呢? 为了解决这个问题,接受过特别训练,拥有专门的知识和技能的法律专业人士——律师就变得非常重要和必要。律

133

师的活动,对于实现和维护人们的追求和理想起着不可忽视的作用。正因为如此,在进行律师工作时,律师应当本着诚实、真挚的态度,不懈地做出努力①。

在现实生活中,人类社会成员之间的利益对立与冲突是不可避免的。如何解决这种对立和冲突,始终是一个引人注目的重大社会课题。法的调整机能的复杂化,法的技术的多样化,造成了这样的结果:即不经过高度的训练来学习和掌握法律知识和运作技能,一般无法有效地享受法赋予的权利。因此,在司法活动中,律师作为和法官、检察官共同担负司法使命的人员之一,要把确定保护应当受到保护的利益作为自己的职责。但是,每一个社会、时代中应当保护的利益的内容都是不同的,也不是一成不变的。基本人权要求的范围也随着社会的发展而不断扩大,只有正确地认识到什么是应当保护的利益,并将这种权利要求反映到社会制度中去,才能真正地体现所谓的社会正义。而这些利益同时又随着社会发展而变化,常常有异于既存的、公认的保护对象。因而,律师应该不拘泥于现行法制、追求理想型社会,以把社会上应当保护的利益提高到实际法保护对象的地位作为自己的职责。

律师应当经常地、自觉地意识到执业良心是和个人良心完全不同的。律师的职业是为通过法律制度谋求社会承认其价值观的委托人辩护,为其提供法律知识和技术援助。在接受此信念的基础上,律师负有满足委托人的这种要求的义务。也就是说,最大努力地尽此义务就是律师职业上的良心。在律师进行执业活动时,此良心将优先于个人的良心,这就是作为职业伦理的律师伦理。因此,在选择了律师职业后,即使有悖于自己的个人良心,也应该完成职业伦理的要求实现社会责任②。

但是,律师制度也存在着内在的危险性。律师是一种通过专业

① 陈海秋、姜爱林:《律师的伦理学探讨》,《浙江省政法管理干部学院学报》,1994年第3期。
② 彭勃:《日本律师与律师伦理道德》,《中国律师》,2000年第1期。

知识和技能向人们提供法律咨询的职业。因此在专业知识和技能方面,同一般人比较,必然处于优势地位。这种优势地位,可能会在一部分律师之间产生误解,认为自己对委托人拥有了支配、命令权。这种倾向在缺乏约束时无疑具有很大的危险性。

在金融市场上,公司在改制、辅导、发行和上市的全过程中都需要证券律师,其主要作用是从法律上阐述并披露公司改制、运作及其在股票的发行和上市等方面的合法性,以降低投资者的风险。公司在上市以后,开展增发股份、配股和发行可转换公司债券等业务,仍然需要律师提供法律服务。从职业操守上讲,律师在整个执业过程中应当遵守律师行业公认的业务标准、道德规范并勤勉尽责。律师的工作主要是通过法律意见书、律师工作报告和工作底稿来体现的。其中,法律意见书和律师工作报告是发行人向中国证监会申请公开发行证券的必备文件。工作底稿是指律师在为证券发行人制作法律意见书和律师工作报告过程中形成的工作记录及在工作中获取的所有文件、会议纪要、谈话记录等资料。律师应及时、准确、真实地制作工作底稿,工作底稿的质量是判断律师是否勤勉尽责的重要依据。

目前,我国律师事务所的形式有合作律师事务所和合伙律师事务所等不同类型。有些事务所,律师之间的联系非常松散,在执业中律师基本上是各自为政,他们只是利用事务所这一机构分摊部分必要的成本,难以约束律师的道德风险行为。而且,从已经处罚的案例中可以看出,对律师责任的追究,坚持以"过错"为必要前提,以追究行政责任为主,追究刑事责任的比较少,几乎没有承担民事责任的,这就造成了律师的道德风险成本与收益比较而言微乎其微①。

(六)评估师行为的伦理分析

资产评估是由专门的机构和人员,根据评估的目的,依据国家法律、法规和相关资料,遵循合理的原则,按照一定的程序,采用科学的

---

① 曾欣:《中国证券市场道德风险研究》,西南财经大学出版社 2003 年版,第120 页。

评估标准和方法,对被评估资产的现行价格进行评定和估算。资产评估是一种动态性、市场化的社会经济活动,属于中介性的服务活动。在产权转移、资产流动、企业重组、企业兼并、企业清算、经营方式变更时,它都发挥着重要的作用。

资产评估机构做出的评估报告应该真正从专业的角度,公平合理地界定资产的真实价值。因此,资产评估师应该公正、独立地进行评估,保持评估的公正性和独立性。资信评估对资本市场的发展起着关键作用,作为解决金融市场信息不对称的重要工具,资信评估是其他方法和手段不能替代的。但在现实中,由于存在太多的问题和复杂背景,致使行业风险日益凸显,评估的价值大大偏离了实际价值,直接影响到银行信贷资产的安全并严重妨碍资本市场的健康发展。具体来说,资产评估师的道德风险主要表现在以下几个方面:

第一,评估机构的竞争日趋激烈,各家单位都在千方百计地抢占市场份额。这种情况下,有的委托方会故意弄虚作假,以图达到"高估套贷"的目的。若是评估机构或评估人员为谋求不正当利益,不遵循客观公正原则,任由委托单位摆布,投其所好,无原则地高估资产价值,就会为银行贷款的收回埋下隐患。比如广东一家资产评估事务所做出的对花都某塑料厂办理抵押贷款的机器设备的评估报告中,其评估价比实际价值高出近900万元。该塑料厂随即以此评估报告书为依据,向银行申请抵押担保贷款,最终造成银行在贷款合同期满后无法按时收回830万元贷款的恶果。浙江的一家资产评估事务所为浙江某集团作改制时的评估,短短一年之内竟然出具三个完全不同结论的评估报告,最终使该集团1亿多元的资产在改制中只被评估到2000万元。此类巨额资产流失案,在全国各地已是司空见惯①。

第二,评估师执行评估业务属于专家执业,具有较强的主观判断的色彩,这种主观判断的执业方式为评估师的道德风险开辟了巨大

---

① 吴水龙、高荣升:《注意防范信贷业务中的资产评估风险》,《中国城市金融》,2004年第8期。

的空间。评估执业的主观性主要体现在两个方面:一是评估对象本身具有主观性。评估对象非常复杂,不仅包括有形资产,还包括无形资产;不仅包括财产,还包括权利;不仅要考虑资产的形态,还要考虑产权的归属,有时还要考虑产权是否存在缺陷。对这些问题的判断都带有较强的主观性,有些问题是模棱两可的,评估师及企业在回答时具有很大的回旋余地。企业由于利己性思维的影响,自然会做出对企业有利的处理,而评估师由于偏颇性心理的影响,会不自觉做出倾向于企业的判断。过多从有利于企业的角度对有关问题做出处理和进行评估,对相关利益关系人的利益自然会造成损害;二是评估师的专业判断存在主观性。资产评估是智力性中介服务行业,评估师执行业务除了要遵守国家法律法规和评估准则的规定外,很重要的是靠评估师的主观判断,不同的评估师对同一资产的评估可能是不一样的。从被揭露出来的评估失败案件来看,的确有不少是由于评估师执业水平低下、道德缺失、甚至违规执业造成的,但这并不是问题的全部,也有一些是由于评估师的无意识偏颇性造成的。

第三,评估的聘用模式难以保证评估师做出独立、客观、公正的判断。评估在某种程度上充满了博弈,评估机构和被评估企业之间存在博弈,被评估企业的各利益相关方之间也存在博弈。在评估机构和被评估企业之间,某种程度上,被评估企业居于主动地位,一方面,是否聘用评估机构,被评估企业掌握主动权;另一方面,提供什么样的财务会计资料,被评估企业掌握主动权。但在被评估企业内部,不同利益关系方在决定聘用哪一家评估机构,提供什么样的财务会计资料,存在着博弈。各利益关系方会利用自己的优势地位做出对自己有利的选择。有时,他们会利用自己的优势地位不惜提供有利于自己的偏向性的甚至错误的信息,从而使评估报告对自己有利,而损害其他人的利益。一般来说,在利益发生冲突的时候,可能会发生下列情况:本企业投资者忽视甚至损害其他投资者的利益;现有投资者忽视甚至损害潜在投资者的利益;大股东忽视甚至损害中小投资者的利益;经营者忽视甚至损害所有者的利益。评估师由于受被评估企业提供的偏向性资料的影响,评估报告的公正性也会受到影响。

如果被评估企业提供的信息偏向性过大甚至是虚假的,评估报告不实甚至虚假的可能性就会增大①。

第四,现行的委托收费制度容易使评估机构与客户产生利益关联。即使双方不串通作弊,这种利益关联也会影响评估师的判断。按照现行体制,评估机构的聘用和解聘大多由委托单位决定,评估费用也大多由委托单位支付,在这种情况下,无论是评估机构,还是评估师个人,都有取悦客户的强烈动机,在发表评估意见时,"照顾"被评估单位似乎是顺理成章的事。

四、政府规制行为的伦理分析

政府规制作为市场经济条件下调节经济活动的一种方式,是伴随着市场条件的变化、市场结构的动态变迁和管制绩效的变化而相应调整的。市场失灵在理论上界定了市场的行为边界,这种行为边界的动态演变决定了政府规制是一个动态调整的过程。形成一个公开、公平、公正的市场环境及保证市场的平稳发展,就成为社会公众对于政府规制的伦理诉求。

(一)政府对金融市场监管的伦理动因

政府对金融体系实施监管的必要性,长期以来一直存在着争论。但对于金融市场的监管和风险防范的最终目的是形成一个公开、公平、公正的市场环境,保护金融市场中各参与主体的正当利益,这一点没有任何疑问。形成一个公开、公平、公正的市场环境及保证金融市场的平稳发展是社会公众对于金融监管的伦理诉求。

1. 金融监管的必要性及其争论

众所周知,金融市场是人类社会经济活动经历了生产商品化、商品货币化、货币信用化的历史进程,并进而发展到信用证券化的产

---

① 杨松堂:《资产评估行业的风险与防范》,《中国资产评估》,2004 年第 1 期。

物。社会经济运行和发展过程自身的内在需求构成了金融市场功能的基本决定因素。并且,竞争性市场上的优胜劣汰机制和降低市场摩擦成本的动力,会进一步推动金融市场的组织创新、规则创新和功能创新。从历史和实证经济的角度来看,金融市场功能的发展和社会经济发展之间应保持着动态平衡关系。但是,金融市场和其他市场一样,也存在着市场失灵的问题,这就需要监管。可以说,金融市场的出现和金融市场监管实践的开始是同时的。但是,金融市场的监管绝非是某种单向的监管活动,金融市场监管的概念既涉及微观领域又涉及宏观领域;既涉及企业又涉及个人,甚至涉及所谓的"自我管理机构";既涉及金融部门又涉及非金融的实体部门;既涉及间接规制和直接规制,又涉及经济规制和社会规制。这使得金融监管范畴表现出显著的广泛性和特殊性。

因而,关于政府对金融体系实施监管的必要性,长期以来一直存在着争论,参加争论的经济学家大致可以分为支持政府监管与反对政府监管两个阵营。反对政府干预金融市场的一方信奉自由放任,认为金融部门与其他经济部门没有什么大的差异,应该充分发挥市场竞争机制的作用,让优胜劣汰的市场法则起主导作用。这种自由主义金融学说在当代的继承者主要有三派:其中"现代自由银行学派"奉行历史研究方法。他们认为各国历史上实行自由银行制度的时期,都是该国金融经济运行的黄金时期。自由竞争的金融体系既保证了金融经济的效率与活力,又被事实证明是安全可靠的。而"新货币经济学派"与"法律限制学派"的主要结论是,如果取消政府管制,则传统意义上的"货币"将不复存在,记账单位可以用组合的"计价商品"代替,而实际流通手段可以是任何金融机构的负债,甚至可以直接进行物物交换。这样,实际经济运行将更贴近瓦尔拉斯的一般均衡理论,完全取消了货币对实际经济的扰动。

赞同政府干预金融的一方认为,金融部门是国家经济命脉之所系,如果任由投机势力兴风作浪,金融体系就有崩溃的危险,并进而危害整个国民经济运行状况,因此政府应对金融进行严密监视。其赞同政府干预的理由主要有以下几点:①金融部门具有自然垄断特征。经济学的常识告诉我们，凡是固定成本高而产品边际成本低的行业都易于成为自然垄断的对象，而金融业正是这样一个比较容易出现自然垄断的行业。那么，按照其他自然垄断行业的惯例，政府对金融业实施管制就顺理成章了。②即使没有政府，纯粹在市场力量的作用下，同样会产生监管行为，金融监管是金融等级结构自然演进的必然结果。如古德哈特认为，金融结构最重要的特征之一是在不同机构和资产之间形成的等级结构，在市场发展过程中，小的机构自然会依附于大机构，而等级结构形成后，大机构自然会对小机构进行监管。而一国的中央银行的信用等级最高，因此也必然成为等级结构中最高的一级，由它来监管其他金融机构是自然的；③金融监管是对付信息不完全、不对称的必然选择。作为中介的金融机构充当贷款人的"受托的监视人"，那么，又由谁来监视金融中介机构的行为呢？对于众多的中小投资者而言，面临着集体行动的困境。为了解决这一问题，一个可行的办法就是由没有私利的政府部门来提供金融安全这种公共产品，保证金融市场的健康发展；④单个金融机构的危机具有传染性。金融机构与其他企业的一个显著区别在于它的资产多数不流动而负债则相对具有高流动性。因此，一旦金融恐慌引发挤提，很容易出现连锁的"技术性破产"①，严重时将导致整个金融市场失灵。

2. 金融监管的伦理动因

建构发展还是自然演进，始终是一个制度设计者需要反复自问的问题。建构理性主义者强调人类理性的绝对性，他们认为人的理性具有至高无上的地位。因而，人们凭借自己的理性，可以通过契约的形式来建构社会制度、经济秩序和社会的资源配置方式，即经济体制。而以哈耶克为代表的演进理性主义者却认为国家的建立是偶然的，它的确是人类活动的结果。社会秩序正是从无数的经济当事人追逐各自的利益所形成的自发的秩序出发，经由"看不见的手"的整

---

① 一般企业破产主要表现为资不抵债，而金融机构则可能在资产大于负债的情况下仅仅因为流动性出现危机而破产，故称"技术性破产"。

合而形成的。但是鉴于金融市场的重要性和其中蕴含的重大风险，其运行必须由政府加以干预,政府通过各种政策来影响金融市场的运行,也是间接调控的一种手段。

对于金融市场的监管和风险防范,其最终目的是形成一个公开、公平、公正的市场环境,保护金融市场中各参与主体的正当利益。我们知道,金融市场的参与者包括筹资主体、投资主体和中介机构等,这些主体之所以参与金融市场的活动,其共同目的就是为了获取经济利益,而创造和保护市场参与各方的利益,从来就是任何一个市场的出发点和最终的归宿。如果金融市场因缺乏监管而变得混乱无序、投机过度,价格信号严重扭曲,则广大的投资者的利益就得不到保障;如果证券市场中对证券发行、交易和投资行为缺乏必要的监管,则不仅投资者的利益得不到保障,而且筹资者和券商的利益也会受到严重的损害。例如,如果不加强对信息披露制度的监管,则投资者的利益就得不到保障;如果不加强对收购控股的监管,则发行公司的利益就得不到保障;如果不加强对佣金制度和保证金制度的监管,则券商的利益就得不到保障。所以,加强对证券市场的监管,归根结底是保护市场参与各方正当权益的需要。而形成一个公开、公平、公正的市场环境及保证金融市场的平稳发展就成为社会公众对于金融监管的伦理诉求。

（二）政府规制的伦理原则

从我国经济发展的现状来看,社会主义市场经济仍然处在初级阶段,仍会面对市场经济所带来的种种矛盾。在这些矛盾当中,如何处理政府与市场的关系问题一直困扰着我们。其实,政府与市场的关系说到底就是政府在市场中的作用和功能问题。在现代市场经济社会,政府的"无为而治"显然是不可能的,市场自身要求政府影响和调节经济运行过程。但是,政府对市场的干预必须是有限度和有条件的,政府不能对市场任意进行干预,正如市场会失灵一样,政府行为也会失灵。政府行为失灵的原因是多方面的,既有行政体制不完善的因素,也有政府组成人员失职和渎职的因素。其中,更加深层次的原因是,政府的行为是否具有伦理合理性,即政府在对市场进行干预时,是否遵循了基本的伦理原则。从伦理角度来看,政府干预市场需要遵循的伦理原则主要是尊重自由和保障权利以及公正这两项原则。

1. 尊重自由和保障权利原则

我们在讨论政府干预市场的伦理原则时,必须坚持这样的一个研究立场,即政府干预市场的伦理原则应该与支持市场发展的内在伦理要求相一致。而市场一个最重要的伦理或道德诉求就是对自由和权利的尊重与保障,没有行为的自由和对个体权利的保障,市场的发展就会遭到严重的阻碍,市场的作用就得不到发挥。因此,尊重自由和保障权利应该成为政府干预市场的一条基本原则。

(1)尊重自由原则

从经济学上看,在自由市场经济中,自由有两方面的意思,一是个人行为上的自由,个人有权进行与他人的自由交换,自由地获得、占有、使用和处置自己的财产;二是自由意味着这些活动不受政府的干预。自由通过限制国家权力的作用范围,巩固自身的作用得以充分发挥。

从这个角度来看,市场作为交换的共同体,每个市场经营者至少会想到两条规则,这两条规则会得到所有市场参与者的普遍赞同:第一,相互交换规则,即有支出必须有收入;第二,自愿交换规则,即任何交换、任何权利的相互转移都不能是交换各方出于非自愿,不能出于被迫。这两条规则不能防止市场经营者破产,但却承认了权利属于人,承认了人在一个社会和平条件下会被聚集在一起。这两条规则是任何市场不言而喻的必要条件,没有它们就根本不可能有市场。自由市场承认别人有自由地与他们共同享有的、相互理解的、彼此尊重的共同体发生联系的能力。这两条规则是不成文的法规,即我们所说的契约关系,是属于经济共同体的。

沿着这一思路,我们很自然地会发现市场仅仅是促进专业化和交换的一个廉价组织。它通过价格手段最有价值地利用资源,缓解商品稀缺,这能为消费者和生产者提供信息和刺激,使他们能对个别情况的变化做出反应。市场缓解商品稀缺的有效性是与财产权的完全分配、私人占有和以比较低廉的交易费用、自行交换的程度密切相关的。因此,市场既赞同具有个人自由的政治环境,又从这一环境中得到好处。

从伦理学上看,自由是最基本的价值之一,是人们生活中的一种追求。伦理学强调,任何自由都是选择的自由,自由本身是不能强迫的,它是个人行为意志的表现。自由的精髓正是允许人们进行选择,并承担相应的后果。

伦理学确信,自由是实现美好生活的重要条件,虽然并不是每个自由人总能做出好的选择,但不是自由做出的选择肯定不是一个好选择。从政府与市场的关系来看,政府对自由的尊重就是允许各经济主体在法律许可的范围内自由地做出自己的选择。所以,好的政府一定是干预公民自由选择的权力受到严格限制的政府,即有限的政府。由此可以得出这样的结论,政府即使是出于善良的动机,为着社会的伦理目标而做出干预和调节市场的举措,也不应该越出保护个人自由和经济运行自由的范围。也就是说,政府干预市场的行为首先不能妨碍个人的自由选择,而当个人的生存和发展自由受到损害时,政府要提供帮助;其次,不能妨碍市场自身发展的自由,即不能用政府的意志强行干预市场经济合规律的运行过程。实际上,保护个人的自由和经济运行的自由,从经济与伦理的关系看,就是社会的伦理目标。因此,在自由问题上,政府行为的限度与社会的伦理目标是一致的。

对于整个社会而言,自由是相对的,自由是交易的结果,自由是博弈后的妥协式的公共选择,而不会是先验的理性。因此,市场社会作为一个允满个性与多样性的社会,在这样的社会中,政府行为是否合法,是否符合伦理的要求,是否尊重自由,对个人和社会的发展来说都是非常重要的。

(2)保障权利原则

权利与自由是密切相关的概念,自由是权利实现的保证,没有自由也就没有权利。权利有多方面的内容,如政治权利、经济权利和法律权利等。个人权利既需要国家权力的保护,又害怕国家权力的侵害。在现实社会中,不受保护的权利是无法实现的。在保护个人权利方面,国家权力具有巨大的规模效益,因而是其他权利保护措施无法相比的。从个人与国家的关系来看,国家权力的出现及其存在的合理性,正是为了保护个人权利之需要。但是,国家权力的作用具有二重性,它既可以是个人权利的保护神,又可能成为个人权利最大最危险的侵害者。因为在其他个人或组织的侵害面前,个人不仅可以自卫,而且可以寻求国家权力的保护,甚至可以诉诸法律以寻求正义,而在国家权力的侵害面前,个人是无能为力的。

政府提供的对权利的保障,本身具有"公共物品"的性质。其原因就在于它也像国防、路灯之类的东西一样,具有"消费的非排他性",因为它一经确立,原则上要对社会上每一个人一视同仁。一项法律、一项政府规章制度,对一种权利的保障或对一种行为的禁止是适用于全社会的,一经公布实行,原则上对每个拥有或潜在地拥有这一权利的人都得到了保护。

然而,市场与政府之间并不总是和谐统一的。经济学可以证明,当两人之间的交易没有直接的外部性时,市场是有效的,但出现外部性的时候,政府依据法律的主动行为可以解决外部性问题。外部性问题包括产权的保护、秩序的维持、纠纷的调解,也包括信息问题、环境问题、贫困问题和经济发展周期问题等等。然而,在迄今为止的人类历史中,达到没有外部性影响的市场理想状态似乎还没有发现。人类社会并不能保证市场与政府之间总处于一种相互支持、相互补充的均衡状态,常常会出现政府超越维护市场经济秩序和保障公共利益的界限干预市场、剥夺个人经济自由的情形。

因此,我们在进行研究时,必须注意到经济学所研究的问题是社会现实,我们不能忽视的一个重要情况是社会现实既包含人也包含物。市场中的交换并不仅仅由事实上的物物转移构成,对于交换来说不可或缺的转移并不是物物转移而是权利的转移。而交换一旦发生,所有权的转移和双方对各自所持权利的转移就存在于共同承认之中。这种对权利的共同承认,是把交易双方在衡量对方物品对自己的边际优势的决策时刻联结在一起的看不见的契约。这一点是不可或缺的,是我们所说的作为一个人的含义:即包括拥有权利的主体的人、拥有权利的人以及认可该权利的另一个人。也就是说,权利只有在道德共同体的要求得到认可时才会出现。

有尊严的就是权利的主体,有价格的就是权利的客体。从这个意义上说,对人的权利的尊重是任何共同体的绝对条件,只要你保持对别人的关心,你就可以随心所欲地做,没有别的约束能合法地强加在你的行为之上。自由市场的中心问题是如何协调自由与博爱、自由与人们相互之间的关系。因此,当我们坚持用"使价格公道"的概念来更广泛地考虑赖以做出有用的选择的条件,包括人类如何彼此相处的条件等问题时,总是存在着人类的尊严和人类尊严从人类制度的结构中得到表示的方法的问题。用以交换的市场首先要满足以下条件:人们相互尊重对方的尊严和允许人们在有用的对象中做出选择。只有通过这样的途径,人类才可能努力在自我管理的共同体中缓解稀缺性,为建立相互间的尊重关系做出贡献。

尊重自由和保障权利原则对于政府行为具有同等重要的意义。我们之所以把它们放在一起讨论,是由于自由与权利是两个不能分开的伦理理念,只有尊重自由,才能保证市场经济主体不受干涉地选择行为,这本身就是保障权利的体现。同时,只有保障权利,才能使个人自由得到最充分的发挥。必须明确的是,个人自由不是无限制的自由,它是法治下的自由,这样的自由不能危害社会,妨碍他人。个人权利同样也是法律赋予的权利,在享受权利的同时,还要承担相应的义务。

2. 公正原则

在西方伦理思想中,公正概念自出现起,就含有社会正义秩序和个人正直美德这双重意义。社会正义秩序表达的是一系列的社会伦理规则,而个人正直美德则是人的一种德行。在古希腊人的眼中,公正概念就是指适当的法度、均衡和正直,是与粗鄙的情欲、欺骗及统治者的野心相对立的①。随着人类社会生活的发展,尤其是现代人类社会的组织化和制度化程序日益加深,公正所内含的社会价值和伦理规范性日益显著。著名的政治哲学家、美国哈佛大学教授罗尔斯在《正义论》中把公正当作"各种社会制度的第一美德"。

从公正观念的历史发展轨迹以及现代思想家对公正的理解来看,公正包含有两层意思:一是指社会基本制度安排和秩序的公平合理,以及由此而形成的对社会成员的普遍公正要求和行为规范;二是指个人的正直美德,它表现为公民的社会正义感和公道心。

公正概念在经济学中的运用,主要指社会分配领域的公平合理性,也就是经济利益的公平分配问题。从一般意义上讲,公正是指权利与义务的适当分配,具体到经济学领域,权利实际上已被限定为实际的经济利益,甚至是收入分配份额,而义务则已被具体化为一种与获取经济利益相适应的经济责任的承诺。但是,仅仅对公正作这样的理解是不全面的。我们不能把公正狭隘地局限于经济利益、甚至是经济收入的分配范围,更不能把公正理解为经济收入或财富的平均分配。这种理解既不符合现代市场经济生活的实际,而且也是极为有害的。因为平均分配不仅难以为市场经济自身的内在要求所接受,而且在根本上会扼杀社会的经济增长,使充满竞争活力的市场经济失去其应有的活力。因此,即使是在经济学的范畴内,对公正的理解也不能仅仅限定在经济利益的分配上面,尽管这是公正所蕴含的重要内容之一。有经济学家认为,公正的真正含义应该是机会均等,而非平均分配。只有通过健全的市场机制和社会安排,给每一个人提供平等的参与机会,使他们获得参与市场竞争的公平起点,才算是真正的公正。在此意义上说,所谓公正,与其说是利益或收入的公平分配,不如说是机会的公平分配更恰当一些。

那么,究竟应当怎样界定公正呢?我们可以从亚里士多德对公正的理解中得到启示。亚里士多德认为,公正有普遍公正和特殊公正之分。普遍的公正即为政治上的公正,它是针对每个社会成员与

---

① 赫尔穆特·科殷:《法哲学》,林荣远译,华夏出版社2002年版,第242页。

整个社会的关系而言的,它要求全体社会成员的行为符合法律的要求;特殊的公正又有分配的公正和纠正的公正之分。亚里士多德又将分配的公正称作"几何的公正",这种公正承认人与人之间在天赋上的差别,能者多得,无能者少得甚至不得,这样的分配是符合公正的。而纠正的公正内含有禁止损害和获得补偿的原则,它体现了人类社会对平等的伦理关系的追求。

由此我们可以对公正原则做出如下的理解:公正并不是平均分配,它承认人与人之间的差别;公正同时又要对社会的不平等做出修正,即公正原则允许补偿的介入,这种补偿实际上是为了促使社会的平等。

经济伦理意义上的公正,既具有社会制度安排和秩序的普遍规范的意义,也具有个人美德的特殊内在要求。因此,社会经济生活领域的利益与责任分配不仅要符合市场分配的原始正义原则,而且也要服从社会正义制度的安排和调节,还需要得到市场经济主体中那些具有基本公正美德的个体的支持。由于市场的公正只能体现为一种原始公正,即各个经济主体依据其生产要素的投入,获得相应的收益,这是市场中的应得利益。然而,正如我们所讨论的那样,公正不仅仅是市场的原始公正,它的一个更重要的特征是社会制度安排和秩序,因而,市场的原始公正并不能反映公正的全部内涵。我们用公正原则来讨论政府与市场的关系,正是考虑到市场原始公正所带来的非道义性后果,而政府可以通过社会制度的安排来积极地推进公正的发展。

(三)政府行为的悖论

"政府"概念有广义和狭义之分。广义的"政府",是指包括立法、司法、行政机关在内的一切国家机构;狭义的"政府",仅指国家的行政组织,即依照国家的法律设立并享有行政权力、担负行政管理职能的那部分国家机构,包括中央和地方行政机关及其组成部门。这里使用的是狭义的政府概念,即管理金融市场的政府部门。

1. 政府目标的多元性

政府作为行政组织,它的经济调控主体地位是随着现代市场经济的形成而产生和确立的。在自由市场经济时代,政府主要是规范和维护经济秩序,充当"守夜人"角色,一般不干预宏观经济和微观经济活动。从 20 世纪 30 年代末开始,以政府干预为主要特征的凯恩斯主义首先被美国接受和采用,标志着现代市场经济的诞生。第二次世界大战以来,虽然反对政府干预的"经济自由主义"理论取得了巨大进展,但在实践中,绝大多数市场经济国家都没有放弃政府干预,由计划经济向市场经济转轨的国家(包括中国)要搞的也是包含政府干预的现代市场经济。政府干预是政府作为经济调控主体的首要内涵。不仅如此,政府作为经济调控主体,在以法律手段、经济手段和必要的行政手段干预经济的同时,还承担了公共物品供给、兴办特殊领域(如军事工业)的一些国有企业、组织大规模联合科研开发等原来由私人企业、社会承担的职能,从而使政府作为经济调控主体的内涵进一步丰富。

我国经济体制改革的基本目标是实现经济发展的市场化,市场化改革就是要使经济主体能够最终获得"选择"的自由。但南开大学经济研究所教授陈宗胜等人的研究认为,20 年的改革开放,我国经济总体市场化程度达到 60% 左右,但是各个领域的市场化推进程度是不均衡的;与商品市场迥然不同的是,我国要素领域的市场化程度还较低,尤其是金融市场化程度只达到 10%。但是北京天则经济研究所理事长张曙光等人认为,虽然我国金融资产的绝大部分(66%)进入国有银行(包括四大国有商业银行和政策性银行)而被国家掌握,四大国有商业银行的市场占有率很高,中国金融领域确实存在一个"强政府",但是,金融市场化程度却只有 10% 似乎不合实际①。

现实中,政府作为全民所有者的代表,具有多重目标,在经济上

---

① 张曙光、赵农:《市场化及其测度——兼评〈中国经济体制市场化进程研究〉》,《经济研究》,2000 年 10 期。

要保持可持续性的高速增长,在政治上要保持社会稳定。政府在行使所有者权利时,不可能专注于国有资产的保值、增值而不受其他经济目标的干扰和支配。政府常常将其作为管理者追求的目标纳入到金融机构的经营目标中。一方面,政府作为全民财产所有者的代表,是众多上市公司、金融机构的第一大股东,要参与金融机构经营利润的分配,金融市场的波动直接影响到政府的经济利益,甚至政治利益;另一方面,作为全民社会利益的代表,又要加强对金融市场的监管,保持稳定的社会环境或实现其他政治、经济目标。

政府在多元化目标的驱使下,必然在其控制经营的金融机构中形成政企不分:第一、政府作为全民所有权的代表,既要求金融机构上缴利税,实现其所有权的职能;第二、政府要求金融机构承担企业改革成本和公共性的财政支出,直接干预、指挥银行的日常业务,实质上垄断了金融机构的经营权;第三、缺乏真实主体的所有权关系。政府作为金融机构资本所有权的代表,金融机构本身作为法律上独立的企业法人,经营管理层的经理人员作为银行经营的代理人,三者其实只有形式上的区别,没有符合市场化要求的各自独立的经济职能。

2. 多元化的目标导致政府行为的伦理缺失

政府的这种多重决策目标有一致的一面,但有时也会产生冲突和矛盾。在遇到两难选择的时候,政府的政策就会发生摇摆,就会加大金融市场的震荡。国有股减持就是一个很好的例子。在维护国有股东的利益上和在维护证券市场的稳定上,政府选择了前者,结果导致广大中小投资者利益的牺牲。西南财经大学王擎[1]通过分析政府与机构投资者的博弈行为,进一步证明了在政府决策目标多元化的情况下,违规——惩罚、违规——不惩罚都有可能成为纳什均衡,政府监管的态度有很大的不确定性。政策的不确定性加大了机构投资者的机会主义倾向,在违规坐庄和不违规交易的决策上他们往往选择铤而走险,这是导致机构投资者在市场上呈现短期性行为的重要

---

[1] 王擎:《再析封闭式基金折价之谜》,《金融研究》,2004 年第 5 期。

原因。

政府对证券市场的定位也是说明政府在市场上面临伦理困境的又一例证。政府作为全民财产所有者的代表,直接担负着国有企业改革的重任。因此,在我国证券市场成立的最初,政府就将其定位于为国有企业的改革和脱困服务,在发展过程中侧重于证券市场的融资功能,忽视证券市场的投资功能,政府既当裁判员又当运动员的定位,使政府在监管超额过程中难以做到完全公正。其结果,必将危害证券市场的长远发展。

在信贷市场上,政府面临着同样的伦理困境。由于国有企业和国有银行共同的公有属性,政府难以从中做出取舍。结果是,政府一方面强调国有银行要加强信贷风险控制,要以市场机制做出贷款决策;另一方面,在遇到国有企业的确无法还贷,甚至可能影响员工工资发放和社会安定时,政府会默许国有企业拖欠还贷,甚至还会出面游说银行做出追加贷款的决定。这是为什么我国国有银行的不良资产比率难以下降,而国有企业改革也进展不大的原因。

还有,由于政企不分仍然存在,某些政府机构和其所掌握的行政权力就会尽力维护本行业、本部门的利益,这也使得政府的监管行为难以做到公正。因此,我们经常看到政府职能部门"越位"、"缺位"和"错位"问题。简单地说,就是在政府介入了政府不该介入的地方;由一个机构该管的地方,其他机构出于自身利益的追求,也参与来管;而在政府应该管的地方政府却存在缺位。

到目前为止,我国金融市场的发展过程基本上就是政府推动的强制性变迁过程。应该注意的是,政府不能作为市场的完全替代。以政府推动为特征的超常规创新,应与市场自身引致的诱致性创新保持动态的一致。因此,政府在推动超常规创新的同时,还应积极促进市场环境的改善,创造出有利于诱致性变迁的市场环境和条件。通过政府主导的强制性制度变迁和市场自发的诱致性制度变迁的共同作用,推动金融市场实现有序高效的超常规创新,实现跨越式发展。

另外,要继续坚持市场化改革的取向。政府应该大幅度削减直接干预经济的职能,把市场能够解决的问题交给市场去解决,如放松行政性管制,减少行政性审批,打破行政性垄断等;政府只需要在市场机制难以发挥作用的领域加强监管,增加和强化新的职能,如加强对经济运行的监控、完善社会保障体系、提供信息服务等。

(四)政府权力来源和伦理约束

就权力的本质而言,它是一个人或组织对另一个人或组织的支配关系,一方权力的增加或强化,一般是另一方权利让渡的结果。从根本意义上说,政府权力在本质上属于公共权力,是公众通过选举而认同和赋予的,这意味着人们要让渡一部分权利,转化为政府的权力。而这种让渡转化关系之所以能够产生和变得必要,是因为通过政府,可以比通过个人或其他社会组织更有效的保障和增进公共利益。这是政府权力的本质、出发点和归宿。

政府要有效地行使权力,保障和增进公共利益,需要有一定的权力空间。否则,政府就无法履行其职能,也就否定了政府存在的意义。但政府权力又不能无限膨胀,无限膨胀的政府权力,不仅意味着公众权利的丧失,也否定了社会上大多数人作为"人"存在的价值。而且政府一旦过多、过深地参与微观经济活动,也会把自身等同于一般经济组织,使政府不再成其为政府。事实已经证明,我们在社会主义传统计划经济中无所不包的政府权力,会严重阻碍经济社会的发展。在现代市场经济条件下,从经济角度说,政府权力的空间,就是做微观经济主体做不了、做不好、不愿做的事。

政府的经济调控主体地位产生和确立后,它作为行政组织的地位并没有改变。这样,政府就具有了经济调控主体和行政组织双重品格。由于这一点,使政府的行为呈现出非对称性特点:作为行政组织,它要管理社会,提供公共服务,为公众谋利益,但这种为公众谋利益的行为又与政府及其官员的经济利益不直接相关,良好的公共服务并不意味着官员会获得更高的经济收入。虽然对于某些官员来说,追求良好的政绩和为公众提供更好的服务也是他们个人的追求目标(如焦裕禄、孔繁森等),但对于大多数官员来说,货币收入的多少对他们则更加重要。从经济调控主体的角度讲,就是政府的经济调控行为虽然具有经济性目的(如提高经济增长率、优化产业结构等),但这种行为和目的是为了实现公共的利益,并不是为了实现政府自身的利益,更不是为了实现官员自身的利益。

在现代社会中,政府所提供的公共服务对社会需要的满足程度和对公共利益的实现程度,主要是通过公民投票决定对政府的信任程度和本届政府的去留表现出来。也就是说,公民通过投票行为可以约束政府的伦理行为。但当公民对权力的约束力度不够,或在政府制定某些具体的规章制度和政策时,政府则具有主导作用。这时候,少数官员的个人意志就可能凌驾于政府之上,导致政府政策的不合理或政府行为的不公正。所以,我们也经常会看到某些官员的贪污腐败案件,会接触到不合理的政策和文件,以及一些不合理的收费等等,都有上述的原因。

因此,政府作为公共利益的代表和实施者,其伦理状况取决于两个方面:一方面,从政府内部来看,政府是由人(各级政府官员)组成的,政府官员的伦理状况对政府伦理有直接的影响。另一方面,从政府外部来看,由于政府处在社会中,以及政府因公众赋予权力而代表和实施公共利益,社会伦理状况也必然要对它产生影响和制约。因此,对政府权力的约束主要来自于两方面:一是政府官员的道德自律;二是公众对政府的道德期望和道德要求。由此衍生的政府道德规范包括廉洁奉公、不侵害公共利益;勤奋努力,增进公共利益;公平、公开行政,维持、维护正常的公共社会秩序等。然而毕竟官员作为一个理性的人,也具有自身的利益追求,因此,能否摆脱政府官员自身利益对公共利益的侵蚀,正确区分政府官员的个人利益与社会公共利益,就成为政府权力能否符合社会伦理要求的核心所在。政府无论作为行政组织,还是作为经济调控主体,都是如此。

第四章　中国金融市场伦理缺失根源与伦理重构基础

当前我国金融市场表现出的伦理缺失是一个不容忽视的问题,它的出现既有历史的原因,更有其深层次的现实原因。探析金融市场伦理缺失的根源,对于我们重新构建我国金融市场伦理有重要的意义。"经济人"与"道德人"的和谐统一是我们构建金融市场伦理的出发点,也是各行为主体有效的行为模式。金融市场伦理的重构需要理论的指导和支持,同时理论的探索与总结也需要在金融市场上找到其现实的基础。

一、中国金融市场伦理缺失的根源分析

当前金融市场表现出的伦理缺失有着复杂的历史原因和制度原因。中国的经济转轨是从计划经济体制解体开始的,原有的计划经济是中国市场经济一切制度生长的初始条件。中国金融的发展正是以此为背景,这是我们分析中国金融发展的一个逻辑起点。从历史角度看,传统诚信观与现代信用观的落差是阻碍现代伦理价值观形成的客观原因;转轨时期金融市场实践超前与金融市场制度建设相对滞后是导致伦理缺失的重要因素;而产权改革的滞后是现代信用缺失的深层次现实原因。

(一)金融市场伦理缺失的历史原因

现实是历史造就的。对历史的认识就是对现实状况的说明,这种认识必然要影响到人们的现实活动,并通过现实进而影响未来。从各国经济、金融的实际发展情况来看,每个国家都有自己的历史传统和发展过程,有各自的特点,有各自的长处和短处。中国也一样有自己的历史、国情和特殊条件,因而也就有自己的改革道路。因此,探究我国金融市场伦理缺失的根源,就不能脱离对我国历史原因的分析,这不仅是要确定金融市场产生的具体年代和组织形式的变化,更重要的是要认定其产生的历史条件、经济内因和文化特质,及其对金融发展格局和轨迹的影响机制。如果只留意于一般经济意义的层次,不将其置于我国经济文化的历史发展格局中进行综合分析,是没有出路的。

1. 传统诚信文化和现代信用制度

在几千年的历史长河中,中华民族的璀璨文明孕育了丰富的诚信文化。中国儒家学派非常重视诚信文化。2400多年以前的《论语·颜渊》中就写到"民无信不立",意思就是说如果百姓对政府当局失去信心,那么国家就会失去生存的根本;《论语·尧曰》中说"信则民任焉",

意思是说讲信用就会得到百姓的信任;《论语》中关于信用的论述还很多,比如"人而无信,不知其可也","言必信,行必果"等等。

倡导诚信,是古代社会伦理和经济伦理的优良传统。不过,古代的"商业诚信"大多是指行为者的个人品德,属道德人格范畴,是社会的"诚信"道德规范的个性体现,因而也可称之为"商人诚信"。同时,古代的商业诚信仅通行于"民间",即一种由亲缘、乡缘联系起来的狭小、封闭的"熟人社会"。交易双方实际上是一种"人格化交换",诚信体现为"人格担保"。因此,古代的"商业诚信"与现代的"市场信用"不是同一个概念。马克思说:"信用作为本质的、发达的生产关系,也只有在以资本或以雇佣劳动为基础的流通中才会**历史地**出现。"①这里说的就是"市场信用",它超越了熟人关系,是陌生人之间的市场交易、商业契约,即"非人格化交换"的伦理关系。这种信用是契约双方要求信用的权利与履行信用的义务的双向统一关系,也就是兑现承诺、履行契约的可靠性。其中一方面包含了市场主体的诚信道德,另一方面由于市场主体具有经济人的品格,市场信用必然要求表现为制度约束,即信用制度。

现代信用文化与中国传统诚信文化的最主要区别在于它的社会性、制度性、专业性和商业性。信用不再仅限于相识相知的两人之间的个人评价,而扩展为事先没有任何直接或间接关系的人们之间的社会评价;不再仅仅依靠道德规范,而更多地依靠法律规范和制度规范;不再是仅仅来源于交易双方对另一方的直接了解,而扩展为来自专业化的第三方对交易对手的间接了解、分析和判断;不仅只为交易双方所利用,而成为一种商品,具有其他商品共有的属性。现代信用文化的这些特点,极大地拓展了它的应用,使之不仅发展成一个巨大的产业,也深刻影响着社会经济生活。

可见,作为一种商业道德,信用与诚信相通用。而作为一种制度、体系,信用就不等同于诚信。显然,通行于"熟人社会"的传统商业诚信,可以是建立现代"市场信用"的文化资源,但却不可能直接

---

① 《马克思恩格斯全集》第46卷(下),人民出版社1980年版,第29页。

转化为市场信用。

在建国后的社会主义计划经济体系下，由于我们否认资本的作用，否认市场经济，因而，我们依托的还是传统的诚信文化，现代的市场信用制度并未真正确立起来。随着改革开放和社会经济的发展，中国传统的信用文化受到了前所未有的挑战。这主要表现在以下两个方面：一是中国传统诚信文化的基础是人与人之间通过互相接触而产生的信任，人与人之间的直接了解和道德规范构成传统诚信文化的基础。然而，这种信用文化只适用于范围较狭小的社会经济活动，当人们的活动范围从一个小社区扩大到了整个国家、甚至是整个世界，传统的诚信文化就不能满足需要。二是改革开放以前，我国实行传统的计划经济体制，企业的生产、交易，银行的信贷统统按国家计划进行，单一的产权制度模糊了不同交易主体之间的利益关系，不仅弱化了中国传统的诚信文化，更影响了中国传统诚信文化向现代信用文化的发展。随着改革开放的逐步推进，中国迫切需要建立符合社会主义市场经济发展需要的现代信用文化。

2. 传统诚信文化的制度依赖

传统经济伦理的现代变革将是一个相当艰难的过程。其中一个重要的原因，就是美国制度经济学家道格拉斯·诺斯所提出的制度变迁的路径依赖①，即一种制度形成之后，会形成某种在这种制度下获得既有利益的压力集团。他们力求巩固这种制度，阻碍进一步变革，哪怕新的制度较之更有效率。这种情况，不仅体现在正式制度变迁中，而且存在于非正式制度（如风俗习惯、伦理道德、宗教信仰）的变革中，当然也存在于传统经济伦理的变革中。例如，在经济体制变革过程中很难改变的"拉关系"、"走后门"的关系伦理现象，就在于传统熟人社会那种"人格化交换"伦理的路径依赖。这种由熟人间

---

① 所谓的路径依赖，就是指人们过去所选择的制度，在其变迁中会产生一种机制，这种机制使制度变迁一旦走上某一路径，它的既定方向就会在以后的发展中得到自我强化，从而使制度沿着既定的路径往下走。如果原来的路径是错误的，那就会使制度被锁定在某种无效率的状态之下，而一旦进入锁定状态，要脱身而出就会变得十分困难。

诚信所产生的"人格担保"的交换方式,在其长期演化中形成了一种习惯性的思维定式或集体无意识——"熟人可信"、"熟人可靠"、"熟人好办事"。正是在这种意识的支配下,形成了一种游离于制度外的"关系伦理",并在利益的作用下不断地自我强化,成为一种久治不愈的伦理顽症。其中的一种突出表现是,利用"政企不分"、"行政性审批"这些平台,通过各种不正当的、非法的手段,拉关系、走后门,获取双赢利益,甚至以较低的成本攫取暴利。正是在这种利益驱使下,关系伦理泛滥成灾,成为建设市场信用、经济公正的巨大障碍。

诺斯指出:"路径依赖仍然起着作用。这也就是说我们的社会演化到今天,我们的文化传统,我们的信仰体系,这一切都是根本性的制约因素,我们必须仍然考虑这些制约因素。这也就是说我们必须非常敏感地注意到这样一点:你过去是怎么走过来的,你的过渡是怎么进行的。我们必须非常了解这一切。这样,才能很清楚未来面对的制约因素,选择我们有哪些机会。"①应当说,诺斯的这段话清楚地说明了我们在建设社会主义市场经济的经济伦理中为什么要研究传统经济伦理及其现代变革的缘由。

在中国这样一个有着深厚的民族传统的国度,历史文化沉淀的影响将是历久漫长的。面对道德的力量,谁也无法抹杀其本身具有的强大的心灵碰撞的力量,这也许就是文化伦理资源的效用表现。但是,作为一种文化资源,传统的诚信美德只有在融入信用制度的情况下,才能对市场信用建设产生积极的作用,而作为制度和体系的市场信用则需要重构和重建。

(二)金融市场伦理缺失的制度原因

金融制度是指有关金融交易的规则、惯例和组织安排,它通过提供这些规则和组织安排,界定人们在金融交易过程中的选择空间,约束和激励人们的金融行为,降低金融交易费用和竞争在由不确定性

---

① 诺斯:《经济史上的结构与变迁》,上海三联书店 1991 年版,第 225 页。

引致的金融风险,进而保护债权债务关系,促进金融交易的顺利进行,提高金融资源的配置效率。

按照这一定义,我们可以从三个层次来理解金融制度:①金融制度的最上层是法律、规章制度和货币政策,即一般意义上的金融活动和金融交易规则。它将抑制可能出现的任意行为和机会主义行为,使金融活动和金融交易在一定程度上变得可以预见。②金融制度的中间层是金融体系的构成,包括金融机构和监管机构。从形式上看,金融制度是一种外在制度,是被自上而下强加和执行的。但金融制度本身又具有内在制度的某些特征,即金融制度在某种意义上是由金融活动主体的行为规范合成的。③金融制度的基础是金融市场关系、金融活动和金融交易参与者的行为。参与者的行为在很大程度上要受最上层的规则的约束,同时,参与者的行为又会影响整个金融体系的相互关系,并进一步影响规则的修改和制定。因此,金融活动和金融交易的参与者都是金融制度制定的基础。

新中国成立以后,我国建立的金融制度,是在国家垄断信用的基础上形成的国有金融制度(本质上是计划金融制度)。这种金融制度的经济基础是国有经济,国有金融与国有经济相匹配,导致体制上的惰性和机制上的内在扩张,表现为信用软约束、资金供给制、倒逼扩张等多重弊端。当前,随着改革的深化和市场经济因素的加强,传统国有金融制度已经由原来的垄断财富变异为集中风险的最根本原因,同时也加剧了市场中的道德风险和非伦理的行为。

1. 生产市场化与金融垄断的矛盾加剧了市场的道德风险

金融业作为社会融资的部门,其业务需要随着社会经济活动的扩大而不断扩大,特别是在我国经济转轨期间,金融部门更需要满足不断扩大的市场融资需求。但是,我国目前的金融市场制度安排却很难做到这一点。经过了几十年的改革,我国企业的组织结构和制度结构都发生了很大的变化,在许多生产领域中非国有企业已经具有了足够的实力与国有企业进行竞争,非国有企业占工业产值的比重也已经超过了50％，①日益发展的非国有企业和处于转变中的国有企业对市场融资的需求越来越强烈。但是我国目前的金融制度安排仍然是按照与国有企业组织体系相同的原则设立的，金融机构的经营行为也与国有企业大致相同。国有银行受自身体制上的束缚，显然很难适应和满足日益扩大的市场融资要求。因此，对于金融市场上出现的各种违反金融伦理的行为，不能仅仅从其表现形式去看，而要深入挖掘其深层次的原因。

（1）生产市场化与金融垄断的矛盾所造成的市场信用伦理缺失的现实必然性

改革开放至今，是我国金融产业爆发式增长和金融体制剧烈变化的时期，也是国有商业银行分设、发展和自身体制不断改革和完善的时期。在这一过程中，我国的国有商业银行既适应了银行这个特殊企业的特殊发展规律的要求，也顺应了我国经济体制改革的客观需要，对促进我国新的金融体系的形成和社会主义市场经济的发展起到了积极作用。然而国有商业银行体系虽然适应了新旧经济体制处于新旧交替的特殊需要，但是由于我国微观金融机制从建立到发展，始终不能脱离政府的干预，银行承担政府职能，用行政办法办银行，使得国有银行体系也具有很大的历史局限性。这种局限性随着市场经济逐步走向成熟，经济、金融的国际融合日益增长，国有商业银行行为所隐含的问题也逐步显露出来。

从严格的意义上说，中国的金融制度变迁更多是从宏观上来考察的。中国的金融制度供给是自上而下的强制性供给过程，金融微观机制的构建是宏观金融理论发展的衍生品。而宏观金融制度的转变，离不开整个国家经济发展的总体背景。从宏观经济的角度看，要实现从计划经济向市场经济转变、从粗放型向集约型转变，必须深化国有商业银行的体制变革。因为银行已经成为资金融通的主渠道。特别是国有商业银行的市场化进程，制约着整个经济的市场化过程；

① 《2001—2005年我国经济发展研究报告》，北京大学中国经济研究中心课题组，2005年2月4日。

从现实的经济生活看,国有企业的困难制约了整个经济的发展,如何改革企业制度已经成为经济体制改革的核心,而国有企业的资金,有70%—80%来自国有商业银行①,如果没有国有商业银行的配套改革,国有企业的改革是无法推进的。

从金融制度演变的角度来看,这种局面的形成仍是政府制度性契约主导银行变革的一种变形。由于我国金融制度一直是强制性制度变迁,长期积累产生了制度的供求不平衡。经济改革之后,这种不平衡就更加明显。制度供给不足要求政府做出一定的退让,即在制度性契约的签订中出让部分谈判能力。中国人民大学财政金融学院教授张杰(1998)认为:"国家退让主要导因于国有产权的内部因素,因为经济的低效率最终也影响到国家对租金最大化的追求,因此,国家退让首先是国家效用函数内生出来的。"②

问题的要害或许就在于,中国的渐进改革对储蓄资源的渴求不可能等待那个有效率的竞争性金融制度的自然成长。制度变迁的过程对制度安排的选择是最讲求实际效用的。因此,理论上最优的制度安排往往被理论上次优但更实用的制度安排所取代。对渐进改革过程而言,首要的问题是"有多少金融资源可用于金融支持",而不是"如何更有效地使用金融资源"。因而,在垄断性的金融制度安排和竞争性金融制度安排之间,制度变迁本身也会选择最能获取金融资源的前者,而不会选择最能有效配置金融资源的后者。非国有的金融制度安排(具有配置金融资源的比较优势)只有在总体制度演进更需要金融资源配置效率的时候才会被列入制度选择"菜单"。

因此,中国国有金融组织的边界过度扩展本身是合乎渐进改革逻辑的,由此同时决定了国有金融组织边界的收缩也要按照渐进改革的逻辑进行。一个合乎逻辑的推论是,收缩国有金融产权边界就得从收缩组织边界入手。然而,问题在于,这个逻辑过程具有不可逆

---

① 王曙光:《中国经济转轨进程中的金融自由化》,《经济科学》,2003 年第 5 期。

② 张杰:《经济变迁中的金融中介与国有银行》,中国人民大学出版社 2003 年版,第 55 页。

性。即国家可以通过收缩组织边界来削减控制成本和提高控制绩效,但却无法同步消除国有金融组织所承担的某些社会责任。也就是说,国有金融组织的收缩并不意味着国家要放弃对国有金融组织的控制,反而,组织收缩本身只能使国家对国有金融产权的控制更加强化①。

(2)生产市场化与金融垄断带来的伦理难题

总的来说,由于国有企业垄断生产的格局已经被打破,而国有金融机构垄断金融市场的格局尚未被打破,这就使得非国有企业的融资要求和活动受到限制,并由此导致金融管理当局的决策常常处于一种两难的困境:如果严格金融调控和管理,非国有企业的融资要求更加难以得到满足,其生产将会下降,并进而导致整个经济的下降;如果松动金融调控和管理,非国有企业的融资要求将比较容易得到满足,生产也会上升,并带动整个经济的上升,但金融秩序方面的问题将趋于严重。

因此,在金融制度从国有垄断逐渐向市场化转轨的过程中,一方面,国有企业在严格的国有金融制度控制下会因为委托代理关系产生道德风险;另一方面,在市场化程度日益提高的前提下,金融市场制度并未确立起来,对市场交易行为缺乏严格的制度进行规范,市场经济平等竞争和公平交易的原则难以得到保障,不少企业和金融机构利用制度的不完善,从事各种违法违规和违反市场伦理的行为。

比如说,在2000年,证券市场曾经开展过关于投资基金诚信问题的大讨论。本来国家大力发展投资基金,引进这种新的间接投资制度,就是希望利用投资基金的专业技能和投资素质,不断引导和规范证券市场上个体投资者的行为,促进证券市场的良性发展。但从1998年发展起来的投资基金,却利用自身的信息优势和资金优势,大量从事各种操纵行为和内幕交易行为;一些投资基金虽然没有违法,却存在利用制度的漏洞,做出违背一般市场伦理的行为。2002年的"青啤"事件中,十几只基金利用巨额资金,违规超额申购"青岛

① 张杰:《中国体制外增长中的金融安排》,《经济学家》,1999年第2期。

啤酒"新股,导致大量基金事后中签超过"10%"的限度,就是典型的一例。这些事件,都极大损害了投资基金在投资者心目中的形象,最终危害到投资基金业自身的发展。

2. 渐进转轨逻辑下的利益补偿机制助长了市场主体的非伦理行为

在中国五千年的历史进程中,贯穿始终的主导性文化传统有一种中和性,不走极端,不为过甚。这种传统的历史惯性表现在中国的改革上,就是渐进转轨式的改革。事实上,所谓渐进转轨,就是在旧体制改革代价极高而停滞不前的时候,大力发展和培育新的经济成分,然后随着整个经济体制结构和各方面条件的变化,逐步加深对旧体制的改革。因此,中国经济体制转轨的渐进特征,并不是体现为改革推进速度的快慢,也不是反映在改革内容选择的先后次序上,而体现为几乎每一项改革都有"过渡环节"这一特征,即它的渐进性主要是它具有中间过渡地带,多步到位方式和鲜明的"演进特征"。从这个角度来看,对于经济转轨来说,更为重要的是过程而不是目标,这也就是说,经济转轨不可能是一次性的最优结果,而只能是多次次优选择加总的结果。在这种以增量带动存量的改革过程中,由于经济转型和体制改革对于不同的利益集团的获利程度不同,各利益集团的预期收益和实际收益的差别也日益加大。因此,必须对在改革中利益受损的集团进行补贴,以此来缓解改革的压力并保证改革的顺利进行,这种补贴作为改革的成本是国家必须支付的。应当说,我国的经济体制改革得以成功的关键在于渐进转轨,而渐进转轨的改革反过来却导致了伦理困境。

中国经济体制改革存在两条主线:一条是国有企业改革的主线,一条是金融体制改革的主线。国有企业的改革是围绕增强企业活力、培育竞争性市场主体来进行的。在计划经济下,国有企业从资金、人事到产品、业务都是由计划来确定的,改革开放后,国有企业先后进行了放权让利、承包、租赁等摸索,最后确定了通过股份制改革、建立现代企业制度的思路。由于渐进式改革的指导思想,国有企业的改革也是通过先试点、然后逐步推广的方式实行。在市场化改革的过程中,为了对国有企业及其职工利益的补偿,同时结合了较多的政策支持,尤其是金融制度的支持。

中国金融制度的改革与演进始终是围绕国有企业的改革来进行的。在国有企业逐步推进市场化改革的过程中,我国金融制度也逐步加强了市场化取向,服从和服务于国有企业的改革。在经济改革初期,由于经济货币化程度较低,为我国金融市场化改革留下了较大空间。当时采用的主要手段是货币超额发行,并且无须担心过大的通货膨胀压力,从而使政府获得货币发行收益,以弥补财政收入能力的不足,给国家推动经济转轨提供了强大的激励。根据易纲的估计,1978—1992 年间,我国货币发行收益约占 GDP 的 3% 左右①。货币化过程为改革中的经济提供的货币发行收益和大量的金融剩余成功地抵补了迅速的财政下降,为国家进行经济改革提供了巨大支持。

但是,随着经济货币化程度的提高,货币化收益必然递减,超额发行货币以占有货币发行收益将使整个经济面临过大的通货膨胀压力,2003 年年底我国的 M2/GDP 比率为 1.87,2004 年 6 月末上升到 2.00,几乎是世界上最高的②。货币发行收益会由增到减,通过货币发行收益来弥补改革成本越来越不现实。在这种条件下,由国有金融制度部分代行财政功能,担当起聚集金融剩余的任务就具有了某种程度的必然性。

因而,在国有企业资金严重短缺的压力下,中国的金融制度只能是一种融资市场的制度安排。处于这种制度安排下的国有商业银行被赋予双重目标,即利润最大化目标和金融支持目标。国有银行在双重目标下运行,加大了道德风险,出现了大量的政策性不良资产。在国有金融支持下的国有企业,同样存在利润最大化和维护社会稳定的双重目标。国有企业在双重目标下运行,将使得单纯的市场竞争约束机制的作用减弱,助长了企业的反伦理行为。制定金融制度

---

① 易纲:《中国金融资产结构分析及政策含义》,《经济研究》,1996 年第 12 期。
② 高伟:《当前我国金融风险的总体评估》,《金融时报》,2005 年 1 月 11 日,第 11 版。

的政府同样存在伦理困境,本来的目标是维护市场的公平公正,但因为同时要推进国有企业的改革,不得不在资源、政策等许多方面向国有企业倾斜,所以最终却又违反了公平公正的原则。

3. 金融市场化制度建设相对滞后是导致伦理缺失的重要因素

中国的金融市场制度在计划经济体制下以及在经济转轨时期都是以国有金融制度为主导的。这种制度供给也是符合中国现实的一个必然选择。首先,在经济变迁的条件下,纯粹的市场金融制度是无法提供足够的货币供给的。或者说,在人们愿意持有货币的假设条件下,如果不配合以适当的金融安排,将会出现货币供不应求的局面,从而难以动员足够的储蓄资源,使得变迁中的经济,尤其是国有经济会因无法获得及时而有力的金融支持而呈现下降趋势。因此,变迁中的经济需要一种特殊的过渡金融制度安排。在中国,正是由于国家垄断的或者国家控制的特殊金融制度安排的存在,为转轨过程的经济提供了足够数量低成本的货币供给,从而使人们的货币需求得到及时兑现。

如果在经济变迁条件下,迅速引入非国有的或者国家不进行直接控制的竞争性的金融制度安排,那么,金融机构就只有在一个均衡的利率水平上吸收居民的储蓄。如果均衡的利率水平高于国家给出的利率水平,那么所有的金融机构将共同面对一个较高的提供存单的成本,从而限制其储蓄动员的规模。尤其值得注意的是,在国有金融机构面对一个均衡的高利率水平时,意味着国家要支付更大的成本动员储蓄来为国有经济提供金融支持。

因此,从理论上讲,在改革开始初期,金融市场是可以自由进入的。但新进入的非国有金融机构会在提供储蓄存单方面临一个更高的边际成本曲线。这是因为,一方面由于改革初期市场机制不健全,非国有金融机构很容易遭受非市场因素的侵扰;另一方面,由于金融市场交易中的信任关系不可能一下子确立起来,非国有金融机构的贷款倾向于收取更高的利率。这也就意味着资金的提供过程存在更大的道德风险,非国有金融机构本身也就得支付更多的信息成本。在这种情况下,国有金融机构也将面临较高的均衡存款利率以及与此相对应的较高的贷款利率。可是,作为国有银行信贷资金主要供给对象的国有企业难以接受较高的贷款利率,因此,在有关利益各方的讨价还价中,国有银行的贷款利率最终将难以达到均衡水平。于是,在经济变迁的条件下,采取垄断性的金融制度安排更有利于储蓄动员。那么,合乎逻辑的推论就是维护和扩展这种制度安排。可见,这种制度安排不是随机的,而是在经济上必然如此的。

　　沿着这一思路,就很容易看出,尽管中国证券市场的规模从1992年开始加速扩展,但由于很大比重的股票份额属于不能流通的国家股和法人股,所以这部分投资需求是在政府推动下形成的,它从根本上讲与国有银行的储蓄动员具有同样的内涵。更直观地说,它与国有银行的信贷分配没有什么不同。因此,证券市场发展对储蓄的转移本身来说仍然不属于标准意义上的资产替代。

　　但我们看到,在金融制度改革相对滞后的情况下,整体经济的市场化改革却飞速发展。尤其是股份制经济的引入,作为一种资源的市场化配置方式对原有的资源配置方式产生了巨大的冲击。市场化的资源配置方式要求有市场化的制度与其对应。但在现实中,我们看到的却是上市公司大量股份不能流通,证券市场重融资、轻投资的不平衡发展格局;另一方面,市场金融制度的缺乏还表现在政府职能转变后,金融中介组织不能及时替补原来政府行使的那部分社会管理职能。中介机构由于其国有身份也无法客观公正地扮演"中介"角色,市场主体在缺乏中介机构的约束下,在缺乏市场化金融制度的情况下,无法形成平等竞争的市场环境,市场主体的机会主义行为空间扩大。

(三)金融市场伦理缺失的产权原因

　　从抽象意义上讲,产权范畴可以理解为在资源稀缺条件下人们使用资源的权利或适当规则。若具体考察,产权则往往表现为根据一定的目的对物品或劳务加以利用或处置,以从中获得一定收益的权利,它包括所有权、使用权、收益权和转让权等。对于金融制度而言,产权安排的重要性在于:产权体系中的所有权给出了金融制度的基本性质、结构安排和效率状况;产权体系中的收益权则规定了产权主体努力与收益的相关程度;产权体系中的使用权和转让权的行使,则必须对产权进行有效的界定、保护。产权安排不仅对金融制度的激励功能具有决定性作用,而且能够为人们的金融交易活动提供稳定的预期,进而提高金融制度的约束功能。因而,在对我国金融市场伦理缺失进行研究时,是不能忽视产权问题的。

1. 产权不清晰与金融机构的机会主义行为

多年来,我国的金融体制改革之所以成效不大,关键在于这种改革仅仅在浅层次的经营管理上做文章,而没有涉及深层次的产权制度改革。我国现有的四大国有银行都是国家独资银行,其资产全部为国家所有,并归国家统一经营。这种产权关系存在着所有者虚化、产权边界不清晰和资产权责不明确的弊端,银行无法以独立的法人身份走向市场。

从改革的实际进展来看,从 1979 年分设的专业银行和 1983 年中国人民银行专门行使中央银行职能后新建的中国工商银行,都是作为政府的专业银行设计的,并没有考虑如何改成商业银行。它们担负着大量政策性贷款任务和宏观调控任务,沿袭官办银行的行政管理制度,从而形成了银行的"大锅饭"以及保护企业"大锅饭"的状态。1985 年以后,曾多次研究如何改变这种"大锅饭"的体制,推进商业银行体制改革;1986 年选了若干城市进行改革试验,但始终没有取得真正的进展。1993 年、1994 年为推进四大专业银行向商业银行转化,在 1994 年年初出台了金融体制改革方案,提出了建立政策性金融与商业金融相分离的、以国有商业银行为主体的、多种金融机构并存的金融组织体系。然而由于政策性金融难以摆脱及整个银行体系的产权问题难以解决,改革成效不大。

在以后的改革中逐渐产生了股份制银行,但大多数股份制银行的控股权仍然是由国家掌握,民间资本难以进入金融业。民生银行的资本金虽然来自民间,但实际是按"民有、党管、国营"模式组建,要成为真正的民营银行还有待于"深化改革";100 余家城市商业银行中能算得上民营银行的也就是 1—2 家,其余均为地方国有控股公

166

司;农村信用社虽名为合作制金融机构,但实为行政性体系,其产权之不清晰,比四大国有银行有过之而无不及;经过整顿的城市信用社中,也只有极个别的是民营的。

在股份制银行的改革进程中,地方政府获得越来越大的话语权。从我国的经济改革过程看,地方政府在财政分配、区域治理等相关的"暴力潜能"分配方面,获得了边际增加的权力。地方政府基于其中央政府最强有力的代理人的功能,成为"金融制度中间结构"的创造者。地方政府与其他某些管理当局在金融制度中成为制度性契约的提供者,并逐渐在契约结构的谈判中获得增大的谈判能力,这是改革的必然趋势。从现实看,地方政府为了获得长期的、更大的资金流入和信贷投入,不断通过组织人事、工作便利等手段来干预国有银行的信贷发放,并将这一影响作用直接贯穿到区域性商业银行的经营中。因此,股份制银行并没有形成真正独立的公司治理结构,其信贷结构、功能定位仍然是以某些管理当局的影响为根本的,本质是地方政府发展经济的一种手段。

刘荣通过研究发现,股份制商业银行都跳不出这样一个规律:在刚刚开始营业的时候,建立了较好的规章制度,银行的业绩不错。可是,慢慢就发现这些银行的行为逐渐向四大国有商业银行趋同。他认为,出现这种现象的主要原因是由于这些股份制商业银行大多是依托某种政府部门背景,自上而下组织起来的,规章制度是参阅国有商业银行的版本制定的,人员基本上都是从国有商业银行中挖过来的。经营者的选择方式以及激励方式与国有商业银行也没有根本区别,股份制商业银行的治理结构仍然更主要体现"党管干部"的原则,董事会在聘任行长方面没有多少实质性的发言权①。

金融市场的其他中介机构,如保险公司、证券公司、信托投资公司、投资基金管理公司都存在同样的产权缺陷。在国有金融占主导的格局下,产权制度改革的滞后,使得我国金融机构行为缺乏产权约束,金融机构的机会主义行为盛行,金融市场中的伦理冲突不断升

---

① 刘荣:《股份制商业银行竞争力分析》,《金融研究》,2002 年第 8 期。

167

级。仔细分析,主要有以下伦理冲突的现状和原因:

(1)金融机构单一产权的弊端首先是所有者"虚置",导致监督机制缺乏。全民所有实际上是一个抽象的制度假定,是法律上的所有。无论是作为一个整体的全体公民,还是其中的个人,都不具有财产委托人和所有者所具有的行为能力。公有财产的边界模糊不清,没有哪一个经济主体能够对它提出现实的、明确的利益要求。而作为全民利益代表的政府又具有多重职能目标,对金融机构的利润实现根本不可能实施有效监督,而且也无实质的监督动力,缺乏有效的激励—约束机制。

(2)广泛存在的委托代理问题加剧"内部人控制"现象,损害国家利益。从目前我国商业银行体系的产权结构关系来看,除了最基层的县级支行外,总行、省、市三级银行都是既作为委托人,又作为代理人的双重身份出现的。作为代理人,其可能依据"信息不对称"和不确定性的优势,不断地与上级委托人在利润分配上讨价还价,甚至采用欺骗手段,通过各种方式来侵蚀剩余索取权。作为委托人,由于不能合理占有剩余索取权,缺乏增加盈利的动机,因而不会对其代理人进行积极、有效的监督,甚至出现委托人和代理人在某种程度上的"合谋",即远离了终极所有者——国家而谋取集团利益。

(3)金融机构经理人员任命的泛政治化,削弱了金融机构的经济目标。国家作为单一的所有者对金融机构各级经理人员的选聘不能做到民主化、市场化,机构的人事安排基本执行计划经济体制下的行政制度,很少因为代理人经营亏损而辞退经理或从经理市场上选择新的代理人。代理人也很难进入其他金融机构谋求前途更大、待遇更优厚、更适合于自己的职位,基层经理人员或职员几乎不能通过正常的民主选拔渠道、依靠自己的工作能力和成绩得到合适的晋升,金融机构的经营者只能在现有的行政职务链上向上攀升。在这种体制下,金融机构的各级经理人员带有明显的短期功利主义倾向,他们要巩固自身利益就必须迎合委托人在经营方面和经营要求以外的各种需求。同时,经济效益也不是委托人寻找代理人的惟一标准,甚至经济效益问题根本就得不到重视。

2. 产权改革滞后造成的银行企业软约束与信用危机

在银行方面,我国国有商业银行的产权关系不清晰,已经是众所周知的事情了。在过去的二十多年的金融体系改革中,银行体系的改革主要解决了管理体制的问题,并在管理体制改革的同时产生了为数有限的、体制外的民营商业银行。这种改革产生的后果是:计划经济体制下资金的无偿使用被商业银行体制下资金的有偿使用替代了,商业银行开始了市场竞争。但是,由于控制着金融中介市场最大份额的是国有商业银行,而国有商业银行的产权又是国家所有,国家既不是自然人,又不是法人。因此,国家所有的产权必定是虚拟的,而国有商业银行的产权为国家所有造成了银行的软约束。

国有商业银行产权改革滞后造成的银行软约束,必然会导致银行的资产质量下降,甚至引发金融危机。如果说计划经济体制下的预算软约束直接造成了财政危机,那么现行体制下银行软约束必然会造成商业银行的信用危机。这样说的原因在于:①国有商业银行的产权既然是国家所有的,那么银行掌握的现金流量就必然具有公共物品的性质,而公共物品的使用很多时候是不计成本和不讲效率的,这也就是人们常说的道德风险产生的根源。②国有企业依靠它们与国有银行在体制上的天然联系,很容易获得银行信贷这种公共产品,但是,国有企业的产权软约束与银行软约束必定会导致银行信贷资金的滥用,使得银行不良资产大量增加。③银行资产和国有企业都是属于国家所有,分不清你我,那么银行就无法通过破产和清算的威胁,或其他手段来阻止国有企业滥用资产的行为。银行惟一可以采取的办法就是依靠国家给了的信用支持,通过持续吸收居民储蓄流量来弥补存量资产损失造成的资金缺口。

在这种情况下,当国有金融产权安排本身的风险开始大量积累时,作为出资人的国家,其合乎理性的反应并不是通过分割金融产权分散风险,而是通过更加严格的金融控制来防止金融风险的外化。在国家尚能对经济和金融实施强有力的控制的情况下,一切改革主张都要符合国家的效用函数才会最终转化为改革的行动。毫无疑问,国家总是希望在不损害金融控制的前提下着手改变金融产权安排与分散金融风险。这样的行为最终导致恶性循环。因为产权改革滞后带来的潜在信用危机最终转嫁到国家头上,国家为避免风险的外化不断加强金融控制,结果各种金融伦理的冲突将愈演愈烈,金融风险也越积越大。

3. 产权同构与伦理缺失

我国 1980 年以前的计划经济体制下的信用制度,除了居民与国家银行之间的存储关系外,几乎不存在真正意义上的市场信用关系[①]。因为几乎所有的信用形式都是在公有产权结构的框架下以"公对公"的形式实现的,商业信用、银行信用等只是在国家计划的管理下实现信用资产使用权的重新分配而已。在这种情况下,信用契约的安排及其约束力也完全来自政府计划,同时契约双方的利益冲突也完全可以通过政府计划及信用资产的重新分配得到解决。这样的制度安排下,虽然契约是不完全的,但契约双方的财产所有权都属于国家,因此并不存在信用市场的风险问题,同时,产权主体的同一性,也使得在借贷双方之间不存在市场交易条件下的伦理问题。

改革开放以后,我国开始了以让利放权为基本特征的经济体制改革,一方面使国有经济的微观主体获得了更多的剩余索取权和控制权,成为了信用市场的参与主体;另一方面也打破了高度集中统一的公有产权体系,使私营经济和集体经济得到了长足发展,同时私营及集体企业的发展也越来越依赖于金融体系的信用支持。但是随着我国信用市场的逐步发展和繁荣,相应的制度建设却一直不完善,导致信用契约的高度不完全和信用关系的严重扭曲,使信用主体面临极高的违约风险。

在我国的经济转型期,政府为了支持国有经济的发展,通过行政或政策性手段要求国有银行向国有企业发放政策性贷款或优惠贷款,而这些负债对国有企业是软约束,可以长期占用不还,并且银行通过法院获得国有企业偿债率很低,所以在这样的信用制度安排下

[①] 真正意义上的市场信用是以还本付息为条件的财产使用权的暂时让渡,它完全是一种市场行为。

形成了国有企业的"赖账机制"。

这种"赖账机制"的形成,源于长期以来政府与国有企业"隐含契约关系"的存在,即政府事实上对亏损的国有企业及其职工承担着一种"无限责任",通过补贴等形式维持其生存,形成国有企业的"预算软约束"。改革并未使政府与国有企业间的"隐含契约"真正解除,大量的信贷资金在对国有企业信贷配给或补贴中"漏损",形成大量不良贷款,配置效率十分低下。中国国有银行的大量不良贷款从表面上看是金融资产配置过程中一种制度性无效率现象,但在经济转轨的中国,它又不是一个单纯的数量概念,而是当事人各方在其过程中获得自身利益的工具,即有关利益各方之间的利益冲突与妥协所导致的一种行为均衡,是社会博弈的结果。

以银行为例,对于转轨时期国有银行的信贷行为,我们可以通过下面这个简单的模型进行分析。如果银行的责权分明,并且不受外部非理性因素的影响,那么,银行的信贷行为将是理性的。银行在信贷过程中有以下理性参与条件:

$$\delta_i R + (1 - \delta_i)\beta(c_i + s_i) \geq r_0 \tag{1}$$

上式中,R 为常数,表示信贷利率。r_0 是银行的资金成本,$\beta(0 \leq \beta \leq 1)$ 表示了在市场经济环境中客观地清算抵押和担保财产时交易费用的存在。$\beta = 0$ 表示清算的交易费用已经大于被清算财产的价值,此时银行不再具有清算的动机,$\beta = 1$ 表示交易费用为零。c_i 是银行设计的信贷抵押要求,s_i 表示担保额。为了描述转轨时期银行的非理性的信贷行为,需要将上述银行的理性参与条件修正为:

$$\delta_i R + (1 - \delta_i)\beta(1 + \sigma)(c_i + s_i) \geq r_0 \tag{2}$$

σ 为银行的信贷非理性因子,$0 \leq \sigma \leq \frac{1}{\beta} - 1$,$\sigma = 0$ 表示银行是理性的,$\sigma = \frac{1}{\beta} - 1$ 表示银行是非理性的,但是,此时银行却表现为账面上的理性,因为它忽视了将来清算抵押或担保财产时交易费用的存在。σ 的大小主要与以下外部因素有关:①当银行的责权不明确时,σ 较大;②信贷规模管理模式下,σ 较大,资产负债比例管理模式下,

σ 较小；③地方政府对银行的干预越大，σ 就越大。可见，即使投资项目的成功概率很小，只要 σ 足够大，银行参与约束条件也是很容易满足的。

透过国有金融的制度变迁历史，我们也可以清晰地感受到国有银行与渐进转轨方面的紧密联系以及对后者的支持，金融剩余与金融控制对于中国渐进转轨的贡献不可估量。当金融资源（储蓄）的分散化导致其相对价格上升后，国家致力于推动国有银行体系的重建与扩张，从而建立起一个扩张性的国有金融产权结构，其背后的真正目的在于获取日益分散的金融资源和金融剩余，以弥补随改革而出现的财政能力迅速下降，支持渐进转轨的顺利进行。扩张性的国有金融产权形式加上国家的一系列金融管制保证了居民储蓄向国有企业的顺利流转，国家由此形成了对国有企业的强有力金融支持。而当单一的间接融资制度使得风险大量向银行系统聚积的时候，国家又通过开设证券市场来分散风险，将风险转嫁给投资者。从国有企业融资的角度来看，二者在制度设计上并没有什么显著的差异。

通过上述分析，可以看出由于我国的金融市场具有权力介入和低成本经济两大特点，这种特点决定了金融契约的非市场化性质，主要表现在：①契约主体不具备完全的"市场行为能力"；②我国金融业的垄断格局使得竞争程度降低，企业可选择的空间减少，双方订立契约并非处于平等位置；③作为契约的核心，价格并非由市场化的方式决定；④契约的监督机制不完善。

转轨经济中的一些特定因素决定了金融市场上金融契约的易达成性。金融机构和国有企业间的产权同构和利益的相对独立性是促进达成金融契约的直接原因。我国赶超式的经济模式和政府的直接干预更加促成了这种易达成性，扭曲了激励机制，致使大量不具备还款意愿和还款能力的借款人混入金融市场，加大了道德风险。更有少数人利用自己的信息优势和资金优势，寻租行贿、操纵市场甚至欺诈投资者以牟取暴利，这不仅降低了金融市场的效率，加剧了金融风险，还使得社会分配的不平等状况进一步恶化。

中国近十年来，贫富分化的速度加快，程度加剧。据国家统计局的资料,我国的基尼系数已超过发展了几百年市场经济的美国。贫富分化过分悬殊,极不利于社会稳定。"为富不仁"在中国并未作古,中国的"富人"很少受人尊重。对此社会应该认真反省,不能简单地把对"富人"不尊重的这种心态斥之为"仇富心理"或"小生产观念"作祟。如果该富的人穷了,该穷的人却富了,我们就真该想想古人"不患贫而患不公"的忠告了。因为长此以往,必然影响社会稳定。

二、金融市场伦理重构的理论支持

在市场经济体系中,金融是一个竞争最激烈、风险性最高的领域,是整个国民经济的神经中枢。金融市场在经济运行中发挥的特殊的作用,使其日益成为现代市场经济运行中,沟通和催化各子市场之间及各子市场内部经济活动的桥梁和纽带。由于金融市场中行为人目标的不一致,再加上行为人缺乏足够的自律和外在约束的软化,金融市场上不讲信用的事件层出不穷,严重破坏了金融市场的正常秩序。

从金融市场的运行特点来看,金融领域较其他经济领域表现出更多的伦理和利益冲突,金融伦理关系也更为复杂。这是因为,金融活动往往涉及巨大的金钱和利益;金融活动交易人既可以是财富的所有人,也可以是财富所有人的代理人,他们之间的交易一般要通过某些特定的中介或交易系统进行。大体上说,金融活动所涉及的金钱主要是"别人的钱",交易各方都希望通过交易为自己谋取利益。在一些"聪明的"资本人看来,多样化的金融活动中存在着一些牺牲别人利益而使自己获利的机会,这就容易诱发金融活动参与者之间的伦理冲突,使金融关系产生不良变异。随着国内外金融领域中一系列丑闻的发生,人们清楚地看到,在金融领域,伦理道德基础仍然十分脆弱,金融伦理关系还有待健全。遏制金融领域内越来越多的不规范现象和违法犯罪行为,固然要加强对金融活动的法律调节。

但是,仅仅依靠法律调节是不够的,在内容广泛、不断更新的金融活动中,法律制约之外还有巨大的不规范的行为空间,这就需要伦理调节与之配合,通过伦理调节下的严格自律,来消除金融活动主体见利忘义、道德沦丧的不良倾向。

(一)制度伦理辨析

金融市场伦理调节的是涉及巨额财富的金融市场的交易关系,维系的是金融市场的正常秩序,规范的是时刻受到利益诱惑的市场主体的思想和行为,因而它必然有其与一般的社会伦理不同的特殊性,必然是一种带有制度性的伦理。构建金融市场伦理必然要以制度伦理的思考为基础。

关于制度,国内外学者有不同的定义。康芒斯认为,制度就是集体行动控制个体行动的运行规则①。诺斯则认为:制度是一系列被制定出来的规则、守法程序和行为的道德伦理规范,它旨在约束追求主体福利或效用最大化利益的个人行为②。罗尔斯把制度理解为"一种公开的规范体系,这一体系确定职务和地位及它们的权利、义务、权力、豁免等等。这些规范指定某些行为类型为能允许的,另一些则为被禁止的,并在违反出现时,给出某些惩罚和保护措施。"③尽管人们对制度有各种不尽相同的表述,但基本含义则是一致的,即制度是对人们行为的约束和规范。

新制度经济学认为,制度提供的一系列规则具体由社会认可的非正式约束、国家规定的正式约束和实施机制构成。非正式约束是人们在长期交往中无意识形成的,具有持久的生命力,并构成代代相传的文化的一部分。正式约束是指人们有意识创造的一系列政策法则。从内容上看,非正式约束主要包括价值信念、伦理规范、道德观念、风俗习惯、意识形态等因素。正式约束包括政治规则、经济规则

① 康芒斯:《制度经济学》,商务印书馆 1982 年版,第 253 页。
② 诺斯:《经济史中的结构与变迁》,三联书店 1994 年版,第 226 页。
③ 罗尔斯:《正义论》,中国社会科学出版社 1988 年版,第 50 页。

和各种契约以及法律、国家政策等,它们共同约束着人们的行为。

在人类历史漫长的岁月里,非正式规则在维护社会秩序方面起到了不可替代的作用,并且这一作用还在发挥并将继续下去。从历史上来看,在正式约束设立之前,人们之间的关系主要靠非正式约束来维持。即使在现代社会,正式约束也只占整个约束很少的一部分,人们生活的大部分空间仍然由非正式规则来约束。一般来说,非正式约束包括对正式约束的扩展、细化和限制,社会公认的行为规则和内部实施的行为规则。就经济和金融领域来说,非正式约束的产生减少了衡量和实施成本,使交换得以发生。当然,非正式约束也存在一定的局限性。如果没有或者缺乏强制性的正式约束,非正式约束就会提高实施成本,从而使复杂的交换不能发生。

正式约束只有在社会认可,即与非正式约束相容的情况下,才能发挥作用。完善的正式规则和非正式规则再加上健全的实施机制,制度才能发挥其作用。其实,制度是主体社会属性的一种外化形式,是社会关系的整合机制。制度一旦产生和形成,它既成为人的发展的社会客观条件,又成为实践主体运用社会客观条件进行活动的主要依据。为此,制度的建立与选择、变革与创新是否与人的发展的根本目的——人本身全面而自由的发展相一致或符合,即成为制度伦理存在的目的和意义。

近年来,学界有关制度伦理的研究很多,代表性的观点有以下一些:

胡承槐把制度伦理称为制度性道德体系,它是指存在于社会基本结构和社会制度如政治制度、经济制度中的道德原则、道德规范的总和。制度性道德体系由来已久,但它作为独立的道德实践领域而存在,是顺应工业社会市场制度以及政治制度变革的需要而产生的。制度性道德体系与日常生活道德体系相比较,具有客观性、异己性、强制性、重复性和形式的统一性四个方面的特点①。

---

① 胡承槐:《关于市场经济基础上制度性伦理道德秩序的探讨》,《哲学研究》,1994 年第 4 期。

陈根法、高国希认为,社会的基本制度都应当有其伦理的依据,社会伦理是研究群体、社团、组织、政府等行为主体的道德活动规律及制度、体制、法规、政策、典章的道德合理性的伦理,而制度伦理是社会伦理的重要内容①。

段治乾认为制度具有伦理意义,制度伦理是指存在于那些与社会基本结构相联系的,为现实社会生产、生活提供基本框架的社会基本生产方式和社会组织类型之中的伦理原则,它决定了一个社会的机制,形成人们活动的制度环境,具有历史性和相对稳定性②。

乔法容、刘怀玉将伦理制度等同于制度伦理,他们认为,制度伦理就是指,作为与政治法律制度相并存的、且借助于这些制度力量所形成的"道德法庭",即针对全社会个体与群体行为所采取的道德约束、监督及激励机制③。

虽然以上众人对制度伦理的理解和看法不尽相同,就本质意义而言,都无外乎方军所概括的"制度的伦理"和"制度中的伦理"两个方面。方军认为制度伦理有两种:制度的伦理——对制度的正当、合理与否的伦理评价;制度中的伦理——制度本身内蕴着的一定的伦理道德原则和价值判断。实际的制度伦理建设过程中,两者又往往是缠绕在一起的④。彭定光则进一步认为,制度伦理包括制度设计伦理与制度运行伦理两大部分,制度设计伦理就是人们在设计和建立制度时对伦理的考虑。它既指制度建立的伦理观基础,又指制度是否具有道德合理性;制度运行伦理就是在制度运行或者实现时所应该遵循的道德规范,制度伦理应该同时探究这两个方面⑤。这两

---

① 陈根法、高国希:《市场经济转轨与社会伦理新课题》,《社会科学》,1994 年第 11 期。
② 段治乾:《市场经济的制度伦理探析》,《郑州大学学报》(哲学社会科学版),1996 年第 5 期。
③ 乔法容、刘怀玉:《制度结构制衡:伦理制度建设的新思路》,《天津社会科学》,1995 年第 4 期。
④ 方军:《制度伦理与制度创新》,《中国社会科学》,1997 年第 3 期。
⑤ 彭定光:《制度运行伦理:制度伦理的一个重要方面》,《清华大学学报》(哲学社会科学版),2004 年 1 期。

种意见的影响比较广泛,其合理性也显而易见。

综观上述有关制度伦理的研究成果,学者们都明确提出了制度伦理的概念,并对其内涵进行了探讨。我们应该充分肯定他们的研究成果,但是,对于制度伦理的研究不应该仅囿于对制度伦理和伦理制度概念的界定层次上,不应该仅限于到底是制度的伦理合理性还是制度(中)的伦理规定等的争论,因为这种研究不过是从制度与伦理关系的角度对制度伦理进行二元式的平面分析与论证,而没有把制度伦理作为一个整体性问题来研究和解决。

笔者认为,制度伦理的研究应当从制度的伦理化和伦理的制度化两个方面的整合着眼,割裂二者而突出或强调任一方面都是片面的。制度如果只是外在的、强制的行为规则,而不合伦理性或不涉及伦理道德的要求,就会变得冷酷乏味,不能得到民众的认同,其约束力也是令人质疑的;伦理如果只是自律的、个人的、形而上学的道德,而不考虑律法化、体制化、制度化,只会成为个别人的自我愉悦、自我标榜的高妙理想,不能实现其普遍的社会价值,其约束力在某些方面很可能就是软弱而有限的。当然,在这里需要特别指出的是,不是所有的伦理都应该制度化,一般地提"道德立法"更是荒诞可笑的。制度和律法毕竟不同于道德,道德都确立为法律也就等于取消了道德。只有意义重大且关系到他人的重大利益和社会秩序的伦理道德才能立法。立了法的伦理道德规范是法律,而不是道德。如金融方面的禁止欺诈、禁止作伪的法律规定就是如此。但总的说来,制度伦理和伦理制度之间这种双向互动关系客观地存在着,这不仅对二者自身的完善和进程发挥积极作用,而且对外在的经济发展和社会道德建设都具有极其重大的意义。

(二)金融市场伦理的两个路向

我们认为,金融市场伦理本质上是一种非正式的制度,是一种金融制度的创新。认识到这一点对我国目前仍由计划经济向市场经济转型时期的金融市场秩序的建立与发展具有现实意义。实际上,在维护金融市场稳定、有序和发展方面,制度确实起到了不可低估的作

177

用。例如减弱或消除了不确定性(风险性),从而使交易成为可能;协调利益冲突、降低交易费用,促进交换发展和市场扩大等。而且由于制度为人们之间的相互作用提供稳定的结构秩序,从而使人们的偏好及与此有关的目标、实现目标的手段均受到它的控制。所以金融运行的结果,包括金融稳定与秩序状况以及金融发展与创新状况等,都是由制度决定的。

前已述及,制度是一个较为复杂的范畴,它既指准则体系,也包含制定和执行准则的活动和机制,而制度伦理又包含制度的伦理化和伦理的制度化这两个方面的内容。根据制度伦理的上述两个方面的内容,我认为,金融市场伦理也可以从制度伦理化和伦理制度化这两个路向加以诠释。

1. 金融制度的伦理化

金融制度安排本身应该是公正和正义的,或者说是应该具有较高的公正性和正义性的。金融伦理规则反映着人们从金融制度系统中汲取的道德观念和伦理意识。

所谓制度的伦理化,是指制度的伦理底蕴、伦理性质和伦理依据由低到高的提高过程。任何制度的产生都不是偶然的,一定的制度并不是人的物质生产活动的自然结果,而必须经过受一定的生产力状况所制约的人的伦理精神的关照。制度之所以必要,是因为它能使实践主体避免实践的随意性、盲目性和实践结果的不可预测性,即表达了主体对实践的过程和结果的"应该如何"的判断和要求。因此,任何制度都要以一定的价值认识、价值判断和价值取舍为前提,都要以一定的伦理精神为底蕴。另外,伦理精神在制度的具体安排和组织形式方面也起着重要作用。

杨清荣把制度和伦理精神的关系做过比较精到的概括:第一,一定的伦理精神是一定的制度得以产生的观念先导,是某种制度赖以产生的价值理念。每一个时代的制度都主要是当时的时代精神(伦理精神含于其中)的体现。第二,每一制度的具体安排都要受一定的伦理观念的支配,制度不过是一定伦理观念的实体化和具体化,是结构化、程序化了的伦理精神。第三,制度的变迁或制度的创新直接源于伦理观念的变化和伦理精神的更新①。

由此可见,制度的伦理化有两种基本情况:其一,人们对一定制度及其性质所做的伦理评判。拿金融市场来说,评判一个国家的金融制度是否恰当,应该看这个国家的金融制度是否在推动这个国家经济成长的同时,能够帮助这个国家的经济体化解由于经济高速成长所累积下来的风险,并有利于保持和谐社会,两者之间必须同时进行。如果评判我国大力发展资本市场的战略布局,我们知道,如果要达到既保持经济的持续增长又能化解风险这样一个双重的目标,没有一个发达的资本市场、没有一个合伦理的资本市场制度是完成不了的。其二,制度本身所蕴含的伦理追求和道德价值理想。制度以道德性为基础,只有符合伦理精神的制度才会得以生存。金融市场提倡和推行的"三公原则",就是金融市场制度所蕴含的伦理精神。

2. 金融伦理的制度化

一般伦理作为具有普遍意义的社会规则范畴,在金融领域亦有其适用价值。金融市场伦理制度化是指人们通过一定的程序把一定的具有普遍意义的某些社会伦理原则和道德要求提升、规定为金融领域特殊应用的制度和规则,并通过相应的活动和机制保持和推行这种制度并维系它的权威。

将伦理道德与制度两种社会规范进行交叉重叠使伦理制度化,有其深刻的学理根据。所谓道德的自律性,其本质上是指只有当社会的道德转化为个体道德的需要时,道德才具有真正的现实性。然而,道德的现实基础是社会的整体利益,它体现的只是社会组织成员的共同要求而非个体意志,它具有超越社会个体的普遍性,这决定了道德对社会个体来说具有外在的他律性。因此,社会个体的道德生长过程就表现为由他律的社会道德到自律的社会个体道德的内化过程。所以,道德虽从现实性上强调靠自律起作用,但它本性并不完全排斥强制。人的内心信念的确立、自律意识的形成、道德义务的笃

---

① 杨清荣:《制度的伦理与伦理的制度》,《马克思主义与现实》(双月刊),2002年第4期。

行、道德习惯的养成,都需要一定的道德上的强制性。道德实践告诉我们:当有些人不能选择正确的价值方向,不能将自己的行为控制在道德所允许的范围之内,尤其是没有"良心"时,利用制度的强制性来进行伦理性的督促、监督是非常必要的。

金融伦理制度化是指人们从制度方面解决金融市场领域的伦理道德问题。它表现为人们制定、完善并执行各种符合社会伦理要求的金融活动规则,或者说把一定社会的伦理要求制定、完善为制度并在金融生活领域贯彻执行。这一点可以从历史和现实中寻找依据。如我国目前有多个法律法规对操纵市场行为作了规定,《禁止欺诈办法》和《股票发行与交易暂行条例》、《证券法》侧重于从行政法角度规范,而《刑法》第一百八十条则规定了操纵证券价格罪,《合同法》则就诚实信用等做出明确规定。国际上也不乏把伦理道德制度化的范例,如新加坡特别注重利用制度保证东方伦理道德特别是儒家伦理的发扬,在社会公德、家庭伦理、国家公务员职业道德等方面都有非常细致的规定,这些都属于制度伦理范畴。从这一意义上讲,制度伦理就是人们把一定社会的伦理原则和道德要求提升、规定为制度。

(三)金融市场伦理的理论基础

金融市场伦理必然是适用于金融市场的特殊伦理。仅仅从经济学、金融学的视角出发构建不出有效的金融市场伦理,仅仅从伦理学的视角出发也同样构建不出有效的金融市场伦理。金融市场伦理的构建,需要有制度经济学、信息经济学和伦理学的理论支撑。

1. 金融市场伦理的制度经济学基础:构建一种能促进经济增长的非正式制度

诺斯认为,制度是一系列社会规则,用于约束人的行为,调整人与人之间的利益关系。从整体上讲,制度相对稳定,但不是一成不变的。它可能会出现修订和调整,或干脆被一种新的制度所取代,这就是制度的变迁。制度变迁的经济含义是,有的变迁推动了经济的增长,有的则阻碍了经济的增长。制度变迁理论在很大程度上解释了影响经济发展诸因素中被人们长期忽略的制度因素①。另外,制度为节约交易费用提供了有效途径,而交易费用的节约正是市场秩序稳定有序的主要标志。"交易费用"这一概念是科斯 1937 年首先在《企业的性质》中提出的。科斯认为,交易费用是获得准确的市场信息所需要付出的费用,以及谈判和经常性契约的费用。但他只给出了交易费用的定义却没有对其进行界定和深入研究。1969 年阿罗在研究保险市场逆向选择行为和市场机制运行效率问题时,明确指出交易费用就是市场机制的运行费用,甚至把交易费用进一步归结为利用经济制度的费用。这是对交易费用的最高概括,使得交易费用概念的外延迅速扩展②。威廉姆森继承和发展了科斯和阿罗的交易费用理论,他遵循阿罗的交易费用定义,即"利用经济制度的费用",并把交易费用进一步细分为事先的交易费用和事后的交易费用两种。前者包括起草、谈判和维护一项协议的成本,后者则包括当交易偏离了所要求的准则而引起的不适应成本和为了纠正事后的偏离准则而引起争论的成本以及伴随建立和运作管理机构而来的成本等③。在西方新制度经济学中,交易费用完全可以与分工、价格、成本等基本范畴等量齐观。正如新制度经济学另一代表人物诺斯所说,交易费用是决定一种政治或经济体制结构的制度基础④。

　　金融市场伦理是一种制度,是一种非正式制度。运用制度变迁理论,我们就可以解释为什么要有金融市场伦理,为什么会出现金融市场伦理的变革。并且,更有意义的是,我们制定金融市场制度时,应当注意不能为制定金融市场制度而制定金融市场制度,为修订金

①　道格拉斯·诺斯:《经济史中的结构与变迁》,罗华平等译,上海人民出版社 1994 年版,第 16 页。

②　Arrow,K. J. ,1969,"The Organization of Economic Activity:Issues Pertinent to the Choice of Market Versus Non-market Allocation",in Joint Economic Committee,*The Analysis and Evaluation of Public Expenditure:the PPB System*,Vol. 1,Government Printing office:pp. 59—73。

③　迈克尔·迪屈奇:《交易成本经济学——关于公司的新的经济意义》,经济科学出版社 1999 年版,第 29 页。

④　诺斯:《交易成本、制度和经济史》,《经济译文》,1994 年第 2 期。

融市场制度而修订金融市场制度,一定要认真地看一看是否需要制定或修订,制定或修订制度是否推动或阻碍了经济的增长,其意义是积极的还是消极的。从交易费用与制度形成的内在联系来看,交易费用的存在必然导致制度的产生,制度的形成有利于稳定有序的秩序形成,从而能实现交易费用节约。没有制度约束,亚当·斯密所谓的"看不见的手"的作用带来的可能不是繁荣,而是社会经济生活的混乱。

2. 金融市场伦理的信息经济学基础:建立一种有效的信息机制

信息经济学把整个社会经济关系在很大程度上归结为委托代理关系,主要研究委托代理关系能否保证委托代理目标的实现以及委托代理关系中潜在的问题和解决办法。协调委托代理关系的途径是契约,而契约是不完全的,由于契约中普遍存在的信息不对称,继而衍生出"败德行为"问题。也就是说,在契约履行过程中,代理人获得某种私有信息,而委托人无法获得这种信息,导致代理人的行为对委托人利益的损害[①]。而金融市场伦理的建立与健全,必然能够促进公司财务信息与非财务信息的规范,通过财务报告的充分披露和提供更具透明度的信息使其成为委托人与代理人所共知的东西,从而解决信息不对称问题;并且,金融市场伦理的建立与健全也会有助于会计职业降低与会计职业外部集团之间的谈判、签约与审计等交易成本,即解决会计职业与职业外部集团委托人之间的信息不对称。因此,在这个意义上,金融市场伦理可视为一种有效的信息机制。

3. 金融市场伦理的伦理学基础:树立一种公正的价值观

金融市场伦理要健康地发展,必须使自己建立在一种能够正确地、科学地对待市场经济及其原则,能够正确地、科学地揭示和分析市场经济发展过程中各种问题和矛盾的哲学、伦理学理论的基础之上。笔者认为马克思主义哲学、伦理学就可以为金融市场伦理提供这样的理论基础。

有必要指出,马克思、恩格斯的科学社会主义并不是站在自然经

---

① 张维迎:《博弈论与信息经济学》,上海人民出版社 1996 年版,第 403 页。

济、封建经济的立场上对市场经济原则采取非历史的简单的否定,而是从人类社会在世界历史的范围及未来发展的角度和在对资本主义市场经济内在矛盾分析的基础上,认为随着社会生产力的高度发展,资本主义市场经济在其内在矛盾的推动下必然导致私有制、市场交换、阶级、国家的消亡,使人们成为自己社会关系的主人,真正成为独立、自由、平等及全面发展的人,人类社会将过渡到共产主义社会。并认为那时候人们的关系是一种超出了社会局限性的自由人之间的关系,那时调节人们关系的伦理也许是一种保证个人获得充分发展并使个人发展成为他人发展前提的意义全新的社会伦理。但是,马克思、恩格斯反复强调指出,这种过渡是建立在一系列的现实前提之上的。在资本主义社会过渡到未来共产主义社会的现实条件完全成熟之前、在共产主义理想还不能马上实现之时,社会主义价值的现实目标就只能"表现为18世纪法国伟大的启蒙学者们所提出的各种原则的进一步的、似乎更彻底的发展"①,即在利用市场经济推动经济发展的时候,设法真正贯彻自由、平等、所有权、人权这些原则,设法消除这些原则的内在矛盾,尽量克服市场经济在实际上导致的不平等、不自由、物化、异化等问题,而这些目标归结起来就是如何在市场经济中尽可能地实现社会公正、经济公正的问题。在现代西方,社会公正思想的著名代表人物是罗尔斯。罗尔斯于1971年发表的《正义论》被誉为第二次世界大战后伦理学、政治学领域最重要的理论著作。罗尔斯认为,正义是社会制度的首要价值,社会制度的正义是首要的正义。因而,正义研究的首要对象是社会的体制。既然正义研究的首要对象是社会的体制,那么,正义理论的首要任务就是系统地提出并论证一套公正的社会体制必须与之相符合的正义原则,实现并建立一个公正的社会。经济公正思想最早可以追溯到古希腊哲学家亚里士多德那里,作为西方经济伦理思想研究的奠基人,他提出了在经济交往中的伦理原则——公正性问题。他认为为了取得互惠的作用,双方交换的产品必须以量化的比较形式达到平衡,而这种平

---

① 《马克思恩格斯选集》第3卷,人民出版社1995年版,第355页。

衡引出的伦理原则就是公正性问题。以霍布斯、洛克、卢梭和休谟等为主要代表人物的契约论者认为,经济公正就是维护和履行契约,契约是经济主体双方承认的形式,它表示在一切经济活动中,每个主体享有财产所有权,并承认和尊重他人享有和自己一样的权利。刘化军、郭佩惠在总结前人观点的基础上给经济公正下了这样一个定义:经济公正就是那种最能增进人类的福利、最符合按个人应得分配、最大促进个人自由和尊严的行为和制度①。从以上的分析我们可以看出,社会公正意味着社会应该从制度上给所有人以平等的起点和平等的机会。经济公正是社会经济生活领域中的公正,它强调交易主体权利和义务的统一。社会主义市场经济为经济公正的实现提供了较好的基础,同时市场经济的存在和发展也要求一个公正的环境。社会主义价值实现的现阶段目标和金融市场伦理的目标是一致的,公正问题实际上是金融市场伦理所关注和研究的一个基本的、中心的问题。

184

　　判断公正的依据或根据是什么,采取何种形式、方法、手段、制度去调节人与人之间的经济关系、利益关系,使社会的利益结构既能最大限度地有利于金融市场的发展又能确保社会的安全和稳定,这些都是金融市场伦理需要着力研究的问题。而在这些问题上,不同的利益集团、不同的世界观、价值观、方法论往往会有不同的观点和方法,从不同的哲学基础出发往往会形成不同的公正观、形成不同的金融市场伦理的理论体系。例如,在劳动价值论的基础上会有一种公正观,在社会契约论的基础上则又会有另一种公正观;在个人本位论的基础上会有一种公正观,在社会整体论的基础上又会有另一种公正观;从理想主义出发,会形成理想状态的公正观念,从现实主义出发,则又会形成现实状态的公正观念。正如我们在建立社会主义市场经济体制的时候需要应用马克思主义的立场、观点、方法,在邓小平建设有中国特色社会主义理论指导下,借鉴、吸收各种市场经济理

---

① 刘化军、郭佩惠:《经济公正——社会主义市场经济健康运行的伦理基础》,《理论学刊》,2005 年第 2 期。

论,在分析实际面临的各种新问题、新情况的基础上进行综合创新一样,在对待市场经济中的公正问题时,也应该在马克思主义、毛泽东思想、邓小平理论的指导下,博采各家之长,并同建立社会主义市场经济体制的现实过程结合起来,与社会主义的效率观结合起来,建立具有中国特色的社会主义市场经济的公正理论。以这种适合我国社会主义市场经济建设进程、适合我国金融市场实际、适合社会主义根本制度要求的公正观为指导,才能建立起具有中国特色的金融市场伦理。

三、中国金融市场伦理的价值理念

金融市场伦理规范对金融市场的适应与支持,最突出、最切实的方面是它作为金融市场的普遍"立法"和价值规范为金融市场的运行建构相应的"秩序"。如果说伦理道德为金融市场运行提供动力支持,实质在于从道义上对金融市场交易主体的求利动机给予适当的肯定和保护,那么,伦理道德为金融市场提供秩序支持,实质和核心则在于通过规范金融市场交易主体的经济行为乃至人们的社会行为,使其谋利合义或利己合理。这实际上就是要结合金融市场的特性,从义理方面规定人们谋利的路径、手段和方式,为金融市场主体的经济活动提供一种正当且普遍有效的行为模式。

(一)中国金融市场伦理的核心价值理念

人类社会的发展,有着与自然界根本不同的规律,它不仅需要强大的物质动力,而且还需要有强大的精神动力。甚至在一定的条件下,精神动力对社会发展所起的作用更大。人类社会发展的根本动力,是社会生产力,而在社会生产力中起主导作用的是人而不是物。特别是在现代社会,随着经济增长方式从粗放型向集约型的转变,从劳动力密集型结构向科技密集型结构的转变,人在经济发展中的作用愈来愈大。对人才的呼唤,对"以人为本"的重视,已经成为当今世界的共同要求。人是物质与精神的统一体,是以精神为主导的物质体,精神的力量是人所特有的强大力量。伦理精神作为一种主要的精神力量,对社会经济发展具有促进作用。伦理精神在历史中形成,在现实实践中发展和变迁。要研究中国金融市场伦理的核心价值观念和基本伦理精神,就必须要从历史和现实两个层面着眼。

1. 市场伦理中的中国传统伦理精神

市场不是西方的特有物,早在中国的商朝时期,工商业已有所发展。中国的传统市场源远流长,并且曾经发展到相当的水平,但一直都未超出经济活动的层次,进而达到经济运作方式、经济形式以至经济制度的高度。为了探究其中的深层次原因,不得不深入到中国的历史背景、社会结构、经济基础、政治制度和文化观念等多个方面。可以讲,正是这些方面的中国特点决定了独特的社会形态和市场形态及其历史,决定了独特的伦理范式和市场伦理范式,即独特的发展逻辑、话语体系和思维特色,同时也决定了传统伦理的独特结构、功能和性质,以及传统市场伦理在传统伦理中的独特地位和作用。

近年来,经济伦理的研究方兴未艾,对我国传统伦理文化中的经济伦理因素挖掘不少,于市场伦理的研究不无裨益。可以说,传统市场伦理中固然有助益于现代市场活动的伦理要素,而它们却只是一种旧有的东西,与现代要求相距较远。从形式上来看,契合现代形式的传统市场伦理至少有三个因素[①]。

(1)平等。严格说来,由于中国是一个封建宗法等级制社会,传统伦理中的平等还是比较少的,它仅仅局限于形式层次上的平等。从主体的角度说,传统伦理中的平等主要是讲道德意义上的平等。传统伦理强调,每个人都是人,都有彼此相同的本性;只要努力,都可以把人性中的善发挥出来,达到"仁"和圣贤的境界。孔子所谓"我欲仁,斯仁至矣",孟子所谓"人皆可以为尧舜",荀子所谓"涂之人可以为禹",陈胜所谓"王侯将相宁有种乎",都表达了这样一种平等的意识。从客体的角度说,传统伦理中的平等主要是讲人格的平等。

---

① 高玉林:《在传统伦理基础上建构市场伦理的可行性探讨》,《河北学刊》,2002 年第 3 期。

既然每个人都是人,那么便都应该得到同等的对待。古人所谓"一视同仁"、"公则平",都表达了平等的这种内涵。然而,关于平等的这种认识是肤浅的。它表现在对平等的理解还停留在道德观念的领域内,而对它的政治的、经济的、社会的诸多内涵却仍处于蒙昧状态。此外,对平等的理解还局限于表层的、量上的平均主义,而缺乏对平等的深层的质上的意义的认知;对平等的理解只是终点平等或结果均等的理解,还没有深发到机会平等和起点平等的地步。由此可见,传统市场伦理中的平等概念不过是形式上的、浅层的,与现代平等概念有着较大的差别。

(2)诚信。"诚"和"信"是中国传统伦理的重要范畴。不自欺、不欺人为诚;不毁诺、言出必行为信。诚信是人们处理社会关系的重要准则,也是道德修养的高级境界。然而,这种诚信却不是普遍意义上的、放之四海而皆准的规则和准绳。或者说,此种诚信是有限度的诚信,是在封建式血缘、地缘和情缘结构下的诚信。人们仅在血缘圈、地缘圈和情缘圈里讲诚信,出了这个圈,就不再以诚信为标准,甚至全无信用可言。于是,人人面前都有两个世界:一个是信用度较高的内部圈子,另一个是信用度较低的圈外世界。诚信的这种圈层结构与儒家的差等之爱有着异曲同工之妙,属于私德的范畴,于当代公共伦理的构建并无直接益处。可想而知,要想将传统的诚信扩展至三种圈层之外,进而成为社会的、公共的法则,必须打破原有的封建色彩的各种关系结构,涤荡陈气,倡导新风。

(3)谋利。"重义轻利"、"贵义贱利"是传统伦理在道义与功利关系问题上的主要倾向和基本模式。尽管功利主义始终没有占据主导地位,但谋利思想一直是道德实践和道德生活的重要内容。肖群忠认为,道义论和功利主义在中国主导性传统伦理中紧密地结合在一起,形成了"道德功利主义"的内在运行机制,其实质是形式上的道义论与内容上的功利主义的混合[①]。但是,传统的功利主义并不

187

---

① 肖群忠:《论"道德功利主义":中国主导性传统伦理的内在运行机制》,《哲学研究》,1998 年第 1 期。

完全是现代意义上的功利,它是"以义为利"、"利以义制"、"先难后获"、"先事后得"的功利主义。也就是说,必须以"义"的形式和方式来求利。把中国传统的功利主义转化为现代含义的功利主义,自然要剥去包在其外的道德形式和装饰,使其显形化、透明化和公开化。就像有人所呼吁的:"与其让人虚伪地崇高,何不让人真诚地世俗。"①

2. 当代金融市场中的伦理价值理念

什么样的伦理价值观才能适合社会主义市场经济的需要,一直是人们关注的问题。在历史上,市场经济作为一种经济形态和经济体制,对人们伦理价值观的形成和发展产生过积极的效应,也带来过消极的影响,体现着它的二律背反。社会主义市场经济和资本主义市场经济虽然有本质的区别,但它对人的伦理价值观的影响也具有二重性,即主要带来积极效应的同时,也产生了一定的消极效应。主要表现在:既有助于形成人们的独立人格,又助长了拜金主义;既推动了人们对经济价值追求的重视,又导致了伦理需求的淡化;既促使了人的思想解放和活跃,又造成了人的伦理价值取向的紊乱和多元;既促进了人的创造力的发挥,催生了体现时代精神的新道德,又诱发了一些人陷入极端的个人主义伦理价值取向的误区。社会主义市场经济的发展不再需要一种无经济价值的伦理范畴,也不是让伦理学经过外部修正纳入经济领域。适合当代及未来的金融领域的伦理价值观,需要从社会主义市场经济运行所形成的伦理关系中,从金融市场良性运行的客观需要中去导出。社会主义市场经济和金融市场领域所需要的伦理价值观应该是一种伦理价值与经济价值的同值、协调模式。这种模式的产生是由人——既是"经济人"又是"道德人"的特殊本质决定的。

伦理价值观念对市场经济的启动和发展的意义是不言而喻的。同样,市场经济也同其他经济形式一样,要求有与之相适应的伦理道德基础。当然,现代市场伦理的建构不是把传统伦理当作一个可以

---

① 游宇明:《真诚的世俗》,《读者》,2003 年第 16 期。

拆解的机械,而是在原基础上做一个不断演化和进步的系统。金融市场作为市场经济的一个重要组成部分,其伦理价值观念继承了中国传统伦理的精髓,同时适应时代的要求和金融市场自身发展的需要,又具有鲜明的时代特色和现实的指导意义。具体表现在以下几个方面:

(1)交易主体权利义务对等观念。契约是权利和义务的统一体。契约权利义务观念是权利义务观念在契约关系和契约交易中的具体运用。契约权利义务观念作为现代市场秩序的基石,其重要性已被越来越多的人所认识。按照现代法理学和契约理论确立的原则,契约权利义务观念有以下几层含义:一是,订约是公民和法人所享有的天赋权利,法律应赋予公民和法人契约主体的资格,同时契约的内容必须符合法律的规定,契约的形式也要符合法律的要求。契约活动中,仅享有权利而不承担义务或仅承担义务而不享有权利的契约是不合法、被禁止的、应被宣布无效的。二是,权利和义务是契约内容的两个方面:甲方享有的权利就是乙方承担的义务,而乙方享有的权利也是甲方承担的义务。契约主体订立契约、履行契约的一切行为,都是为了取得权利,同时,契约的成立和生效意味着履行契约义务的开始。当事人双方都应尽心尽力地履约或协助对方履约,只有这样,契约当事人才能全面地享有权利。三是,法律对契约权利的保障具有不可推卸的责任。契约行为是一种具有法律效力的行为,违约的一方必须承担法律后果:不仅应受到适当的惩戒,而且应给予受害人以相应的补偿。这种效力来自法律,而不是来自当事人自身的意志。

在资本市场上,资本持有者与企业的权利与义务关系是通过证券这一载体实现的。从契约关系看,证券实质上体现的是平衡两个经济行为主体之间权利和责任的制度安排:企业承担每年偿付券息的责任;而资本持有者则有权每年索取一定的利息,并以所持证券数额享有监督或参与企业经营管理活动的权利。进一步来看,签约的过程实际上是承担责任的经济行为主体卖掉相应权利、承担相应责任,而契约权利的享有者相应地具有要求契约责任者履行义务的权

189

利的过程。简单地说就是,契约关系是通过企业发行股票或债券,资本持有者购买股票或债券这一过程形成的。这一契约关系一经形成,企业就相应承担一定的义务,而股票或证券购买者相应享有一定的权利。证券可在不同的资本持有者手中流通,证券流通到哪个购买者手中,他就取得了相应的权利,而企业对所有证券持有者负责。在所形成的契约关系中,各交易主体的权利和责任是对称的、平等的。

(2)交易主体平等观念。平等观念是近现代西方政治理论和法学理论的基础,契约的平等观念已成为现代市场秩序的核心观念。契约平等观念主要有以下内容:任何自然人和法人都具有契约主体资格,契约主体资格不是身份、等级、特权的代名词,而是不可剥夺的天赋人权;在契约交易过程中,当事人的地位是平等的:自然人不因出身或职位区分贵贱,法人不因财产多寡或所有制性质决定高低,自然人与法人也应是平等关系;契约内容是当事人权利义务的对等,是当事人真实意思表示的一致,体现商品交易的等价互利的原则,任何想通过契约活动或契约关系来侵占掠夺他人权益的企图和行为都是与契约平等观念相违背的;违约责任的承担和违约损失的弥补,根据当事人的过错程度确定,由于一方的过错违约并造成对方损失,不管其地位高低、身份如何、财产多寡,都要承担责任。当今,中国经济生活和社会生活的全面变革,荡涤着一切领域的等级观念、特权意识等陈腐观念。契约平等观念应成为金融市场交易主体自觉的意识状态,并进而转化为自觉的行为。

(3)市场交易诚信观念。现代市场经济是以信用为基础的经济,它的正常高效运行需要诚信道德来维系。在现代社会中,信用不再仅仅被认为是个人的道德问题,而是关乎市场经济秩序稳定的重大原则问题。在以契约为形态的金融市场运行过程中,失信行为造成的损害,不仅是对个人的损害,更重要的是对社会的损害。因为具体契约作为整个金融市场运行链条中的一环,一旦脱落或受挫,必然影响到整个金融市场运行的速度和效率,导致整个金融市场运行费用的增加甚至整个社会经济效益的下降。因此,信用不仅代表个人和企业组织的无法计算的财产,而且是整个金融市场运行良性化过程的有效保障。一切信用手段的采用不仅可以避免难以预测的各种风险,还可以节约金融市场运行的大量成本,从而提高金融市场运行效率。中国证监会副主席屠光绍在"世界经济发展宣言暨中国企业高峰会"上就表示,各类金融市场交易主体诚信运作、规范经营是金融市场稳定发展的基本要求。

(4)公平竞争观念。竞争是构成市场的一种本质属性,是市场有序有效运行的必要条件。为使市场能够有序有效运行,竞争本身也必须是有序的,而公平竞争是有序竞争的重要支柱之一。公平竞争是契约得以正常运行的外部保障,离开了公平竞争,契约的运行就会发生问题。公平竞争观念无疑是构建现代契约观念的一个不可缺少的要素,它的主要内容包括起点公平、过程公平、结果公平以及规则公平和实质公平等等方面,同时也要求参与竞争者采用正当的竞争手段和方式,以保证竞争能够在机会均等的条件下展开,真正发挥存优汰劣的作用;为了保证所有竞争的参与者都有均等的机会,必须保护和鼓励公平竞争,制止各种强制性权力的介入以及竞争主体选择、使用不正当的手段等不利于公平竞争的行为的发生。一切通过人为设置种种障碍或者采取其他不正当手段来获得竞争中的优势地位,使竞争对手处于不利位置的行为,都是与公平竞争观念相悖的。

(二)中国金融市场伦理的效用

把握金融市场伦理对市场主体行为的影响,不仅要看到金融市场伦理作为相对独立的要素发生的作用,而且要看到金融市场伦理作为金融市场一切正式规则的文化母体和基础发生的作用。从一定意义上说,伦理也是一种特殊的经济资源,它在经济活动中的投入不仅可以发挥出自身的效用,而且能够激活和优化其他要素效用的发挥,促进着经济绩效的增长。

1. **中国金融市场伦理的经济效用**

一般来说,人们并不否认伦理道德可以对经济活动发挥一定的约束和调节作用,但人们往往是将伦理作为一种外在于经济的因素来谈其影响和制约作用的。实际上,伦理之所以能够在经济活动中发挥积极的作用,是因为伦理本身内涵着经济效用,其在经济活动中的作用正是这种效用的发挥和表现。中国金融市场伦理的经济效用体现在以下两个方面:

(1)金融伦理促进资源的优化配置

从经济学的角度看,经济绩效是资源有效配置的一种状态。在实现资源优化配置过程中,经济伦理起着一定的积极作用。在市场和政府之外,我们知道,还存在着第三种调节经济和配置资源方式,这就是习惯和道义。习惯和道义既在市场和政府调节都不能起作用的场合起着填补真空的作用,也在市场和政府发挥调节功能中起辅助作用。经济伦理作为经济活动中的道义原则和精神,作为经济主体的一种自我调节方式,在调节社会资源配置中起着市场和政府起不到的作用。可以说,只有在一定的伦理调节的配合下,市场和政府调节才可能发挥应有效果,资源才会实现优化配置。遵守合同、信守合约本是市场经济伦理道德的基本要求,但由于企业缺乏契约观念,恶意拖欠、随意造假便成为常事,极大地破坏了中国尚不成熟的信用制度,反过来又进一步冲击了人们的信用观念。在金融市场上,投资者普遍不相信上市公司和中介机构,甚至连政府信用都大打折扣,投资者有钱不敢投到真正需要资金的好企业中去,而一些道德缺失的企业想尽办法圈钱,造成恶性循环。另外,企业的信用风险被制造、放大,也加大了银行的金融风险。银行由于对企业缺乏了解,因此会提高放贷的利率和审核标准,真正的好企业筹不到钱,信誉不好的企业反正借钱也不打算还,多高的利率都可以借,造成人为的"柠檬效应"。银行资金配置到道德缺失、效率低下的企业中去了。由此可见,道德缺失严重影响资源的优化配置。只有建立普遍的信用征信制度和信用评价制度,让投资面对的是真正诚实守信的企业,资源才会得到合理地配置,金融市场的风险才会真正降低。

(2)金融伦理是降低交易费用的重要机制

制度经济学认为,降低交易费用的最有效方式,就是合理的制度安排。而我们前面讨论的金融市场伦理就是一种非正式的制度安排,伦理道德在降低交易费用中的作用主要表现在:①它通过确立一套行为准则和伦理约束机制,降低了人们在经济交往中的不确定性和复杂性,从而减少去处理相互关系时获取信息、进行选择的成本。②它可以有效地调节人们在交换过程中的利益冲突,遏制和克服投机取巧、损人利己等消极行为倾向,减少交易中谈判费用和合约的执行、监督成本,以及违约的风险成本。经济活动是讲合作的,经济活动中的合作无疑是以利益为基础的,通过合作彼此都能够从中获得一种潜在利益,并且只有当这种利益大于其合作成本时,合作才会发生。但只有利益的联系并不能构成合作的充分条件,更不等于可以创造合作效益。这是因为合作的参与者之间既有利益一致的方面,也包含着相互冲突的一面,如果没有一定的调节和约束机制,合作将无法达成。在这些调节和约束条件中,伦理是一种非常重要的因素,它对合作的达成和合作效益的创造都起着重要的作用。③它可以服务于其他制度,降低有关政策、法律的实施成本。

伦理道德对降低交易成本的作用,还可以通过它作为商誉所形成的无形资产中体现出来。商誉既可以大大地降低顾客的信息搜索成本、风险成本;又可以大大降低厂商的推销成本、谈判成本,因而可以有效地促进交易双方效益的提高。而商誉实质上就是商业伦理所形成的一种积极效果,是注重服务,讲求信誉,追求品质的企业伦理精神带来的一种社会声誉。

总之,与金融市场发展相适应的伦理道德是降低交易费用,提高经济效益的一种有效的资源配置机制。它所产生的效益渗透在几乎所有其他资源效益的实现过程中,虽然很难被准确的量化,但没有它,所有其他资源效益都难以实现。由此可知,伦理道德的经济价值是巨大的。

2. 中国金融市场伦理经济效用的实现途径

中国金融市场伦理经济效用必然通过以下两个途径来实现:

其一,确立有效控制金融市场秩序的金融市场伦理观念,有计划地实施金融市场伦理教育,开展公开、透明的金融市场活动的伦理评价和道德行为记录,形成金融市场交易主体行为的内在约束和控制力量,以达到金融市场交易主体行为的自律。

运用伦理道德手段,是要在一定的经济道德已在人们心目中形成后,才能起到有效调节作用的。它不像运用其他调节手段那样要由一定的管理机构来维系,而是通过人们在经济活动中形成的经济道德原则和规范的自我约束来进行。其关键就是要形成符合经济发展规律的经济道德观念。我国现阶段在全面进行市场经济伦理道德建设时,特别要教育人们培育社会主义市场经济的观念意识。它包括:在兼顾国家、集体、个人三者利益的前提下追求自身经济利益的观念;既讲求利润而又不唯利是图的观念;在国家宏观调控下重视市场的观念;互相协作基础上的竞争和讲求经济效益和社会效益、以等量劳动取得等量收入、以劳动致富为荣、以懒惰和无偿占有别人劳动为耻等观念以及信息、知识、时间、技术观念和勇于开拓的创新精神等等。

金融市场伦理精神的确立,有助于对金融市场交易主体行为做出评价。对金融市场交易主体行为进行评价,其主要目的就是要从研究金融市场状态入手,判断当前的金融市场状态与理想金融市场状态相比可以改进的余地和空间,研究金融市场交易主体的合理行为的实现机制,并且探讨对各交易主体行为的约束规范机制。显然,进行公开、透明的市场行为评价,把历次评价记录在案,并提供给其他市场交易主体查询,是一种有效的方法。它可以把外在的秩序转化为人内心的秩序,从而成为一种有效的行为调节器,达到改进金融市场秩序的目标。

其二,通过金融市场伦理观念或原则对法律制度的渗透和影响,形成金融市场交易主体行为的外在约束和控制力量,确保金融市场交易主体行为的有效他律。

人的道德共识、道德认同和道德素养是市场交易正式规则得到维持和执行的前提。也就是说,正式规则的维持和执行,离不开有金融伦理观念的金融市场交易主体的认同和尊重。市场交易主体的诚实、正直、合作、公平、正义和守信等方面素质的高低,决定着市场正式规则执行的好坏。金融市场活动领域的正式规则实际上都是金融市场伦理原则如产权、自由、正义、公平和信用等原则的制度化确认和具体展开。也正是因为伦理道德原则是制定正式市场法则的规则,正式市场法则的维持和执行有很大的道德依赖性。所以,伦理道德对正式市场规则就有定性选择功能、批判评价功能、调适修正功能、支撑维持功能和辅助执行功能。

从伦理道德与法律制度的关系看,它们之间有着内在的联系,是相互作用、相互转化的。道德和法都是为一定经济关系所决定并为其服务的上层建筑,都是维护社会秩序的手段。道德是法的哲学内涵,是法形成的伦理依据。任何法律制度除了受经济政治制约之外,还必须受一定道德观的指导。因此,法律是一定伦理精神的体现,道德与法律在内容上是相互渗透的。一般说来,守法在任何社会里都有道德的意义,而任何社会的道德原则也都渗透在该社会的立法原则中。这种渗透还表现在有些法律规范和道德规范是直接同一的。

如果我们认真考察一下市场规则的起源与发展规律,就不难发现,任何一个国家或者地区,乃至整个世界范围,市场规则都是由法律规范、政策规范和传统交易中所形成的交易习惯三个方面构成的。人们在长期的市场交易行为中所形成的各种交易习惯与惯例,构成市场规则的现实基础。一个国家或者许多国家的政府根据这些交易习惯和惯例以是否符合有利于维护市场秩序的稳定运行为标准,对这些交易习惯和惯例进行政策化,即通过行政力量使这些交易习惯与惯例转换成为政府的政策规章制度并加以强制推行。如果政府制定的市场规章制度在实际的允许过程中被实践证实是合理有效的,国家就会按照法定的程序,以法律规范的形式给予确定,并凭借国家的强制力组织实施。需要强调指出的是,作为人们在长期的市场交易中所形成的各种交易习惯与惯例是以人们的道德观念和价值观念为基础的。对于任何一个国家来说,其市场秩序的稳定与否,不仅取决于该国政府所制定的政策与法律规则的权威性和强制力,更为重要的是,政府所制定的市场政策与法律规则是否建立在"合理"的基础上。而这里所谓的"合理",主要是指这些政策与法律规范是否是

195

以人们在长期的市场交易中所形成的交易习惯与惯例为基础的,如果是这样,那么这种政策与法律规则就能够成为大多数人在市场交易中自觉行动的行为准则。而正是由于这个原因,市场秩序的稳定与运行才会有一个强有力的保障。

具体来说,为了保证中国金融市场伦理经济效用的顺利实现,当务之急主要是做好以下几个方面的工作:

(1)加强金融市场信用建设

金融是现代经济的核心,它的存在和正常运转有赖于良好的社会信用。众所周知,金融的基础是信用。金融业由于其特殊的性质,从产生伊始,就和信用相伴相生。对于金融业而言,信用几乎就是生命线。金融市场对信用的依赖程度要远远高于产品市场、劳务市场对信用的依赖程度。恰恰因为信用对金融市场有如此重要的作用,信用危机对于金融市场的打击也是最可怕的。信用缺失严重打击广大投资者对上市公司的持股信心和投资热情,同时极大地削弱了中介机构在投资者心目中的地位和分量。以"银广夏事件"为例,《财经》杂志 2001 年 9 月号对中国经理的调查结果显示:认为在 1100 多家上市公司中类似"银广夏"的上市公司少于 100 家的占 42.9%,而认为在 200—500 家的占 57.1%;在"银广夏事件"后对所谓权威媒体发布的股评相信的为 0%,不相信和半信半疑的比例也分别达到 42.9% 和 57.1%。如果投资者对资本市场普遍失去信心,他们将选择离开这个市场,即使留下来的人也只能选择以投机为主。那么整个市场将发生崩溃,并可能引发经济危机甚至导致长期的萧条。另外从银行角度看,金融信用作为银行赖以生存的基础,一方面是银行必须确保存款人自由取款,另一方面需要贷款人确保按时、如数还本付息,缺一不可。正如一位银行家所言:"信用是银行的生存之本。"如果信用风险引发流动性风险,银行不能及时兑付存款和偿还其他债务,银行作为信用中介难以为继。据有关数据统计,按 2001 年年底金融机构贷款余额 11.2 万亿元计算,平均不良率约 25%,其中以不良损失率约 30% 计,则要损失 8400 亿元;剥离到 AMC(Asset Management Corporation)的 13000 亿元资产损失率约 70%,则要损失

9100 亿元。合计损失约 17500 亿元①。同时,信用扭曲对银行来说,发放贷款前要投入大量精力进行企业信用调查评估,并采取通过会计、审计事务所方式评定企业会计报表的真实性,加大了银行贷款成本,也可能因时间关系失去与优势企业的合作机会。银行诉讼成本、拍卖费、评估费等用于处置资产的成本增加,加上贷款流动性较差,融资成本、业务成本等组织负债来源和收回资产成本亦相应增加,也造成金融资产大量流失,引发局部金融危机和金融风波。

既然金融信用缺失对金融市场造成的危害是如此严重的后果,那么到底是什么原因导致金融市场信用严重缺失的呢? 笔者认为有以下几点应该考虑:

其一,信用机制和法律法规不健全导致守信成本高,失信成本低。市场主体是“经济人”、“理性人”,他们在市场中做出的一切行为均以利益最大化为原则。因此,如果守信能带来利益,而失信会遭受损失的话,他们就会毫不犹豫地选择守信,反之亦然。经济学中的博弈论就很好地证明了这一点。但是目前我国社会规范不成熟,体制安排不合理。一方面对失信的惩罚力度不够,法律法规不健全导致失信的人不必支付高昂的代价;另一方面守信的交易成本太高而收益不明显,失信的成本低而收益大,以至出现类似劣币驱逐良币的现象。导致守信的市场主体退出市场或者自动放弃守信原则。

其二,金融市场上信息严重不对称。在金融交易活动中,投资者和金融机构获得的信息往往是不充分的,不对称的。投资者不能准确地了解上市公司的经营者在做什么,也不清楚公司目前现金流的情况怎么样。由于获取信息需要支付一定的成本,同时又存在搭便车现象,投资者往往缺乏减少信息不对称的动力。同样地,银行等金融机构在获取客户信息的过程中往往也处于被动地位,这不仅表现在获取决定贷款信息时,还表现在贷款获取后监督贷款人行为时。贷款人为获得贷款可能隐瞒真实信息,甚至提供虚假信息。信息的

---

① 杨占虹、林月兵:《从现实银企关系论信用缺失治理》,《国际金融研究》,2002 年 8 月。

不完全和不对称使信用的性质发生一定程度的扭曲,影响到金融信用的整体状态和效率。

其三,政府的过度行政干预直接改变了证券市场的信誉机制。著名经济学家吴敬琏曾说过,市场经济是信用经济,一语道出了信用在市场经济建设中的地位和作用。一个信用缺失的社会或国家无论如何是不能够建立起完善的市场经济体制的。因此,在我国当前建立和完善社会主义市场经济体制的过程中,大力建设社会信用体系势在必然,而政府信用的建立是整个社会信用体系建立的基石。就目前中国的证券市场而言,政府对市场的行政干预是一个不争的事实,政府与上市公司更是有着千丝万缕的联系。一些国有的上市公司更是地方政府一手包装上市的,上市公司普遍代表着各地方政府的形象。由于政府的强大力量,当上市公司发生失信行为时,各种惩罚措施往往不能到位,或者名不副实,这就大大降低了惩罚的可信度。证券市场信用缺失,这是一个重要因素。

那么如何加强信用建设呢? 信用的基础是对出资人利益的保障。在市场经济中出资人就是老板。市场经济中资本市场永远是一个买方市场,融资者要想得到资金,就必须保证出资人的利益。对出资人利益的保证有在立法方面的保证、有在执法方面的保证、有社会意识上的保证以及其他各种各样的保证。它包括:尽快建立征信体系和信用评价体系,建立金融信用法律主体框架,尽快制定、修改、完善金融信用行为法和失信惩罚法。另外,还有一个重要的方面,那就是政府应进一步提高其信用度。一个信用度高的强势政府的制度更易发挥作用,从而进一步提高政府的信用度和公信力;而一个弱势政府因为所制定的制度不易为大众所接受而较难取得较好的效果,进一步弱化政府的信用度和公信力,造成恶性循环,严重的还会导致政府倒台。

（2）培养经营者对投资者的忠诚

由于金融市场上严重的信息不对称,极易产生经营者的道德风险和逆向选择问题。信息经济学告诉我们,事前的信息不对称会导致道德风险,事后的信息不对称会导致逆向选择。我们所讨论的经营者对投资者的忠诚应努力解决上述两个问题。而且我们所讨论的投资者是个广义的概念,它既包括一般意义上资本市场上的广大投资者,同时它还应包括银行。对于资本市场上的广大投资者,经营者会认为我融资你投资,我设赌场你赌博,一个是周瑜,一个是黄盖,一个愿打一个愿挨。再加上投资者根本无法对经营者进行有效监督,因此经营者做出侵犯投资者利益的事时有发生,根本谈不上经营者要对投资者忠诚。对于银行而言,由于在传统的计划经济体制下作为借贷双方的国有企业和国有银行没有成为产权明晰的主体,因此导致某些人的主体责任淡漠。很多国有企业的经营者认为,企业、银行都是国家的,欠的都是国家的钱,因此经营者习惯了"等、靠、要",导致大量拖欠银行贷款不还。虽然我们现在搞市场经济,但传统的计划经济体制下的惯性思维仍然存在。

在会计信息披露方面,对于无足够股份参与管理的大多数中小投资者来说,上市公司披露的信息是投资者决策的最直接的信息来源。证券监管部门规定的信息披露规则是对公司信息披露的最低要求。许多信息披露的法规都强调除按规定披露相关信息外,管理者还应当披露有必要披露的其他信息。因信息披露不真实、不及时、不全面而受到谴责或制裁的事件频频发生,说明这些公司尚未达到信息披露的基本要求,更谈不上坦诚。证券市场是不能够允许劣币驱逐良币的现象长期存在的,这种隐瞒风险和损失、粉饰报表的做法从长远的观点看损人也不利己,严重损害了市场信用体系。随着证券市场和监管体系的完善,隐瞒信息的成本和风险将逐渐增大。在这个方面,所有的上市公司都应该从"安然事件"中吸取教训。安然的所作所为如果得到及时、公允、透明的信息披露,其风险毫无疑问地会提前在证券交易中逐渐得到释放,而不至于出现公司顷刻崩塌的恶果。

(3)加强监管、保证公正和效率

在现代经济社会中,如果没有恰当的监管,任何金融市场都难以运作良好。金融监管就犹如一把"双刃剑",一方面通过金融监管可以减少金融系统的风险,保持金融机构的稳定,提高金融运行效率;

另一方面,如果监管不当,或者监管过度,将加大监管成本,降低金融市场效率,阻碍金融业的发展。目前,我国的金融监管尚不能称之为一种有效监管,而是一种存在诸多缺陷的权力监管。加强监管应保证监管的公正和效率。

其一,加大金融市场监督的力度和广度。加强金融市场监督应从两方面着手,一是加强法律监督,二是加强民主监督。加强法律监督,应做到有法可依、有法必依、执法必严、违法必究。具体地来说,就是要尽快完善主体法律,制定有关法律的实施细则,严格金融执法,建立有效的市场惩戒机制。而加强民主监督,就是要充分发挥机构投资者、基金管理公司的证券分析人员、注册会计师以及各种媒体监督等的监督作用。安然公司倒闭的整个过程中,这些市场参与者所起的作用是非常巨大的。当然,前提是必须保证这些金融中介机构和社会监督机构的客观、公正,这也是我国金融市场亟须解决的问题之一。

其二,金融监管的透明度有待提高。按照 WTO 透明度的原则,监管部门要向公众公示监管机构的政策调整、重大措施,披露金融机构信息等。提高监管的透明度,不仅是为了维护市场公平、避免歧视,还有一个重要原因就是保证监管的公正。曾一度有国外学者呼吁"谁来监管中央银行",国家金融监管机构不能成为终极的监管者,公众需要充分了解有关政策和市场信息,从而调整投资战略,保护自己的权益。

其三,对监管机制进行改革。过度的行政管制和官僚统制虽然看起来有利于金融市场的短期稳定和短期"安全",但牺牲了效率和市场活力,遏制了市场创新和市场机制的成长,妨碍了市场的长期进化发展。必须使市场参与者成为市场运作的主体,充分发挥其主动性和创造性。推进金融市场监管文化的转型,即由"官僚控制"文化转向"客户服务"文化,由"官本位"转向"市场参与者本位"。需要明确,监管者向被监管者提供的是一种监管服务。因此,必须强化监管机构的服务意识,提高服务效率,改进服务质量。同时,必须重视监管机构的效率、效力和监管资源的有效配置,重视监管的成本收益分析。由于存在市场缺陷,仅仅依靠自由的证券市场机制不可能达到资源的最优配置。因此,作为社会公共利益代表的政府需通过建立证券市场监管机制对市场运作进行不同程度的干预。然而,监管是要付出代价的,这体现在:①不合理的监管行为(监管不足或监管过度或监管权滥用)会对证券市场的规范发展造成严重损害;②监管本身要耗费大量的人力、物力和财力。这两方面的成本就构成监管机制的运行成本。通过监管所产生的运行效率和秩序相对于自由放任的证券市场的增量就是监管收益。当收益大于运行成本时,这种监管机制是有效率的、合理的,否则便是无效率的、不合理的。对于不合理的监管机制必须进行改革,创新监管制度。

四、中国金融市场伦理重构的现实基础

金融市场伦理重构的基础应主要包括金融市场伦理的认识基础、规范基础和环境基础。为此,进行金融市场伦理建设必须从这三方面入手。金融市场伦理建设既涉及认识建设,又涉及规范建设,还涉及外部环境建设,但各自侧重不同,本书的认识建设侧重于对金融市场与伦理道德的辩证关系的理性认识,是解决认识问题;而规范建设侧重于对金融市场与伦理道德的关系的处理,提出一些具有可应用性、可操作性的规范体系;外部环境建设侧重于为金融市场伦理的落实提供良好的外部环境。理论认识决定规范体系,而且需要规范体系来体现;规范体系需要理论认识来指导,而且要体现理性精神;而外部环境建设是金融市场伦理得以落实的坚强后盾,需要理论认识和规范体系的指导。显然金融市场伦理的认识建设、规范建设和外部环境建设是相辅相成、密不可分的,体现了金融市场伦理重构的三个重要方面。

(一)认识基础

对金融市场行为伦理影响最明显的应首推参与者的价值观,即

"人们头脑中有关价值追求的观念,是人们选择取舍过程中,起着评价标准作用的那些观念,从其外部功能看,就是成为人们内心导向机制、评价标准系统的那些观念"①。正如哈维·赫加蒂和亨利·西姆斯通过研究证明的,有一套预先确定的、存在于参与者头脑中的价值观是最能影响伦理行为的因素。参与者所具有的关于"哪些行为是有道德价值的"、"哪些行为是伦理的"、"哪些后果是值得追求的"、"伦理价值的重要程度是多少"的观念将对他们进行的行为产生决定性的影响。所以,在考察影响伦理在金融市场行为中发挥作用的各要素时,我们必须从参与者的价值观方面入手。

1. 义利统一价值观的培养是金融市场伦理建设的前提

价值观是一种实践精神,它指引着人们的社会经济活动。马克思在《1857—1858 年经济学手稿》中曾把人类把握世界的方式分为四种,即科学理论的、艺术的、宗教的和实践精神的。价值观与伦理一样都是以实践精神的方式来把握世界的。"伦理作为实践精神是一种价值,是主体的需要同满足这种需要的对象之间的价值关系。"在把握世界的方式上,"伦理是通过价值方式把握的",从善恶的角度把世界分成有价值的、无价值的和负价值的,直接引导、规范、调节人们实践活动中的思想行为,提倡和鼓励正向的有价值的思想行为,批判和克服负价值的思想行为。由于价值观本身就是一种价值倾向,人的行为都是在一定的价值观指导下进行的,因而其作为实践精神具有直接、明确的导向性。价值观作为一种实践精神,发挥着其他社会意识所不具有的特殊功能。从个体价值观的功能上看,它努力使个体符合社会的价值要求和指向社会的价值目标,不断审视自己的动机、欲望、需要、意图,判断事情价值的有无,并进行价值优劣的选择,以形成个体做人处世的价值标准和价值目标,从而激励个体为实现它而努力,是左右个人思想行为的主导因素。概括地说,价值观具有行为指导的规范功能、行为持久的激励功能、价值有无的判断功能、价值优劣的选择功能、价值目标的定向功能等,对参与者的行为

---

① 李德顺:《价值新论》,中国青年出版社 1993 年版,第 263 页。

抉择具有重要的意义。

笔者认为,我国社会主义制度建立以来,科学的伦理价值观一直没有很好地树立起来。在改革开放以前,特别是"文革"时期,社会主义的"义"被拔高为一种脱离广大人民群众利益、脱离生活实际的空洞的抽象概念,政治斗争淹没了经济建设和国计民生。"宁要社会主义的草,不要资本主义的苗"之类的谬论甚嚣尘上。在"割资本主义的尾巴"的口号下,政治痞子大肆破坏经济建设,搞得民不聊生。与此相适应,割裂社会主义与经济建设、割裂义利的观点在理论界占据上风。义利对立、以义绝利成为最时兴的价值观。这种价值观有其历史的根源。儒家亚圣孟子的"何必曰利,亦有仁义而已矣",董仲舒的"正其谊不谋其利,明其道不计其功",直至宋明理学的义利理欲之辩,形成了中国重义轻利甚至是以义灭利的价值观传统。这种价值观造就了一批只懂空谈义利心性、不知实务的道学家,其历史流弊极其深远①。邓小平理论破除了这种中听不中用的价值观,把社会主义的义落实到人民大众的利上,成功地指导了社会主义的现代化建设实践。然而,"文革"时期的价值观的影响在理论界还并未完全消除,其主要表现就是:或者抽象地谈论义利的关系,或者拿抽象的义去套现实的市场行为,很少从市场经济的现实活动中提炼出"与市场经济相适应、与社会主义法律相协调、与传统美德相承接"的义。从事实际工作的同志对于理论的匮乏无不有深切的感受。与理论界的情形相反,积极投入到市场经济实践的人们则缺乏正确价值观的指引,许多人唯利是图,不惜违背良心和道义,甚至不惜触犯法律。这种情况众所周知,不需多论。

在一定意义上可以说,金融市场是一个逐利领域。没有哪一个参与金融市场活动的主体不是为利而来的。前面我们曾揭示,由于各交易主体目标的不一致极其容易导致利益冲突。具体表现为,政府不仅仅以"保护"和"公正"来换取收入,它也可以通过加入市场交易、作为市场的参与者来获得交易收入。上市公司可以通过违规经

---

① 焦国成:《中国伦理学通论》之《义利论》,山西教育出版社1997年版。

营与合法经营两种基本手段来达到提高企业经济地位、增强经济控制力的利益目的。获利的冲动驱使着机构投资者有可能采取任何措施,包括选择违法违规行为的可能。而一般投资者通常对投资所必需的信息搜集和分析工作的重视程度并不是很高,他们期望能获取超额利润,且尽量减少成本,因而对投机行为更有兴趣。媒体公平、公正价值观利益的实现受到越来越多的外部因素的约束,媒体投资方资本的意志、媒体经营和生存的压力、体制内新闻管制的约束、财经记者编辑的专业水准、职业道德以及来自报道对象的诉讼压力等,都构成了巨大的障碍。越是利益冲突尖锐的领域,越需要建立一个公平正义的环境;越是求利的行为,越需要有科学的伦理价值观的引导。这种伦理价值观除了"以义制利"、"义利统一"的内涵之外,还应该包括"以义谋利"、"以义生利"、"义利共生"的内涵。当然,这方面的理论尚待进一步研究。

2. 伦理价值观具体化为金融职业道德观念是金融市场伦理建设的基本环节

伦理价值观作为一个社会的伦理观念、伦理意识、伦理评价和伦理关系的有机整体,它要作用于社会生活的各个方面和整个过程。但是,社会生活是由许多因素所构成的,并表现出许多不同的行业和职业特点,客观上要求社会总体伦理价值观应该细化为不同的职业道德,以适应不同行业或职业对伦理建设的需要。由此可见,职业道德是服从并体现伦理价值观的,是伦理价值观的具体化,它同样是由现实经济基础、社会分工、职业特点和相互关系所决定的。

职业道德与伦理价值观的关系是非常密切的,伦理价值观决定职业道德的价值取向和规范原则,职业道德服从并体现社会伦理价值观的基本要求,是社会伦理价值观的具体化。所以,职业道德更直接地反映了人的道德价值,对人的影响作用更直接更广泛。假若一个人在工作中表现出没有职业道德,那他肯定也是没有社会道德的,职业道德和社会道德是同时起作用并表现于人的活动的。不能说一个人只有职业道德,而没有社会道德,或者相反。但是,由于职业道德体现着不同职业的特点和要求,也就形成了许多有特色的职业道德,如教师、医生、律师、干部等职业的道德。这些职业道德之间既有共性,也有个性。所以,正是由于这些个性的存在,不同的职业道德之间也存在着道德关系的协调问题。在彼此职业内都属于合理的伦理价值观,但在各职业的交往和联系中又显得不够道德;在彼职业内提倡的职业道德,在此职业内又可能是不大提倡的。因此,尽管各职业道德都应该服从社会总体伦理价值观的要求,但各职业道德之间也有一个相互协调和相容的关系,应该既处理好职业道德与社会道德的关系,也要处理好各职业之间的道德关系。金融市场是一个独具特色的领域。这个领域中划分着不同的角色、岗位、部门和行业,而这些不同的角色、岗位、部门和行业都毫无例外地直接与金钱和财富打交道。因此,从事金融行业和进入金融市场的人们应该有共同遵循的基本的职业道德观念。在这个共同的职业道德观念中,信用观念应该是最基本的观念。

(二)规范基础

伦理与经济、政治、文化、科技等的耦合互动性决定了伦理建设远非简单的观念变革与思想改革过程,而是一场深刻的规范化建设过程。因此,金融市场的伦理建设应首先着眼于一种合理的健全的伦理规范体系。从伦理规范的内在结构看,它主要是由伦理观念、伦理原则规范、伦理评价和规范实施机制等因素所构成的一个有机整体。伦理观念是伦理持有主体对伦理的共同的基本观点和看法,它是形成伦理规范的思想基础;伦理原则规范是其主体,它是以伦理主体之间的差异为客观基础的;伦理评价是用伦理的尺度衡量伦理主体和伦理行为的一种活动,并对伦理主体形成制约;伦理规范的实施机制是规范转化为人们行动的重要保障,实际体现为伦理主体相互之间利益关系及其协调方式,表现了伦理主体的"自律"和"他律"状况。

1. 伦理规范体系是伦理建设的基础

金融市场中实施伦理行为的主体是个人,但个人履行伦理的自觉性如何首先并不取决于个体自身,就总体而言,个体履行伦理的自觉性首先取决于该个体赖以生存的社会伦理的正当——即社会规范的合理性。可以说伦理有赖于体现公平与正义的社会秩序的支撑。个人内在自觉性固然对发动伦理行为起着重要作用,社会舆论也对指导和矫正伦理行为发生影响,但决定个体行为选择的最重要因素是个体对其行为后果的酬赏——代价的分析和预期,其中最主要的是对经济利益的计算和期盼。伦理良心和社会舆论也是建立在一定的利益基础之上的。这种经济利益是由社会规范决定的,特别是由社会规范中的基本规范如生产资料的所有规范、财产分配规范、经济运行规范等决定的。社会经济关系决定社会伦理,那么社会利益关系决定社会伦理,进而可以得出社会规范决定社会伦理。社会规范决定社会伦理,不但指社会规范决定着社会伦理的基本原则、规范应该是什么,而且决定着这些原则、规范的实现程度。社会规范构成分配社会权利和义务的基本框架,也就是提出了对社会成员的基本伦理要求,并借助一整套规范手段和人们怀赏畏罚的心理,力求把人们的行为限定在伦理范围内。在现实生活中,绝大多数人在一般情况下总是自觉不自觉地按照社会规范所设定的伦理范围来实践自己的伦理行为,公然违背伦理原则的,不但会受到规范的制裁,而且会受到舆论谴责。由此可见,社会规范对于人们的思想伦理的变化发展起着根本性的制约作用。一个社会根本规范所体现的价值立场规范、引导和制约着社会生活的价值取向,规定着人们思想伦理的基本面貌。因此,完善规范建设对伦理建设起着基础性和根本性的作用。

健全、完善的规范体系使社会基本权利和义务的分配更规范更有序,为人们的道德实践提供操作模式,因此可促进人们道德的进步与完善;其次,健全、合理的规范建设可以使市场运行规范化、有序化,人们的行为具有确定性,保证社会的良性运行与公正性,避免和消除因社会无序而产生的种种不道德现象;良好的规范体系配之以相应的扬善惩恶的道德约束机制,可以激励善行、弘扬正义、扼制恶行,防止公众不道德行为的发生。完善的社会制度和机制会产生强烈的规范和引导效应,影响公众的行为选择与取向。当某种规范通过社会制度和机制的范导效应被人们所接受认可时,便会形成一种内在的道德约束。总之，只有不断完善规范建设，才会使社会尽可能地公正，才能真正使伦理道德内化于现实生活的具体个体之中，不断推动市场主体的道德进步。

2. 信用体系是金融伦理规范体系的核心内容

信用关系是社会化大生产中最根本的社会关系，是整个社会赖以生存和发展的基础。没有信用体系，就没有社会化大生产所必需的交换市场，就没有社会化大生产秩序。金融市场是一种高度发达的社会分工体系，因而信用体系空前发达复杂，社会分工体系是在信用关系的基础上建立和发展起来的。信用关系是现代市场经济的核心和灵魂。因此，信用体系对于规范和完善金融市场秩序具有十分重要的意义，是金融伦理规范建设的重要方面。

信用体系是市场伦理规范、制度约束、机制保障和金融市场行为主体的道德实践相结合的一个社会过程。从道德实践的角度来看，信用是人或组织在各类社会交往中，以信用原则为指导而从事的社会实践活动。作为社会过程的信用体系具有两个特征：其一，是一个履行诺言、遵守合约的过程。在经济生活中，人们的信用关系有口头信用（诺言）和书面信用（协议、合同、保证书等）两种。这种关系之所以能够建立，是因为关系双方有着各自某种能够用于交换的权利，能够实现互置的利益，并且交易双方彼此尊重对方的权利。这种关系运行中所包含的"相互交换规则"和"自愿交换规则"无不是以伦理信用来维系的。其二，是一个公平互惠的过程。金融市场中的各种经济交往，行为双方都是以对现实和未来收益的索取为前提的，无论这个收益是物质的或是精神的，都体现了行为者的需求。满足对方的需求是满足自己需求的必要条件。那种只顾自己的需求，而忽视或践踏他人、组织和社会以及自然界的需求的行为必将受到制裁。

信用体系贯穿于金融市场活动的各个层面，构成了一个纵横交错的伦理信用体系。在伦理学领域的信用是一个社会伦理信用体系。各种伦理信用相互交错，形成了多维牵制的关系，构成一个巨大的网络体系，将金融市场中各种不同组织形式的利益主体连接为一个共容共生的整体。当这个关系状态或网络体系是良性而稳固的时候,社会经济与政治、文化教育、自然环境就会实现协调共振和人的全面发展。如果社会伦理信用体系出现危机并崩溃的话,金融市场也就将走到它的尽头。西方学者和企业管理者对企业和市场经济的研究,以及对企业精神影响下的政治与公众生活的研究都证明,讲求公平、诚实、善良、守信的价值观是创造财富的源泉。并由此派生出服务质量指标、承诺履约指标、安全可靠性指标、公众满意率指标等,这个指标体系是当今世界衡量一个国家或地区金融市场信用和社会文明发展程度的重要参数。

(三)环境基础

系统论认为,任何一个系统都与外界环境保持着物质、能量、信息的交换,都通过与环境的联系、相互作用而推动自身的发展,从一种质态向另一种质态过渡。伦理体系作为一个有机系统,也有一个与外界环境包括经济、政治、文化、教育、宗教等因素相互作用的过程,伦理被整个社会生活所包围,是社会生活和社会运动的产物。系统地进行伦理建设,就不仅要着眼于伦理意识、伦理规范、伦理评价、伦理制度机制等内部体系的建设,还应当协调考虑伦理建设所涉及的许多方面。

1. 伦理环境的完善是伦理建设的保障

所谓金融市场伦理建设的环境,是指环绕在金融市场伦理建设周围并给其以影响的客观现实。宏观上讲主要由经济、政治和文化三个方面组成。伦理环境是伦理活动的舞台,也是影响和制约伦理活动的各种因素的综合。伦理环境具有时间上的持久性和空间上的广泛性,对伦理的各个方面特别是伦理建设产生巨大的作用。一定的伦理环境可以熔铸出活动主体的一定的价值观念、伦理情操,影响和塑造着人们的素质。良好的伦理环境能及时地化解和消除因利益追求而引起的各种矛盾冲突,增强群体的凝聚力和个体的内在驱动力。因此,在伦理建设中,必须努力创建良好的伦理环境。

2. 法律环境是伦理环境的重要组成部分

在众多的伦理环境中,法律环境扮演了重要的角色。金融市场中,伦理建设不仅需要伦理的自我完善,还需要法制作为保障。法律具有强制性和普遍性,只有法律手段才能有效地规范社会公众的行为,建立统一规范的市场秩序和社会生活秩序,使社会生活最基本的伦理原则得以全面实现,从而保障伦理建设的顺利实施和健康发展。

　　法制教育是伦理规范得以体现的前提条件。通过法制教育,可以引导人们从法律规范肯定与否定的价值取向中去判断是非、明辨善恶、区分美丑,以提高人们的伦理觉悟,完善自我,净化社会。法制教育的形式多种多样,如法制宣传周、公审大会、法律咨询、法律援助及法庭旁听等。

　　执法力度的加强是伦理建设所必需的外部环境。对严重违反社会伦理的犯罪行为如贪污腐化、权钱交易、制假售假等行为予以惩处,从而完善权力伦理,推进商业伦理进步,激发公民社会公德意识。这样才能弘扬正气,消除污浊,完善社会环境,为建立良好的社会伦理提供较好的环境。

　　法律手段是伦理规范贯彻执行的主要保证。法律使伦理要求融于规范形式,达到行为控制的功能。在金融领域,凡是法律禁止的,必定是伦理所不允许的。法律通过条文规定的具体的权利义务关系,明确告知人们该做什么,不该做什么。为了保证伦理规范的贯彻执行,历代统治阶级都把那个时代中最重要的伦理规范纳入法律规范之中,运用法制的力量,对于严重违反这些本属伦理规范的行为予以惩罚。

　　总之,金融市场下的伦理建设必须与法制建设密切联系,相互配合,逐步建立起伦理与法律相互配套的社会调整体系。伦理与法律都是建立在一定经济基础之上的社会意识形态,都与社会利益的调整和分配有关。但二者又有其特定的功能与作用,不能相互代替。在伦理建设中更是如此,伦理方面的自我完善是伦理建设的基础,而法制建设是伦理建设的重要保障。

第五章　规制与伦理规制

金融市场体系,同其他社会体系一样,是一个对立统一的矛盾运行体系。一方面,它主导和优化资源配置,促进社会经济的快速发展;另一方面,由于市场的失灵,使得市场体系的内在调节功能弱化,从而增加了市场的投机性、人为的操纵性,降低了市场的稳定程度。因而,如何使市场机制良性有效运转,实现经济健康、和谐发展,这有赖于对市场加以适当的引导和规制。金融市场与伦理道德共生共融,伦理规制在金融市场中发挥着重要的作用。

一、规制与规制理论

金融市场体系的健康运行和繁荣,可以优化资源配置,给社会经济提供强大的动力支持,促进社会经济的快速发展;而金融市场的失灵,则会使市场体系的内在调节功能弱化,从而增加市场的人为操纵性和投机性,降低市场的稳定程度,并给整个经济带来巨大的负面影响。因而,市场机制的良性、有效运转,金融市场的良序和繁荣,经济的健康、和谐发展,有赖于对市场加以适当的引导和规制。

(一)规制的涵义

"规制"一词来源于英文的"Regulation"或"Regulatory Constraint",是日本学者精心打造的译名。作为规制经济学的一个重要概念,由于对规制含义理解的争议,西方国家学者们的表述存在差异。对社会经济活动进行规制(Regulation)是上个世纪70年代以来世界各国普遍采取的政策,由此而催生了一个新兴的经济学分支学科——规制经济学,同时,公共经济学等相关经济学理论,为研究规制问题奠定了重要的经济理论基础。其中较为重要的著作有卡恩(A. E. Kahn)的《规制经济学》(*The Economics of Regulation*,1970),贝利(E. E. Bailey)的《法规性制约的经济理论》(*Economic Theory of Regulatory Constraint*,1973),植草益的《公共规制经济学》(1990)等。规制一词被学者理解为"有规定的管理"或"有法规的制约"[①]。在我国,规制理论也有了一定的发展。一些学者认为,"Regulation"一词,若译成通常惯用的"管制"、"控制"、"调整"、"调控"等,都不符合原意,因此决定引进日本学者植草益所创造的"规制"一词(也有人认为该词实际上在我国唐朝时即已存在),就像当年从日本引进

---

① [日]植草益著:《微观规制经济学》,朱绍文等译,中国发展出版社1992年版,第304页。

经济学、会计学、银行等名词一样①。

广义上，规制包含一切公权组织对私权个人或小团体的激励和约束，有政治上的规制、法律上的规制、道德上的规制等形式。如米尼克指出，"规制是针对私人行为的公共行政政策，它是从公共利益出发而制定的规则"②；吉尔洪和皮尔斯认为"政府的产业规制仅仅是对众多私人经济力量的法律控制形式中的一种"③。一般而言，通过司法程序去实施的规制是间接规制，通过行政部门去实施的规制是直接规制。直接规制又分为经济性规制和社会性规制。经济性规制是针对特定行业的规制，主要指对自然垄断和信息等行业，以价格规制和市场进退规制为主要手段，对企业的进入、退出、产品的价格、服务的质量以及投资、财务等方面的活动进行干预，以确保公平竞争和防止资源配置非效率；社会性规制主要是以保障劳动者和消费者利益为目的，通过制订一定的标准去禁止或限制特定行为的规制，如为防止公害、保护环境而制定的一系列环保法规。规制可从规制的执行主体和被规制的对象来分类，前者有政府规制、法律规制、行业协会规制、集体产权组织规制、社会舆论道德规制等，后者包括市场规制、社会秩序规制、收入分配规制、卫生保健规制等等。

规制经济学认为，规制由国家规定的正式规制和社会认可的非正式规制所构成。①正式规制，是指人们有意识创造的一系列政策法则和契约，包括界定人们在分工中的责任的规则、界定每个人可以干什么和不可以干什么的规则以及关于惩罚的规则，以政府规制为主要代表。②非正式规制是人们在长期交往中无意识形成的，包括对正式规制的扩展和细化、社会公认的行为规则和内部实施规则。非正式规制的一项主要内容是伦理道德。正式规制只有在得到社会

---

① 我国学者马洪、朱绍文等持此种观点，参见植草益著《微观规制经济学》的中译本序和译后记。

② Mitnick, B. M., *The Political Economy of Regulation*, New York: Columbia University Press, 1980.

③ Gellhorn, E. & R. J. Pierce, Jr., *Regulated Industries*, St. Pau: West Publishing Co., 1982.

认可,即与非正式规制相容的情况下,才能发挥作用。从制度的可移植性来看,一些正式规制尤其是具有国际惯例性质的正式规制可以从一个国家移植到另一国家,这就大大降低了正式制度的创新和变迁的成本。但非正式规制(或非正式制度安排)由于存在着传统根性和历史积淀,其可移植性就差得多。正式规制可以在一夜之间发生改变(如颁布新法律等),但我们无法在短期内改变非正式规则,这表明非正式规制的变迁是一个艰难的、长期的过程。

(二)金融市场规制

金融市场规制在广义上指各个组织对金融市场失效采取的纠正、约束和激励;狭义上如金泽良雄所定义,指“在市场经济条件下,政府为了矫正或改善金融市场机制内在的问题而干预经济主体活动的行为”[①]。即狭义上的金融市场规制把政府对市场的干预与法律区分开来,将规制限定于那些由行政机构执行的施加于金融市场的一般性法规和特殊行为。丹尼尔·史普博在此框架下,提出三种类型的金融市场规制:第一,直接干预金融市场配置机制的规制。如价格规制、产权规制及合同规则。在金融市场里,价格体系可能完全或部分由商品的行政性配置来取代,如公共企业的行政性定价。第二,通过影响消费者决策而影响市场均衡的规制。消费者的预算组合受税收、补贴或其他转移性支付的制约。第三,通过干扰企业决策从而影响市场均衡的规制。此类约束包括施加于产品特征(如质量、耐久性和安全等)之上的限制,对企业投入、产出或生产技术的限制导致企业产品组合方面的制约。简言之,金融市场规制在规制经济学理论主要指狭义上的涵义,是政府通过立法、规章和制度的执行去实施对金融市场的约束和激励,规制方法以经济性规制为主,同时配以社会性规制。但是,笔者认为,金融市场规制所涉及的是金融市场中各种各样的问题,除了运用强制力进行规制外,在市场经济发展的现阶段,人们的意识形态具有多样性,市场组织的裂变同样也具有差异

---

① [日]金泽良雄著:《当代经济法》,辽宁人民出版社1988年版,第135页。

性,因而规制不仅仅是狭义上的规制,更应具有广义规制的内涵。

1. 正式规制:以政府规制为主要代表

(1)政府规制的含义

维斯卡西等学者认为,政府规制是政府以制裁手段,对个人或组织的自由决策的一种强制性限制。政府的主要资源是强制力,政府规制就是以限制经济主体的决策为目的而运用这种强制力。史普博认为,政府规制是行政机构制定并执行的直接干预市场机制或间接改变企业和消费者供需政策的一般规则或特殊行为。日本学者金泽良雄认为,政府规制是在以市场机制为基础的经济体制下,以矫正、改善市场机制内在的问题为目的,政府干预和干涉经济主体活动的行为。而另一日本学者植草益在定义政府规制时,把政府规制限定在限制行为上,认为政府规制是社会公共机构(一般指政府)依照一定的规则对企业的活动进行限制的行为。萨缪尔森也把政府规制限定在政府对产业行为的限制上。而斯蒂格利茨则将规制拓展到更广大的范围,认为政府对产业的保护、扶助以及合理化和转换等,都应看作属于政府微观规制的范畴,如为了促进技术创新而进行的税收和减轻反托拉斯法的执行力度,以及对幼稚工业的保护等。梅尔认为政府规制是指政府控制公民、公司或下级政府行为的尝试,在某种意义上是指政府对社会范围内公民选择的限制。可见,对政府规制的认识尽管有差异,但对其本质认识是一致的。

(2)政府规制的必要性

规制经济学为政府规制的建立与创新提供了又一重要的理论依据。政府规制作为政府规制当局提供的正式制度,是现代金融制度的重要组成部分。以中央银行为典型代表的政府规制当局,通过建立有效的政府规制对金融机构实施规制,这不仅仅是一种国家权力的体现,同时具有其经济合理性。这可以从政府规制的功能和绩效中得到佐证。

首先,政府规制可以降低交易费用。在小型的区域性市场,交易双方达成协议所花费的成本较小,但随着金融交易的扩大,合约变得复杂,要达成协议变得困难。此时,一个强制性的第三方的存在是必不可少的。在金融市场上,这个第三方就是指政府规制当局。市场依赖它创立的规则规范金融机构的市场行为,从而降低信息获取的成本、交易双方相互监督的成本和合约实施的成本。另外,在一个规制制度较为完备的市场上,政府规制当局颁布的条例和法规可视为同金融机构之间的协定,金融机构要进入金融市场进行业务活动都有义务遵循此协定。政府规制可以减少金融机构与规制当局之间签订协定的次数,降低签约成本,从而降低交易费用。

其次,政府规制可以降低不确定性。如果没有在制度条件下形成的概念框架,不确定的世界就只会是一堆感觉数据的杂烩,而其中的当事人不可能有依据做出理智的决定和行为。金融市场上未知的不确定性的风险往往是最大的和最可怕的。但由于政府规制的建立,对于交易对手是否具有从业资格和能力,以及市场的其他参与者的可能行为等问题都可以得到较为有效的解决。例如通过规制当局制定有关法律法规并监督其实施,对金融机构颁发经营许可证,进行现场与非现场稽核检查,建立银行存款保险制度、期货交易所保证金制度、证券市场"断路器"机制,可以有效降低市场的不确定性风险。

最后,政府规制具有规模效益。制度的建立及运行维护是有成本的,不仅包括信息搜集的成本、强制执行的费用、实施惩罚的费用,还包括利益集团的谈判费用。当市场参与者达到一定数量时,参与者之间要达成一种协议可能会十分困难,或因需要很高的成本而变得几乎不可能,此时可由政府出面进行制度安排。虽然这也意味着利益集团之间的谈判,但是谈判由于参加者数量减少而更宜成功,谈判的费用也会大大降低。因此,当市场上金融机构达到一定规模时,政府规制当局建立规制制度无疑是划算的,而且随着金融机构数量的增加,分摊到每个机构的平均数也会降低。这也就是说,政府规制的建立具有规模效益,尤其是制度存在着重要的信息上的规模效益。在复杂的金融市场上,信息信号呈现多层次和高度分散的特点,金融机构很难发现信号,即使发现也难于判定其真伪,要对全部信息进行搜集加工处理是不现实的。但是政府规制的建立可以做到广泛收集和处理一些市场信息信号,在金融市场上作为一个类似图书馆的信

215

息中心而存在,金融机构可以从政府规制当局获得特定信息,并可据此确认一些消息的真伪。

2. 非正式规制

(1)非正式规制的含义

经济学认为,用以界定、规范和协调人们经济活动和经济行为的"经济规制"由"正式规制"和"非正式规制"组成。正式规制是人们自觉有意识创设的一系列法律法规、政策和规则,如一个国家的宪法和其他各种成文法、政府的政策法令、企业规章、商业合同等等。非正式规制则是指一个社会在漫长的历史演进中自发形成的、不依赖于人们主观意志的社会文化传统和行为规范,包括意识形态、价值观念、道德伦理、风俗习惯等等。正式规制对人们行为的"约束"体现为它提供了人们进行经济活动的领域及其方式的选择边界,如果违反了正式规制,就要承担违约责任,付出相应的损失。对违反正式规制的惩罚是由正式规制的制定者来执行,由国家权力来保证的。实际上,违反正式规制意味着对其他人或社会利益的侵害,对其惩罚也来自受损者或社会利益的化身——政府。非正式规制与正式规制不同,因为它并无明确的规定,也没有哪个组织来强制保证其执行,对非正式规制的违反只是同社会大多数成员的"道德"相冲突。因此,非正式规制主要是依靠社会舆论、风俗习惯、道德约束、良心谴责和来自社会的不规则的"自发性强制"来保证执行的。

可见,非正式规制发挥作用的"稳定性"与"可预期性"都低于正式规制。这涉及非正式规制作用的有效性问题。对非正式规制有效性及其作用机制的理解离不开对非正式规制概念的严格界定和准确把握。埃尔斯特认为,非正式规制是指人们对其他人的行为产生某种预期的精神状态,这种预期不是基于正式规则(如成文法律),但却会导致对个人的某一类行为的有效限制。皮拉特则强调,社会的非正式规制体现了社会成员的偏好,但能够成为社会非正式规制的并不是某个人或某些人的偏好,而应当是作为个人偏好相互影响与作用之结果的社会的"公共偏好"。

(2)非正式规制的作用

在非正式规制的诸构成因素中,意识形态居于核心地位,发挥主要作用。制度经济学家把意识形态理解为人们关于世界的一套信息,它具体化为人们的价值观念、伦理道德规范以及个人与国家关系的观念等方面。人作为"有限理性的经济人"进行经济活动,在经济活动中追求物质福利和非物质福利最大化。在这一最大化活动中,物质福利和非物质福利在人们主观偏好中的排序或强或弱、人们愿意追求或放弃自身利益以同外部环境达成"协议"(与社会环境和社会价值相协调)的程度都同人们的意识形态密切相关。同时,意识形态在形式上构成某种正式规制安排的"先验"模式,以"指导思想"的形式构成正式规制安排的某种"理论基础"和最高准则。没有任何一套制度的建立不是在一定的价值追求和意识形态下实现的,任何经济活动过程,包括经济制度的方向、方式,如果同人们关于"正义"、"公正"的观念相吻合,即人们对过程具有认同感,人们就愿意参与、支持这一过程,并为此暂时放弃某些个体利益。人们对制度变迁过程的价值认同感越强,愿意暂时牺牲个体利益的程度也就越大,反之亦然。意识形态的这种作用被经济学家归纳为三方面:第一,它是"个人与其环境达成协议"的一种节约费用的工具,它以世界观的形式出现从而简化决策过程,降低运行费用。第二,意识形态中有关公平、公正等的伦理观念有助于人们在各种方案之间做出选择,节约选择的时间、降低成本并有效地克服"搭便车"现象。第三,当人们的经验与意识形态不一致时,新的意识形态的产生有助于节约人们认识世界和处理相互关系的成本,譬如强制执行某些法律和制度的成本。

在非正式规制中可以同意识形态相提并论的也许只有"习惯"。经济学家认为,习惯就是在没有正式约束的地方起着规范人们行为作用的"惯例"或"标准行为"。习惯是在长期历史和文化发展中积淀形成的,它是社会文化传统的重要部分。譬如中国人处事中庸的"习惯",就是一种具有稳定预期的中国人待人接物的"标准行为"。在正式规制产生之前,习惯已经起着规范和协调经济活动的制度作用。正式规制产生后,作为非正式规制的习惯仍然普遍存在,并在比正式规制广泛得多的范围内发挥制度功能。习惯之所以能够普遍存在并发挥制度作用的原因在于,正式规制的建立"细化"到一定程度后,建立和维护更详尽的制度所带来的收益不足以抵补建立和维持该制度的成本。因此,在正式规制的"边际"(即不值得再建立更为详尽、细致的制度安排的场合)就是习惯发挥作用的始点。

3. 正式规制与非正式规制的关系

非正式规制与正式规制是规范人类行为,调节社会关系的两种基本方式。它们的区别在于:非正式规制是人类内在生活世界秩序的表征,是人自身发生的一种内在需求。非正式规制作为一种稳定的精神品质,积淀在人的自我意识之中,指导人们的价值选择。通过人们的非正式规制实践,引导人们最终向自由、自觉的境界升华。正式规制是人类外在生活世界秩序的筹划,正式规制通过外在刚性规则对人的自由进行限制。正式规制的本质在于人们的"共同契约",其最突出的表现形式就是以公共意志为诉求的强制。这种强制对于每个单独的社会主体而言,只涉及外在的行为,不直接涉及精神过程;只涉及主体行为的表达形式,不直接涉及行为的动机。所以,正式规制主要表现为对社会主体的外在制约。

当然,正式规制与非正式规制也存在着本质的关联。

其一,正式规制的精神与非正式规制的精神具有同质性。正式规制的精神实质,是一种社会公平与正义。无论是中国还是西方,正式规制总是同公正、正义密切相关联的。公正是人们对合乎正式规制精神的理性认识,是人们对正式规制所寄予的美好愿望。非正式规制所体现的内在精神,是对人生价值和社会理想的崇高追求,理想性追求是非正式规制的灵魂。非正式规制总是以"应然"的价值指令把社会生活引向理想的层次,引领人们追求"可能的生活"。尽管不同的时代有不同的非正式规制规范,但是,仁爱、正义等在一定程度上反映了人类对理想的社会与人伦关系的共同认识,这种共同认识是非正式规制精神的最直接的日常化体现。正是因为正式规制的精神与非正式规制的精神,在本质上都包含公正、正义、仁爱等内容,因而两者在本质上是同质的。

其二,正式规制与非正式规制具有相容性。正式规制是随着人类社会的进步而出现的一种社会控制活动。伦理道德作为人类社会中一种特殊的理性生活,几乎和人类历史一样久远。正式规制是非正式规制对社会秩序控制出现"衰落倾向"的一种结果,这就使得正式规制这种社会控制活动一开始就渗透着非正式规制的价值理想,要去完成某些非正式规制难以完成或不能完成的任务。因而,正式规制系统的构建总需要一定的价值铺垫,而这种价值通常来自一个社会所公认的伦理道德价值信念。这些价值信念不仅是正式规制系统合理性的根据,而且是其他社会行为的基本价值标准。也就是说,正式规制的现实有效性离不开伦理道德的内在担保,完全脱离人的伦理道德认同的正式规制,无异于对人性的奴役。由此,可以说正式规制是社会非正式规制结构的直接现实表现形态,是一种既注重内在性的非正式规制观念又注重外在性他律的统一体。

(三)政府规制理论综述①

政府规制理论经过长时间的积累和实践,形成了规制公共利益理论、规制俘虏理论、放松规制理论、激励性规制理论以及现代规制理论等不同的理论观点。

1. 规制公共利益理论

规制的公共利益理论以市场失灵和福利经济学为基础,认为规制是政府对公共需要的反应,其目的是弥补市场失灵,提高资源配置效率,实现社会福利最大化。波斯纳指出,公共利益理论或明或暗地包含着这样一个假设,即市场是脆弱的。如果放任自流就会趋向不公平和低效率,而政府规制是对社会的公正和效率需求所做出的无代价、有效和仁慈的反应。米尼克认为政府规制是针对私人行为的公共行政政策,是从公共利益出发而制定的规则。欧文和布劳第根将规制看作是服从公共需要而提供的一种减弱市场运作风险的方

---

① 陶爱萍、刘志远:《国外政府规制理论研究综述》,《经济纵横》,2003 年第 6 期。

式,也表达了规制体现公共利益的观点。

与此同时,一些学者对规制的公共利益理论提出了严厉批评。斯蒂格勒和佛瑞兰德通过对 1912—1937 年期间美国电力事业价格规制的效果研究表明,规制仅有微小的导致价格下降的效应,并不像公共利益理论所宣称的那样对价格下降有较大的作用;维斯卡西、维纳和哈瑞格指责规制的公共利益理论缺乏对立法行动和规制完成机制的分析,且对规制发生的论断没有进行实证检验。阿顿不仅指出了公共利益理论以市场失灵和福利经济学为基础的狭隘性,而且用次优理论从根本上批判了公共利益理论。次优理论的核心结论是:在某些重要部门(如因为自然垄断或必须提供公共产品的部门)中,经济受到某些竞争方面的限制,那么零星地制定一些能够确保竞争得以运行的规制政策,可能并不一定会使资源配置达到最优,实际上这些政策会使经济背离而不是趋于竞争限制下的最优化。克瑞和克雷道佛认为公共利益理论中"公共利益"术语本身就是模糊的,通过规制来实现竞争的功能,只是一个虚无缥缈的幻想。

2. 规制俘虏理论

规制俘虏理论认为,政府规制是为满足产业对规制的需要而产生的。规制机构最终会被产业所控制,即执法者被产业所俘虏。

斯蒂格勒在 1971 年发表的《经济规制论》一文中提出,规制通常是产业自己争取来的,规制的设计和实施主要是为规制产业自己服务的。他用经济学方法分析了规制的产生,指出规制是经济系统的一个内生变量,规制的真正动机是政治家对规制的供给与产业部门对规制的需求相结合,以各自谋求自身利益的最大化。斯蒂格勒的理论与规制的公共利益理论形成了鲜明的对照,他认为,规制主要不是政府对社会公共需要的有效和仁慈的反应,而是产业中的部分厂商利用政府权力为自己谋取利益的一种努力,规制过程被个人和利益集团利用来实现自己的欲望,政府规制是为适应利益集团实现收益最大化的产物。1976 年,佩尔兹曼在对市场失灵、预测政府规制结果以及进而推断政府规制在经济上的有效性的几个层次上进一步发展了规制俘虏理论,他认为无论规制者是否获得利益,被规制产业的产量和价格并没有多大差异,其主要差别只是收入在各利益集团之间的分配。1995 年,伯恩斯坦创立的"规制机构生命周期理论"认为,公共利益理论是天真的,规制机构起初能独立运用规制权力,但逐渐被垄断企业所俘虏。"合谋理论"则认为初始的规制政策就受被规制者与其他利益集团的影响,即政府规制者一开始就被俘虏。

3. 放松规制理论

由于规制失灵的日益明显以及与规制有关的理论研究的不断深入,20 世纪五六十年代,反对规制的呼声日益高涨,70 年代,西方发达资本主义国家出现了"放松规制"或"规制缓和"的浪潮。

支持规制放松政策的主要理论有可竞争市场理论、政府规制失灵理论和 X 效率理论。可竞争市场理论是由鲍莫尔、潘扎和威利格提出的,描述了市场上厂商进入和定价行为的特点。该理论的核心内容是:以关于潜在竞争的一系列假设为前提,指出由于存在潜在进入者的压力,市场在位者无须政府规制也不可能获得垄断超额利润,而只能将价格定在超额利润为零的水平,并实现资源配置的最优化。很明显,可竞争市场理论从理论上对政府规制提出了挑战,成为 20世纪 80 年代初期以来放松规制论者所高举的一面旗帜。在可竞争市场理论看来,即使是自然垄断产业,只要市场是可竞争的,政府规制就没有存在的必要,规制机构所要做的不是限制进入,而是应降低产业的进入壁垒,创造可竞争的市场环境。

政府规制的本意是为纠正市场失灵,但由于个人私利、信息不对称等原因以及规制成本的不断上升,也导致了政府规制的失灵。如阿弗契和约翰逊对投资回报率规制的研究结果表明:在投资回报率规制下,由于扩大资本基数,可以获得更多的绝对利润,因而在利润最大化的驱使下,受规制厂商有过度投资的倾向,其结果是用过多的资本投资代替其他投入品,最终造成生产低效率。这种现象被以后的研究者称为"A‐J 效应"。鲍莫尔和克莱沃里克提出了规制滞后效应理论,认为在政府调整规制政策的间隔期内,被规制企业有可能获得超过正常利润的利润率。卡恩指出,规制压制技术创新,姑息无效率,引起工资和价格螺旋式上升,发生严重的资源无效率配置,引起成本推动型通货膨胀那样的无益竞争扩大,拒绝采取在竞争市场中所提供的价格多样性和质量选择。

X效率理论由莱宾斯坦最早提出。弗朗茨在《X效率:理论、论据和应用》一书中对其作了全面论述。鲍莫尔和克莱沃里克说明了规制增加X效率的理由,其一是规制者会利用报酬率规制使低效率的企业留在行业内,因为规制者允许低效率企业通过以较高的价格这种形式把低效率转嫁给顾客以取得利润;其二是规制者对利润设置了最高限额,往往严重地削弱了创新和效率的激励。

4. 激励性规制理论

放松规制不等于全部取消规制,但必须对传统规制制度进行改革。因而,激励性规制应运而生,如洛伯和马盖特、福格桑和凡辛格等人就提出过激励性规制方案。就其历史发展看,激励性规制理论分三个流派:①以兰格和利别尔曼为代表,主张在社会主义经济中将激励直接引入到计划经济。②以阿罗为先驱,后经图拉克和森等人发展,是把社会选择理论的观点综合起来的一种理论。认为要合理地把个人偏好推算为社会偏好,必须存在能够准确地表明个人偏好的激励机制。③论述了在市场失灵范围内,为取得与市场均衡同样的市场成果而必须采取一些激励性规制的流派。激励性规制的主要内容有:

(1)特许投标制理论。1968年,该理论由德姆塞茨在凯德维克和威尔考克斯研究的基础上提出。该理论强调要在政府规制中引入竞争机制,通过拍卖的形式,让多家企业竞争在某产业或业务领域中的独家经营权,从而在投标阶段对服务质量及最佳服务价格形成比较充分的竞争,最后报价最低的企业将取得特许经营权。可见,特许权竞争是用"市场的竞争"代替"市场内的竞争"。其意义在于:提高了垄断性市场的可竞争性;减少毁灭性竞争的范围和不良后果;为规制机构提供了进行价格规制所需要的成本信息。

(2)区域间标尺竞争理论,也称区域间比较竞争理论。1985年,由雪理佛提出。其基本思路是以独立于本区域的其他区域中与本区域受规制垄断企业生产技术相同、面临需求相似的垄断企业的生产成本为参照,制定本区域垄断厂商的价格和服务水准,以刺激本区域垄断企业提高内部效率,降低成本、改善服务。标尺竞争的意义还在于为规制机构提供了被规制企业真实成本信息的参考。

(3)RPI－X 价格上限规制。1983 年,由李特查尔德提出。最早于 1984 年由英国运用于电信业,然后逐渐推广到其他国家,目前已成为西方最有影响的规制方案。价格上限规制的确定原则,就是行业价格上涨不能高于通货膨胀率(用 RPI 即零售价格指数表示);同时,考虑到由技术进步带来的劳动生产率(用 X 表示)的提高,还要使行业的价格下降。RPI－X 价格上限是最典型的剩余索取合同。剩余索取合同的意义在于,当规制机构与被规制企业之间存在着信息不对称时,通过赋予垄断企业更多利润支配权的方式使其在一定程度上得到信息租金,以换得提高年产效率的激励;同时赋予被规制企业在不超过价格上限的情况下自由调整个别价格的灵活定价权,以提高社会配置效率。

5. 现代规制理论

现代规制理论的最主要发展就是在规制问题上考虑了信息约束。也就是说,现代规制理论的形成在很大程度上得益于信息经济学的发展。洛伯和马盖特最先将规制看成一个委托代理问题,他们的观点可用"LM 机制"来说明。"LM 机制"认为,规制者通过向公用事业单位支付观察到的价格和数量水平以上的全部消费者剩余,就可以诱使公用事业单位讲出真实状况,从而将价格定于边际成本水平,消费者和生产者剩余就达到了最大化。"LM 机制"的明显缺陷是将大量的消费者剩余转移给了生产者,忽略了社会公平。对规制中存在的逆向选择问题,伯圣科和萨平顿指出,规制者的政策手段体现在所提供的各种不同的合同设计上,来保证面临不确定性时企业能够说真话。因为,成本低的企业一般会选择高激励强度的合同,成本高的企业一般会选择低激励强度的合同。

公共部门具有多个委托人分权的特征,巴隆和马蒂莫对这种多重委托人或公共代理人结构进行了理论分析。他们假设,监督技术决定规制职责,不同规制机构职责的分配是与其监督技术相对应的。这样一来,每个规制机构只能在自己的职责范围内订立合同,结果势必导致规制过程中规制机构的不合作行为,导致最终的纳什均衡,即对所有参与者都不利的结局是每个规制机构以分散化方式向企业提供规制机制。规制机构之间的这种不合作行为将导致给企业提供过强或过弱的激励,具体情况取决于规制机构所控制活动的性质。斯托尔和马蒂莫提出了一个分析合同外部性的理论,他们假设规制权力由某些非合作的规制机构共同享有。当每个规制机构所控制的生产活动之间为互补时,企业只能得到很少的信息租金,或者说激励强度很弱。此时,每个规制机构对其他规制机构产生一个负的外部影响,激励机制最后趋于成本加成,即采用低强度的激励机制。

关于现代规制理论的要点,1993年拉丰和蒂罗尔作了最完整的阐述。即由于存在信息不对称,效率和信息租金是一对共生的矛盾,在得到效率的同时,必须留给企业信息租金,而信息租金会带来社会成本。可见,规制并不是免费午餐:虽然规制可以避免企业得到垄断利润,但必须付出效率的代价。为得到最好的规制政策,政府需要尽可能地利用企业的私有信息。

二、金融市场政府规制失灵的经济学分析

金融市场政府规制失灵是政府失灵在微观金融规制领域中的表现。从质的规定性上看,指的是政府在推行规制政策时,经济效率不能改善或规制实施后的效率低于实施前的效率等现象;从量上看,规制失灵意味着规制成本超出了规制收益。从我国来看,由于特定的政治经济条件,体制转轨期间政府规制失灵的范围和频度大大超出了一般市场经济国家,严重降低了社会福利水平。因而认识转轨期间我国金融市场政府规制失灵及其产生原因,分析所应采取的对策是十分重要和必要的。

（一）我国金融市场政府规制失灵的表现

体制转轨时期的政府规制失灵是严重的,其中既有政府规制失灵的一般情况,更有体制转轨期间的特殊现象。主要有如下几种情况:

1. **政府规制职能缺位**

政府规制职能的缺位即指在需要行使规制职能的地方出现了政府缺位,市场失灵现象得不到抑制,社会福利水平下降。这种现象在资本主义发展早期和20世纪80年代英国私有化期间都曾不同程度地发生过。由于规制的必要性总是在市场经济有了相当程度的发展、市场失灵表现得较为充分时才产生,因此,一定程度上的规制职能缺位总是不可避免的。体制转轨中,规制缺位与政府职能转变落后于经济体制变革和市场经济的发展、政府行政资源的分配与市场需求产生错位等密切相关。在这期间,政府规制职能缺位主要表现在消费者保护、健康与卫生、环境保护等方面。体制转轨期间政府规制职能缺位的后果是严重的。如:《瞭望》刊文指出[1],近年来,金融犯罪涉案金额平均都在800亿元以上,约占每年全国国内生产总值的1%以上,为普通刑事犯罪中360多万起侵财案件涉案价值的3倍多。1998年以来,全国审计机关共向司法机关移交经济犯罪案件4864件。文章说,金融犯罪在中国的发展尽管时间不长,但发展速度却快得惊人。在今后一个时期,金融犯罪仍将继续呈高发态势,执法机关面临的形势仍然十分严峻。文章指出,自1998年以来,中国金融犯罪的总量持续居高不下。立案数量从1998年的5.2万起增长到2001年的8.5万起,年均增长20%左右,远远高于普通刑事案件的增长速度。2002年立案量仍高达7.1万起。为了应对1997年亚洲金融危机的影响,1998年国家陆续提高出口退税率以后,骗取出口退税的违法犯罪行为便死灰复燃。仅潮阳和普宁两市1999年

225

---

[1]　于滨:《中国金融犯罪总量近年持续居高不下,呈高发态势》,新华网,2003年10月30日。

至2000年6月就虚开增值税专用发票323亿元,涉嫌偷骗税近42亿元。中央提出西部大开发后,有犯罪分子就打着"开发西部"的旗号,以提供投资为诱饵,骗取西部企业的"评估费"、"保证金"。在2003年上半年非典型肺炎在中国部分地区流行期间,少数不法分子丧尽天良,大肆制造或销售假冒伪劣非典药品、医疗器械、防护用品等,严重危害人民群众的生命安全。

2. 政府规制能力不足

政府规制能力不足是指政府虽履行了规制职能,但其能力落后于或无法满足市场经济提出的需求,从而大大降低了生产效率,使消费者利益受到严重损害。

其一,规制难以消除和抑制市场上的垄断力量,造成被规制者内部无效率或X—非效率(技术性低效率)的发生。市场经济的发展要求冲破传统体制下形成的垄断格局,建立竞争性市场。这就需要有关规制机构运用相应的规制手段,尽可能消除垄断,约束垄断者的行为。以银行业为例,表面上看,作为垄断主体的四大国有商业银行的经济效益并不是很好,似乎没有获得垄断利润,但事实上国有商业银行通过种种更为隐蔽的手段来获取垄断利润。众所周知,我国商业银行的经营收入主要来自利差。在银行资产和负债规模保持不变时,利差扩大会增加银行利润。因而,利差变动对商业银行的经营收益至关重要。四大国有商行正是凭借其垄断地位,在实际经营活动中,通过各种渠道扩大存贷利差,以获取超额收益。

其二,产品和服务质劣价高,严重侵害了消费者利益,大大降低了社会福利水平。我国金融服务质量比较低,与国外的金融服务比较,有很大的差距。以我国银行为例,客户与银行工作人员完全隔离的办公设计,人为地设置了沟通屏障;银行工作人员长期以来形成的行政地位心理淡化了服务意识,客户不能充分感受"上帝"的礼遇。不过近年来,这种状况已经得到了明显改观。

3. 政府规制过度或越位

政府规制超越了其应有的弥补和克服市场失灵的范围,抑制了市场经济的内在活力和正常发展,造成资源配置的扭曲,并为寻租活动的产生提供了土壤。同时,地方保护主义仍然存在,政府职能有待进一步转变。在计划经济向市场经济转轨过程中,政府职能较以前有了很大的转变,但和发达的市场经济国家相比,还有较大距离。政府尤其是部分基层政府地方保护意识严重,在处理银行与企业的关系时,不能一视同仁,不能依法行政。为了维护稳定与政绩,置银行与存款人的利益于不顾,将逃废银行债务作为帮助企业扭亏脱困的重要途径。有的地方政府还干预法院审判程序,迫使法院做出种种不利于银行的不公正判决。如潍坊市东苑宾馆自 1992 年 12 月至 1994 年 8 月间拖欠农业银行潍坊市分行贷款本息 851 万元[①],农行于 1999 年 5 月向潍坊市中级人民院起诉并胜诉。2000 年 7 月法院在执行其财产归还银行债务时,潍坊市政府提出"暂缓执行"的意见使执行搁浅。2000 年 11 月 20 日,潍坊市东苑宾馆突然宣布破产,法院通知农行债权清偿率为零,农行贷款本息全部损失。又如潍坊市樱桃园集团及下属企业在潍坊市商业银行贷款 1969 万元逾期后,潍坊市商业银行于 1999 年起诉樱桃园集团及下属企业并查封了该集团的办公楼、厂房、设备等,但由于当地政府的直接干预,使查封资产全部解封,变卖后用于偿还樱桃园集团非法社会集资的欠款,致使商业银行 2500 万元贷款本息化为乌有[②]。

4. 政府规制成本过高

政府规制虽达到了弥补市场失灵的目的,但成本昂贵效率不高,甚至可能出现效率低于规制实行前的情况。从整个运作过程看,政府规制主要耗费如下几类成本:一是规制制度运作的直接成本,其中包括规制规则的制定和运作成本;二是规制实行后对经济效率所产生的影响及相关费用,如效率成本、转移成本、反腐败成本等;三是将

227

---

① 张琼珠:《关于金融职业道德建设的思考》,金融思想政治工作第六次现场理论研讨会交流材料,2004 年 8 月。http://cfn. com. cn/Statics_pub/Dissertation/ztzj/jrqywh. doc

② 张琼珠:《关于金融职业道德建设的思考》,金融思想政治工作第六次现场理论研讨会交流材料,2004 年 8 月。http://cfn. com. cn/Statics_pub/Dissertation/ztzj/jrqywh. doc

规制实行前后的经济效率进行比较而得出的规制的机会成本。世界各国的经验表明,实行政府规制所付出的成本是巨大的,收益却并不令人满意。在体制转轨期间,这种现象同样严重存在。鉴此,有专家估计,国内所有的政府审批规制问题解决后,国内生产总值可以实现增长30%。

(二)我国金融市场政府规制失灵的原因分析

金融市场政府规制失灵的产生既有市场经济条件下的一般性原因,还有与转型期政治经济体制相联系的特殊原因。认真地分析这些原因,对于创新政府规制,对于恢复政府规制的权威,对于重整市场秩序和恢复市场信心,都有极其重要的意义。

1. 市场经济条件下的一般性原因

自改革开放之后,我国实行社会主义的市场经济体制。然而,不管是资本主义市场经济还是社会主义市场经济,都有市场经济所具有的共性。从市场经济的一般性的角度看,政府规制失灵的原因有如下几方面:

其一,由于政府部门所得到的不完全信息所决定的有限理性。规制者信息的严重不足有如下几点原因:①在公共部门里不存在指导资源配置的价格,没有传递市场信息的渠道,政府决策者必然受到信息不对称的困扰,难以准确了解企业自身的成本和需求结构。②规制者通过审计等非市场手段了解信息的能力很有限,没有精力审计所有的企业以掌握真实成本。更何况,审计部门还可能与企业合谋。③企业不会把它所知道的信息告知政府,甚至还可能提供虚假信息。政企之间的博弈加重了政府获取信息的不完全性和决策失误的可能性。④由于缺乏有效的激励,规制者不一定有积极性去获得有关信息,正像斯蒂格利茨所说的:"不完全信息和不完全市场作为市场失灵的一个来源在公共部门里是普遍存在的。而信息不对称就意味着政府规制存在着天然缺陷,其效用是有限的。"[1]

---

① 斯蒂格利茨:《产业组织和政府管制》,上海三联书店1996年版,第43页。

其二,政府规制失灵还在于政府组织所具备的"公共性"与政府机构政府官员自身行为目标之间的差异和矛盾。从理论上说,政府规制行为必须代表公共利益。然而,现实中的政府是由具体的人和机构组成的,他们的利益和行为目标并不必然和社会公共利益相一致。当二者发生矛盾时,不排除产生政府官员为追求自身利益而做出有害于公共利益的决策的可能。在规制者的责任大量增加而收益却没有相应增加的条件下,成本收益的严重不对称可能使得规制官员做出许多非常没有效率的决策。弗里德曼曾经研究过美国政府的医药规制,发现负责医药管理的那些官员对新药上市速度大大减缓负有极大的责任:如果审批后发出许可的药是假的,规制官员必须负起相应责任;但是药卖了多少,他们并没有收益。因此,对一个理性的官员来说,把新药申请报告压起来就是最合理的选择。据估计,实行药品规制后,美国因为吃不到更新更有效的药而导致死亡的患者人数,可能远远超出了因政府防假药而减少的人数。

其三,政府所具备的强制性和权力的"普遍同质性",使得规制可能造成再分配上的不公平和"寻租"现象。查尔斯·沃尔沃指出①,任何一种国家干预,都是由一部分人将手中的权力强加到他人头上,权力总是有意地并不可避免地被交给一些人而不给予另一些人。国家政权的这种有法不依、执法不严,或随心所欲干涉市场,甚至人为造租等为寻租创造了条件,这也是转轨时期寻租活动特别猖獗的原因之一。

其四,规制权力分配不合理,地方保护主义严重。地方保护主义主要表现为地方政府禁止外地商品进入本地市场,或者阻止本地原材料销往外地,由此使全国本应统一的市场分割为一个个狭小的地方市场。规制权力分配不合理不仅严重损害消费者的利益,而且也会严重损害企业的利益。同时滥用规制权力的行为还为某些政府官员以权谋私和权钱交易提供了机会,在一定程度上引发了腐败,损害

---

① 斯蒂格利茨:《政府为什么干预经济》,中国物质出版社 1998 年版,第 203页。

了政府的形象。

2. 政治经济转型期的特殊性原因

政府规制过程中行为主体的不成熟及其相互关系定位的偏差，使得合理的政府规制过程无法实现。从规范的意义上讲，政府规制既是政府的行政过程，又是由被规制市场中的客户和企业、客户偏好和企业技术、可利用的战略以及规则组合来界定的一种博弈。

在此过程中，存在着三个相互制约又相互依存的行为主体。其中，金融市场和客户是规制博弈的双方。二者根据自身利益进行讨价还价，并通过各种渠道影响政府的规制决策，推动政府在他们希望解决的公共问题领域建立规制。一般来说，规制博弈的结果往往在很大程度上反映或接近社会公共利益，且在原则上为规制的内容和范围、规制规则的制定确定了目标。政府规制机构只是"博弈的仲裁者或规则的制定者"，是执行博弈结果的代理人。政府只能根据企业集团和客户集团博弈的结果制定并执行规制规则，而不能越俎代庖。因此，独立成熟、相互抗衡又相互制约的金融市场、客户利益集团和独立、中立的政府机构的存在是实现合理规制过程的制度前提，同时也是保证政府规制过程的结果尽可能与社会公共利益保持一致、防止政府操纵规制过程的必要保障。但在体制转轨期间，政府规制过程内部却存在着严重的制度缺陷，主要表现在如下两方面：

其一，金融市场和客户在很大程度上依附于政府，能够充分表达自身利益进行合理博弈的独立、成熟、强大的企业主体和客户主体尚未形成，这就在客观上为政府规制机构漠视企业和客户利益、操纵规制过程或滥用规制权力提供了可乘之机。

作为传统体制的"遗产"，我国企业还在很大程度上保留着对政府权力的"依附性"。如国有企业，由于与政府关系特殊，它们在日常经济运行中总能享受到一些"特殊待遇"，如利用政府的行政权力来封锁和瓜分市场，阻止和压制竞争对手等。与此同时，企业也必然付出高昂代价：继续保留政企不分的地位，允许政府干预企业的经营决策，甚至在必要时牺牲企业利益，如兼并那些不能给企业带来盈利机会或没有兼并价值的企业。在这种情况下，政府利益取代了企业利益,独立的企业主体实际上已经不存在了;民营企业由于先天不足,也就必然想方设法地和政府搞好关系,以期得到政府的扶持。除此之外,民营企业与国有企业力量对比上的悬殊,也使其利益在有关的规制博弈中得不到合理体现。可见,除少数与政府有特殊关系的国有垄断企业外,其他弱小企业无法影响和制约政府的规制行为。

再看消费者主体。计划经济时期,生产决定一切,消费者是最被忽略、最被压抑,也是最没有地位的群体。随着市场经济的发展,消费者意识在觉醒,独立性在逐步壮大,但还未成长为足以与企业与政府相抗衡的独立力量。目前除了按行政区划成立的消费者委员会这一半官方的机构(挂在各级工商局之下)外,国内至今未形成能真正代表消费者利益的组织,也未按行业建立消费者协会。现有的单一的消费者委员会实在难以承担起保护消费者利益的重任,消费者的弱组织性和缺乏集体行动能力的特点,使其自身的利益得不到集中表达,无法正常参与政府的规制过程,从而影响政府的规制行为。有时即使参与了,也由于力量弱小而难以与强大的政企同盟相抗衡,难以影响政府的规制决策。这就在客观上为政企勾结、共同侵害消费者利益提供了可能,这个问题在近些年的政府规制过程中已经表露得十分清楚了。

其二,政府在规制过程中的角色冲突,即既当运动员——国有企业的所有者,又做裁判员——市场的规制者,致使规制机构无法独立、中立地行使自己的职能。在这里,独立的含义有二:①指独立于政府的其他职能,尤其是不受政府所有者职能的干扰。②指独立于被规制者,不偏向于被规制者中的任何一方。独立是中立的前提,只有规制机构实现了真正意义上的独立,才能在规制实践中公正中立地行使规制职能,而我国规制机构却不具备多少这样的独立性。目前行使规制职能的政府部门大都曾经或仍直接拥有或完全拥有被规制行业的企业,如信息产业部在很长一段时间内既是中国邮政和中国电信的所有者,又同时是规制者。在医药行业,卫生部、国家医药管理局、国家中医药管理局等,都既是国有药品工商企业和国有医疗卫生机构(事业单位)的顶头上司,又是药品管制的行政机构。政府是几乎所有的自然垄断行业、公共企业及大部分竞争性领域中大企业的所有者,规制者和被规制企事业的利益如此密切相连,必然使规制机构偏向于自己所属的企业,无法保持中立,其后果有两方面:①规制者可能歧视非自己所有的企业,对其采取歧视性规制。②规制者可能和自己所属的企业结成"政企同盟",置消费者利益于不顾,制定对自己所属企业有利的规则,并最终操纵政府规制过程。可见,不合理、不规范的政府规制过程,为转轨时期政府规制失灵提供了温床。

三、伦理规制及其文化基础

规制经济学认为,规制由国家规定的正式规制和社会认可的非正式规制所构成,规制既包括法规、政策性规制,还内涵着伦理性规制。伦理规制是一种介于外在性政策法规与内在性道德准则之间的社会规制。

(一)伦理规制的含义

伦理只是一种内在约束,还是可以形成为一种外在的约束人们活动的社会力量,思想家们对此一直存在着争议。我们认为,伦理规范不同于道德规范,不是一种纯粹的内心信念和准则。它以文化传统、公众利益、社会普遍意志、社会生活惯例以及人伦之理或人际交往的必然性为基础,它本身就具有无形而持久的外在约束力。

伦理规制是伦理理念和精神的外化形式,是伦理规范及其特定的社会运行保障机制的统一。它与一定社会的制度、体制有着内在的关联性;动摇了根本的社会伦理规制,常常就意味着动摇了社会制度本身。政治、法律性社会规制只有与其在相当程度上契合时,才能产生实际效力。在这个意义上说,伦理规制比一般的法律条文更具约束力。完善的金融市场伦理规制可以成为制约金融市场和社会经济活动有序进行的强大力量。

1. 伦理规制是内在性与外在性的统一

伦理不只是属于个人内在的道德心理,而是"良心"与"社会秩序"的统一。它作为一种人际交往关系之理,必然要表现于外在的社会关系,表现为行为所依循的社会规则,必然要影响社会同时也要受社会制约。

通常我们一般只讲"伦理权利"或"伦理义务",没有"伦理规制"这一说。伦理是否可以形成为一种规制的形式呢?我认为,这不仅是可以的,而且是必然的。没有规制形式的伦理只能是一种伦理的理念,而不是实际的伦理。伦理规制作为人伦之理的外化形式,一方面体现为伦理原则和伦理规范,另一方面体现为外在于主体的保障伦理原则规范在社会中充分实施的社会机制。外在的社会伦理机制,是社会的管理集团从自身和社会的整体利益出发确定的为确保伦理规则实施的他律手段。社会伦理机制具体包括教育机制、评价机制、舆论机制、奖惩机制和社会管理层的选择机制,某些社会伦理机制还有法律做后盾。由于社会伦理机制的作用,社会伦理才能很好地在社会中实行,社会伦理原则规范也才能转化为人们的内在伦理行为机制。内在伦理行为机制是指外在伦理规则和伦理行为机制的主体化,是主体道德意志、道德目的、道德动机的集合,亦即自律,它集中体现为主体自身的伦理道德修养。外在伦理行为机制与内在伦理行为机制相互作用,相互影响。外在机制在某些情况下出自个体的伦理道德目的与动机,但更多地受周围环境的影响、社会关系的制约,以至于使个体的伦理意志和目的动机必然受到社会环境的制约而与他人构成伦理道德评价机制。

2. 伦理的社会强制即伦理规制

伦理规制,是社会规制的一个组成部分,所谓社会规制,就是社会管理主体以其所拥有的社会资源(包括物质的与精神的资源)对社会成员实施影响力、支配力的制度性手段。伦理规制就是指具有社会强制力的伦理规矩,是依靠社会伦理机制的力量,支配社会成员履行伦理道德义务或受到伦理道德惩罚的一种约束。它是社会规制的一个组成部分或者说是一种表现形式。它通过家庭伦理的控制、行业规范的遵从、团体纪律的约束、社会舆论的压力、政治经济法律方面的奖惩等等方式来发挥它对社会成员的约束作用。伦理规则社会效力的实现有赖于一定的强制力,这种强制力可以通过两种途径取得:一是将伦理规制法制化,变成法律规制,从而获得国家权力的保护;一是直接诉诸社会强制力(如社会组织、行业组织、社会舆论的强制力)。这样,伦理也就具有了社会规制性质与功能。

在这里,我们可以举一个众所周知的例证进一步说明伦理规制的性质。比如说,"孝悌"是中国传统的伦理规范,也是一种传统的社会伦理规制。善事父母为"孝",敬顺兄长为"悌"。首先,孝悌是一种小农经济条件下的人伦之理。在小农经济条件下,家庭是最基本的社会生产和生活单位,而父亲是一家之长,兄长是家庭的骨干力量。这客观上需要树立父兄在家庭中的领导权威。敬善事父兄,是确保家庭繁荣与和谐的必要条件。当父兄年老之后,得到应有的尊敬和照顾也是顺理成章的事。其次,孝悌是一种伦理规范。它是处理父子伦理关系、兄弟伦理关系应当遵循的行为标准,有着确切的内涵和规定。人们做到了这些规定,并且使自己的行为一贯地符合这些规定,父子、兄弟伦理关系就是融洽的。最后,孝悌还是一种伦理性的规制。它有着一系列社会机制来保证实施。一是嫡长子爵位、财产继承制的保证;二是法律制度的保证(如《唐律》中的"十恶"之条有多条涉及不孝之罪);三是社会礼仪制度的保证;四是社会道德教育的保证;五是社会舆论的保证等等。一个人如果胆敢逆孝悌而行,就置自己于大逆不道之地,因而也就必须以牺牲自己一生的利益和幸福为代价。正是因为有这些方面的制约,在小农经济条件下生活的人们不仅在主观上觉得孝悌是天经地义的,做到孝悌是理应如此的,而且在客观上也不能不孝悌,不敢不孝悌。由此可见,伦理性的规制远远强过法律的强制。人们宁可触犯一般的法律条文,也不敢背上不孝不悌的恶名。

可见,伦理同法律的区别,不在强制力的有无。日本法学家川岛武宜认为,伦理也具有作为伦理的强制性规范①。强制和秩序是作为社会秩序的法及伦理所共有的性质。不过法律的强制力属于国家权力范畴;伦理道德的强制力则属于社会权力范畴。伦理的强制力也就是伦理规制,它可以借助其有形无形的压力,迫使人们履行伦理义务。

(二)伦理规制的文化基础

伦理道德之所以具有较强的约束力,其规制机制根源于深刻的文化背景。具体地表现在伦理道德的文化属性、伦理范畴的文化特征、伦理评价的文化功能等几个方面。

1. 伦理道德的文化属性

从本义上讲,伦理是人类活动的结果,也是人类的一种生存方式,是社会为了调整人与人之间以及人与社会之间的关系所提倡的行为规范的总和。文化是作为一个整体存在的,具有整合性的精神价值。从文化的视角来看,伦理也是属于精神文化的一部分。其价值就在于通过某种规范和原则及其人的行为实现人的活动正当和社会关系的和谐,通过这种正当和和谐提升生命的活动方式。从这一意义来说,伦理道德只能属于文化活动的一个层面。其次,人类的最初活动的目的是向善的,在其活动中,要实现某种目的,就必须使自然朝着有利于人类的方向发展。这种目的实现了,善也就实现了;如果自然不按着人类的目的的方向转化,人类改造自然的结果就是一种恶的表现。所谓善恶,就在于在人们对待自身、对待他人、对待社会、对待自然的思想和行为是否具有符合伦理道德的正当性。善恶是人类道德中的一对贯彻始终的矛盾。正是这对矛盾的存在,才推动着人类伦理道德的向前发展。任何一种社会现象,只有具有善恶评价的特征,并且着眼于善恶特征时,我们才说伦理道德现象是一种

① [日]川岛武宜:《法社会学中的法的存在构造》,载于《思想》杂志第 299 号,1949 年。

文化现象。

2. 伦理的文化特征

伦理是对人类生存活动方式的反思。一定时代的伦理是对一定时代的人类生存方式的反思。它用带有理想性的伦理道德的基本概念、原则、规范、行为、品质、人格来反思人类社会关系和人类的活动方式。也就是说,当伦理道德指出什么是应该的时候,同时也就是在反思和批评现实中的什么是不应该的。伦理的这些特征说明了伦理的文化特性。

我们知道,任何的伦理道德上的应该和理想都不是永恒的和绝对的,而是与一定的文化紧密相联系的。中国人和西方人的伦理道德观念是有差别的,欧洲人和非洲人的伦理道德观念也是有差别的。原始时代的伦理道德与封建制时代的伦理道德是不同的,封建时代的伦理道德与今天的伦理道德更是有本质的不同。任何时代的伦理道德都是那个时代文化的产物,都要以那个时代文化为基础,都要带上那个时代文化的烙印。或者可以这样说,一定时代的伦理道德的特征总是与那个时代的文化特征相吻合的。

我们正处于社会主义时代,这个时代占统治地位的是社会主义文化,因而我们这个时代的伦理也必然是带有社会主义文化性质的伦理。这种伦理只能是与社会主义民主、社会主义法治相一致的伦理,只能是以人民群众利益至上、以为人民服务为最高原则的伦理。金融市场伦理理所当然地要以此为最高原则。

3. 伦理评价的文化功能

伦理道德评价具有净化和提升文化的功能。伦理道德总是通过评价、通过善恶的褒贬来表明自己的态度的。人们从伦理和道德的理念、原则、规范出发,对于社会的制度文化、精神文化以及人们的行为进行评价,指出什么是好的、善的,什么是坏的、恶的,从而引导人们改正坏的恶的,追求好的善的。如果这种评价的力量足够大,就在客观上形成一种良好的道德氛围,从而达到规范人们的行为和提升社会文化的作用。我们知道,文化是人创造的,而伦理观念支配着主体的伦理行为和动机。强有力的伦理评价制约人的道德行为,使人按着一定的道德原则和道德规范来进行道德行为选择社会中的人们在思想上普遍地认同了伦理道德观念,在行为上普遍地遵循了伦理道德规范,其创造物质文化、制度文化和精神文化的活动也必然是正面的和向上的,这在客观上也就起到了对社会文明的推进作用。

(三)伦理规制的特性

伦理理念、伦理规范、伦理规制是三个既相互区别又相互联系的概念,三者呈现出一个由抽象到具体、从内到外的层次或序列。我认为,"伦理规制"逻辑地包含着伦理理念和伦理规范的内涵,因而是"伦理"这一概念的最具完备性的表达。从伦理本身来看,它源于现实,但又不是对现实生活的简单描述与模拟,相反地,它总是高于现实,使其沿着人们对现实的理想预期而展开,即以超越现实的理想目标为基本价值尺度,追求社会的公正、和谐和人自身的完美与至善。由此形成了它不同于其他社会意识形态的本质特征[1]。其主要表现为:

其一,理想与现实的统一。作为意识形态的伦理必须有其现实性和理想性相统一的双重特性。可以说,缺乏现实性,伦理只能变为可望而不可即的空中楼阁,从而失去了其存在的社会条件;而缺乏理想性,使伦理与现存的社会关系直接等同起来,实质上就取消了伦理,也不可能发挥其对社会现实的保证、促进作用,不可能沿着预期的方向发展,更不可能抵御来自社会经济关系中其他性质因素的影响,反而只能加剧社会的混乱与动荡。

其二,功利与超功利的统一。伦理看来似乎永远是超功利的,其实不然,它通过特定的方式再现社会利益的分配原则。如同马克思所说:"人们奋斗所争取的一切,都同他们的利益有关。"[2]可见,脱离功利性,伦理道德自然失去其为人追求的魅力。同时,伦理道德和功利并不矛盾,本是密切结合在一起的。但是伦理并不仅仅是为了个

237

---

[1]　龚建国、秦拯:《经济与道德的文化悖论及其对策》,《探索》,2002 年第 2 期。
[2]　《马克思恩格斯全集》第 1 卷,人民出版社 1956 年版,第 82 页。

人的功利,也是为了他人的功利特别是大众的功利。同时,它也是人的一种品格与境界,它反映着人类在物质利益满足的同时对真善美的统一的内在追求。没有功利的纯伦理是梦幻的、虚伪的,而仅仅归结为功利的伦理只能是庸俗的、丧失人性的经济行为。只有在功利基础之上,依据社会发展和人的本性的发展规律的要求的伦理,才是现实可行的伦理。

其三,他律与自律的统一。马克思在伦理问题上认为"道德的基础是人类精神的自律"[①]。伦理作为一种社会意识形态,作为一种行为规范,必然限制人们的"任性",它用其特有的手段如伦理评价、伦理监督等来促进使人履行一定伦理原则和规范的要求。从古代到现代,以国家法律形式标明伦理也是极普遍的现象,这说明没有这一他律,伦理就不能立足。但是伦理若不能转化为普遍的社会行为准则,若不能内化为人们的伦理义务和良心,伦理与法律就失去了区别,其抑恶扬善的功能就会大打折扣。因而,完善的伦理只能是自律与他律的辩证统一。

四、伦理规制与金融市场秩序

秩序作为反映社会政治、经济和日常生活有序性的基本范畴,构成人类生存与发展的基本条件。而作为现代市场经济条件下人类社会生活一个十分丰富的层面——金融市场,无疑也存在一个秩序问题。由于金融市场本身存在着不确定性,因而要实现对市场的有效运作,就必然产生对包括金融伦理原则在内的共同规则的依赖。

(一)金融市场秩序

秩序是人类存在与健康发展的基本条件。秩序是一个社会的准则体系所产生的效应的总和。人类生活的各个方面都包含着极为广

---

① 《马克思恩格斯全集》第1卷,人民出版社1956年版,第15页。

泛的秩序问题。在古汉语中,"秩"和"序"含有常规、次第的意思,在古代它们同是对某种有规则状态的概括。在《辞海》中,秩序被解释为:"人或事物所在的位置,含有整齐守规则之意。"在《现代汉语词典》中,秩序被解释为"秩序是有条理、不混乱的状况"。也有从法律角度理解秩序的,如美国法学家埃德加·博登海默认为:"秩序,就是指在自然界与社会进程运转中存在着的某种程度的一致性、连续性与确定性。"[1]在探讨市场秩序的有关著作和文章中,例如,由彭星间、叶全良等人编著的《建立市场新秩序》一书中,把秩序定义为"在一定社会形态下,人们为维护社会公共利益,共同遵守社会行为准则的状况"。并认为,"只有人们共同遵守社会行为准则,才能使人类活动有秩序地进行,否则,就是没有秩序或秩序混乱"。同时还指出:"社会秩序如何,是人类社会进步、文明的象征和尺度。"[2]

1. 金融市场的有序和无序

所谓市场秩序是指各个经济活动主体在市场交易(包括进入、退出市场)过程中所共同遵循的规则,以及由此而形成的正常有序的市场运行状态和格局。存在于市场经济中的各种行为规则,必然要外化在人的行为方式和行为过程之中,即人的行为活动对市场规范的贯彻、实施和维护过程。因此,市场秩序也可被理解为市场经济体系中各类市场主体规范化的状况及他们对市场经济中各种规则和公共习惯的认同和遵从状况。

市场"有序",即是指各类市场和各市场主体的约束体系健全,并得到尊重,各市场主体行为符合法律法规和相互之间达成的共同规则以及社会道德的要求,合法利益得到保护,非法行为受到惩罚和社会谴责,市场配置资源的效率得到最大可能的实现。具体而言,市场有序必须符合两个条件:一方面,市场实现产品交易必须遵循客观的一般经济规律。如自愿让渡法则、等价交换规律、价格规律、竞争

---

[1] 埃德加·博登海默:《法理学——法哲学及其方法》,邓正来、姬敬武译,华夏出版社1987年版,第238页。

[2] 彭星间、叶全良:《建立市场新秩序》,中国财政经济出版社1996年版,第10页。

239

规律等。另一方面,市场交易各方必须遵循法律制度和社会道德规范。相关的法律主要有:证券法——主要规范证券发行和交易行为,保护投资者的合法权益,维护社会经济秩序和社会公共利益,促进社会主义市场经济的发展;经济合同契约法——主要规范交易合同的成立、履行、制止、纠纷处理等;竞争法——包括反不正当竞争和反垄断两部分,主要规范买卖双方的竞争行为和限制垄断行为;消费者权益保护法——主要规范直接或间接影响消费者权益的行为;金融机构法——主要规范银行、保险、证券交易等金融机构的成立条件、手续、变更登记、运作规则、解散破产等行为;广告法——主要规范交易过程中有关商业信息使用、发布等方面的行为。市场伦理和金融道德主要包括:诚信观念,即公正交易,诚信为本;竞争观念,即公平竞争,优胜劣汰;合作观念,即平等互利,共同发展;等等。

所谓市场的"无序"是指市场相关的法律制度和道德约束体系的缺位或得不到尊重,而使交易主体、中介主体和监管主体的行为严重失序,市场交易中合法利益难以得到应有的保护,市场交易成本和风险大大增加,国民经济的微观循环进而是宏观循环出现困难,甚至出现难以为继的现象。在市场发展的各个阶段和各个领域,总是充满着矛盾和冲突。这种矛盾和冲突,总是不可避免地伴随着混乱与动荡、失序与无序,它既是推动市场前进的动力,也是威胁市场秩序的力量。

市场的失序和无序有两种划分类型:从性质上可区分为结构失序和行为失序,其中行为失序是指个人和组织的市场行为对市场主体行为规则的背离所造成的行为混乱。行为失序如果得不到及时有效的治理,势必会不断扩大和升级,最终影响结构的稳定。从规模上可区分为局部失序和整体失序。市场的失序和无序现象必然要给市场活动带来混乱和困扰,但并不是说有了失序和无序现象,市场运作就会处于无法维持的状态。市场失序、市场无序是和市场有序同时存在的,它们都是市场秩序的具体表现,市场秩序实际是有序和无序的辩证统一。现代市场没有纯而又纯的有序状态,也不会陷入绝对的失序和无序状态,而是一种有序与无序相互交织和此消彼长的过

240

程。所以当我们谈论市场活动或市场的某一个领域存在的失序和无序现象时，并不意味着对该市场的否定，而是指出失序和无序的事实，抱着正确的认识和科学的态度去解决问题。

2. 理想状态的金融市场秩序

市场规则体系包括交易主体的行为规则、中介主体的行为规则和政府的行为规则等，理想状态的市场规则体系要求这些规则符合市场经济的客观要求，有利于形成公平、公开、公正的市场交易环境。

交易主体行为规则的理想状态。交易主体进入市场的规则对于各种交易主体来说都是平等的、非歧视的交易规则，交易规则能够反映公平、公开、公正的原则；对交易行为的客观评价标准是真实的、全面的、有效的，没有任何歧视性。

中介组织行为规则的理想状态。中介组织作为特殊的市场组织，肩负着传递信息的职能，其自身行为准则的基本要求就是客观公正，所以中介组织有义务保持自己的行为客观公正。这既是交易主体公平交易的前提和必要条件，也是政府管理经济活动的主要依据。由于中介组织本身的社会性，中介组织的经营目标不应该仅仅以营利为目的，其经营宗旨更应倾向于为社会服务。因此，中介组织的行为应独立于各种赢利性机构和非赢利性机构，只有这样才能够客观地评价交易组织的行为，为社会提供客观的信息。可见，理想的中介组织行为规则能够保证中介组织行为独立性、客观性和社会性的并存。

政府行为规则的理想状态。政府的行为能够被规则控制在一定的社会、经济条件所要求的必要范围内，保证政府能够依法行政，把政府的权利限制在一定的法律框架内，避免政府行为的任意性和政府权利的无限扩大；同时，又能够对经济发展和市场秩序进行适当的干预，保证宏观经济持续、均衡的发展。

3. 我国经济转轨时期的金融市场秩序

改革开放二十多年来，我国市场体系迅速发育，市场价格的放开程度、市场化产、供、销的组织化程度、商业体系的发展以及生产者、经营者、消费者对市场的依赖程度都得到了很大提高，市场机制在国民经济中的基础作用明显增强。这一方面促进了经济的活跃与繁荣，另一方面，由于我国正处于经济体制的转轨时期，市场体系还在继续成长、发育过程中，不可避免地存在着许多前进中的问题，其中以市场秩序混乱和交易行为失控的问题较为突出。我国存在的市场秩序混乱，发生于计划经济体制向市场经济体制的转轨期间，有其特殊的历史背景。市场秩序混乱的本质，是经济主体"逐利秩序"的混乱。

以超级市场为例，根据《世界商业评论》2004 年 9 月 21 日载，美国著名的零售商沃尔玛公司在美国的结账时间是三天结一次账，在中国是两周一次。如果将美国的三天改为两周，沃尔玛的股价一定会大幅下跌。如果报纸报道属实，沃尔玛在中国的付款情况较中国本土的超市已经是非常好的了。国内很多超市付款是三个月结一次账，还有的是六个月甚至一年一次。大部分超市依赖尽可能无偿地占用供应商的款项进行无序扩张。这个资金链一旦断裂，就会产生极其恶劣的连锁效应，给整个零售市场带来动荡。这种以拖欠款项进行无偿占用为"聪明"的社会风气影响极坏，这种聪明是非常可怕的"聪明"，其实质是行为主体信用的缺失。

在引进外资方面，我们如果片面地将引进外资的数额作为业绩考评标准，同时给予诸多方面的优惠，而不考虑就业率等其他社会因素，是非常荒谬的。外商投资从自身利益方面考虑，当投资地的社会状况或政策稍有变化时，就会迅速撤资，这本无可厚非，但是客观上却留给社会诸多需要解决的问题。若是同样的状况，民族企业就会好得多。

股市方面，中国股市资金流动的无序不仅非常公开，而且是制度性的。部分上市公司在上市前将项目前景描绘得很好，上市后却立即改变募集资金的投向，甚至将募集资金用于委托理财；或将原有的滚存利润向老股东分配，而对流通股东的投资分红只字不提，原本促进国民经济发展的投资拉动效应就这么消失了。部分政府官员在股票审核、发行及市场监管过程中公开挑战市场规律和国家法律，严重地破坏了市场信用体系。

同样,银行管理的非市场化问题也比较突出。由于 GDP 政治,各级政府插手银行贷款(现有体制下未将银行利润和贷款坏账率列入各级政府官员考评指标),支持地方建设。一旦在建设过程发生问题,所用银行资金就会很难收回。其中也有极少数的丧失党性原则的干部,利用地方建设的名目,变相转移银行资产。

在体制转轨时期,出现"只知逐利,不知规则",甚至无视规则、蔑视法律的状况,迅速蔓延开来。不受任何约束的利益驱动,逐利行为和逐利规则严重脱节是中国目前体制转轨阶段市场秩序状况混乱的主要表现。

目前我国市场主体行为的不规范主要表现在对市场规则的违背:

其一,交易主体的行为不规范,集中表现为竞争秩序的混乱。市场竞争的基本手段是通过用更低的成本生产出更多更好的产品来获得竞争优势。在我国目前阶段,有些市场主体却热衷于使用不正当竞争手段获得,即以不规范的行为、不正当的竞争手段获取利益。如假冒别人品牌;诋毁和陷害竞争对手;经营者以回扣等形式贿赂当事人,推销假冒伪劣商品;盗窃竞争对手商业秘密;以低于成本价销售产品,恶意挤垮竞争对手;形形色色的合同诈骗;寻求行业垄断,人为造成市场分割和地区封锁等。市场进出秩序混乱,每个市场都有其进入和退出的一系列规则,这些规则是保证市场优胜劣汰机制得以发挥的重要前提。但是目前在我国,大量的本不具备资格的主体却能够运用种种手段进入市场,超越自身资质和经营范围承揽业务。经营失败、资不抵债时仍然混迹于市场。与此同时,一些地方和行业故意制造壁垒,将一些具备资格的市场主体挡在市场之外,人为扭曲市场竞争机制。

其二,中介组织行为的不规范。市场中介组织,诸如律师事务所、会计师事务所、职业介绍所、公证机构、信用评估机构等,是市场经济的重要组成部分,发挥着不可替代的中介服务功能。它通过给社会提供公开、客观的信息使市场交易活动趋于公开、公平、公正。它的发展有利于规范市场交易,提高透明度。但是,由于同样受经济

243

利益驱动,使相当一批中介组织为了自身利益,不顾市场规则,为交易主体的许多破坏市场秩序的行为提供大力暗中支持。如在资本市场上,中介组织以出具虚假资信报告等方式从中非法牟利;在劳动力市场上,不少职业介绍所是未经申请注册的非法机构,在开展职业介绍的过程中,大肆进行商业欺诈,传播错误信息,散布虚假广告,骗取中介费用;在商品市场上,一些中介机构编造虚假信息,滥施评比,蒙骗企业和消费者,扰乱竞争秩序,从中渔利。目前,中介组织对市场规则认知和遵从程度低下,社会监督力量薄弱,由此造成的市场经济秩序混乱现象仍有增多之势。

其三,政府部门某些行为不规范。由于如行政性垄断等垄断势力的侵入,使中国的市场状态发生了变异,即市场交易中被不断营造、复制和异化出某种非市场的因素,从形式上看似乎是进行市场交易,但却不按照市场原则行事。于是,市场本应具有的资源配置功能和公平竞争环境受到损害和削弱,有限资源不再按照效率原则,而是按垄断权力来配置。再如地方保护主义为各种违规甚至是违法行为提供"保护伞";政府的过度干预影响竞争机制的发挥;国有企业预算约束软化引发不平等竞争等。

(二)金融伦理规制与金融市场秩序

现代金融伦理是随着市场经济的发展逐步形成和发展起来的,是市场经济的一个内在规定和健全发展的基本条件之一。有生命力的金融法律制度需要有金融伦理的理念作为灵魂。金融伦理规制的建立和健全有助于金融市场秩序的良性发展。

1. 市场秩序的规制

我国市场秩序从无序混乱状态走向有序稳定状态,是转型时期市场秩序的建立与发展的过程。而市场秩序的建立与发展都是市场规制的结果。市场秩序和市场规制有着不可分割的内在联系。没有规制,就没有秩序。从逻辑意义上讲,市场规制就是市场秩序的确立和维持过程。正是市场规制把意识彼此不同、利益复杂多样的市场中的人或人群结合成为一个统一的有机整体,使人们在市场上的行为既千差万别又符合市场交易的内在要求。因此,市场规制可以理解为通过一定的力量来保证人们遵守规范,确立和维护市场秩序的过程。市场规制是推动市场有序发展和正常运行的重要力量,它既是市场秩序存在和发展的必要条件,也是市场秩序稳定、有序的基本保障。

市场秩序的规制主体有三个层次,即个人、组织和国家。一般来说,在个人层次上发生的市场规制意味着人们在市场活动中必须依据某种传统的或公认的规则来调整自己的市场行为,借以避免与他人处于摩擦、冲突和敌对状态。任何市场组织,为了保证自身的存在和发展,都必须对其成员进行规制,这是市场组织的规制。国家规制则是国家这个特定的社会组织以全社会的名义对全体市场主体的规制。

市场秩序的规制对象是市场主体的行为,可以说,没有市场主体的行为也就没有市场秩序问题。在市场活动中,人们总是根据自身的利益来选择自己的市场行为,只有通过市场规制,才能保证市场主体行为符合市场整体利益,形成市场赖以存在和发展的秩序基础。

市场秩序规制的方式和途径是指市场的各种制度规范如何作用于市场行为主体,它是积极规制与消极规制、正式规制与非正式规制、外在规制与内在规制等三个方面的统一。积极规制是市场规制通过人们市场行为的正面引导实现的,它首先表现在对人的主动道德化过程。消极规制则表现为市场规制主体对市场主体在市场中的各种偏离行为的限制。正式规制是市场规制主体通过正式的规制机构而实施的有组织的法律规范规制。道德规制是非正式规制的主要形式。外在规制是通过市场规范直接约束个人行为所实现的市场规制,是一种他律。如果说外在规制是通过一定的外在压力要求人们应该怎么样,那么内在规制则是市场行为者自觉用各种规范来约束、检点和指导自己的市场行为。

2. 金融伦理对金融市场规制的必要性

如上所述,市场秩序规制是积极规制与消极规制、正式规制与非正式规制、外在规制与内在规制的统一。但无论哪一个方面的规制方式和途径都包含有两个层次,一是制度法律规范;二是伦理道德规范。

所谓金融伦理,就是在社会金融活动中产生并用以约束和调节人们的经济行为及其相互关系的价值观念、伦理精神、伦理规范和相关机制的总和,它既是调节人们之间利益关系的一种行为规范,也是主体把握社会金融活动的一种实践精神。

作为一种观念和意识,金融伦理随着人类社会经济活动和交换关系的发展而产生,但在自然经济条件下,由于经济活动的封闭性、简单性和个别性,使得金融伦理未能作为一种相对独立的伦理形态充分发展起来。现代金融伦理是随着市场经济的发展逐步形成和发展起来的,是市场经济的一个内在规定和健全发展的一个基本条件。市场经济作为一种社会经济运行方式,一方面是以人们利益的分离和自利的追求为基础的;另一方面,市场经济又是一种高度社会化的交换经济,人们的利益都是相互联系、相互依存的。这种利益上的追求、自利和利益实现上的依存、互利,是市场经济的一个内在矛盾。协调和解决这一矛盾,从根本上说,要有一套有效的社会规范体系来约束人们的行为及其相互关系,使人们在追求自己利益的同时,尊重他人的利益,在互利的基础上去实现自利。这既需要法律来维护,也需要伦理来支持,仅仅靠其中之一都是不可能建立起良好的市场秩序的。

在现实的社会生活中,由于法律等正式制度对市场秩序建立和发展的作用是显而易见的,因而也是被高度关注和重视的。而以伦理道德尤其是以金融伦理为核心的非正式制度对市场主体行为规范规制的作用却常常被遗忘或忽视,至少还未引起足够的重视。其实伦理道德不仅是保持市场经济有效运行的最基本的调控力量或"本质要素",而且也是确立和实现包括制度法律调控在内的其他"非市场规制"的价值基础和社会基础。可以说,伦理道德尤其是金融伦理对于市场有序且有效的运作,不仅是不可或缺的,而且是极为重要的。所以在此首先要对金融伦理作为市场主体行为规制方式的必要性做分析。

（1）市场这只"无形的手"不能为市场自身的有效运作提供必要的秩序条件。

由于市场本身存在着不确定性，因而操作市场的人要实现市场的有效运作，就必然产生对包括金融伦理原则在内的共同规则的依赖。

第一，交换动机的趋利性。从市场经济中"经济人"的独特品格出发，对自身利益最大化的追求和满足是人们进行交换的最深层的驱动力。古典经济学家亚当·斯密就明确地说："我们每天所需要的食品和饮料，不是出自屠户、酿酒家或烙面师的恩惠，而是他们自利的打算。"①虽然趋利或自利的经济人是理性的主体，他有可能驾驭无限膨胀的趋利心这匹野马，以利他的手段实现互利的目的，但是不管经济人如何做理性权衡，个人及其利益永远是交换行为取向的最后决定者和判断标准。这就从本质上决定了经济人有突破互利这一基本的市场道德的内在冲动。人的趋利本性，使人常常不自觉地把交换的为己性和为他性割裂开来；强化为己性，弱化为他性；把自为的存在（权利）视为至高无上，却淡化和漠视了为他的存在（责任）。因此，交换动机的趋利性既是培养"交换的正义"的土壤，又是滋生"极端个人主义"的源头。也就是说，虽然趋利或自利的经济人是理性的主体，但是一个有经济理性的、同时受一定价值观支配的人进行交换时总要遭遇利益冲动和道德抑制两股力量的撞击。在现实生活中这两股力量轮流占上风主宰着交换主体的行为取向，交换主体有可能在各种复杂的利益关系中平衡好这两股力量做出利己兼利他的抉择，同样也难以避免存在一定的行为偏失。这就要求交换主体具有一定的道德素养和金融伦理意识。

第二，交换条件的不充分性。交换条件的不充分性是指在交换的过程中，市场主体对市场规律、资源、信息、交换对方的信任度、交换主体的对称性等影响交换活动实现的因素的把握，与市场的实际

① 亚当·斯密：《国民财富的性质和原因的研究》，商务印书馆 1981 年版，第14 页。

情况存在着距离,后者在客观上总是不确定的。在不确定的条件下,仅靠"无形的手",不仅不能实现资源配置的最优化,而且也不能克服市场主体的机会主义行为,实现市场主体之间关系和行为的协调。如某些交换主体利用市场的不确定性和信息的不对称,在最大限度地增进自身利益时做出不利于或有损于他人利益的行为。一个健全的市场经济社会,就像离不开法律那样离不开金融伦理的力量去克服经济人的机会主义行为,如果经济人的行为不受金融伦理的制约,他就会极力钻法律的空子或逃避法律的追究。所以,离开一定的规则(包括金融伦理原则),市场秩序就得不到有效的维护。

(2)在"非市场规制"中,由政府这只"有形的手"所主持、操作的正式规则(即法律调控和政策调控),实际上也不能完全满足市场有效运转的秩序要求。

第一,市场经济法律体系尚需完善。如上所述,我国存在的市场秩序混乱发生于中央计划经济体制向市场经济体制的转轨期间,有其特殊的历史背景。由于我们正处于市场经济的初级阶段,市场本身尚未形成良性的按市场规则行事的机制,经济法规也极不健全,这就使经济人的惟利是图行为无法有效地从经济体制内部的运行机制中予以克服和摈弃。改革开放二十多年来,全国人大共制定了三百九十多部法律和有关法律问题的决定,国务院制定了八百多项行政法规,经济立法在我国全部立法中所占的比例已达 70% 以上,构成中国特色社会主义法律体系的 7 个法律部门中,最基本的主要的法律大多已制定出来①。我们在立法方面已取得了巨大的成就。但是按照社会主义市场经济的要求,仍有不少差距:一是还存在法律空白。对于有些经济行为,旧法没有规定,新法尚未出台,处于法律的空隙中,市场主体的竞争是合法还是违法,是罪还是非罪,很难做出司法判断;有些经济行为,明显具有社会危害性,却由于无法可依不能追究行为人的刑事责任。二是一些法律法规的规定不具体、不规

---

① 费伟伟:《无信市不立,无法信不灵》,《人民日报》,2001 年 4 月 6 日,第五版。

范、不严密,原则性条款、弹性条款和任意性条款过多,量刑、处罚的伸缩性过大,法律后果不具体,自由量裁权过大,因此实际执行中操作难度大。三是一部分法律规章带有计划经济色彩、部门色彩,部分内容已经不再适用,需要更新、完善。凡此种种,不能不在一定程度上削弱经济刑事司法惩治和防范犯罪的功能。正如意大利犯罪学家菲利所指出:"法律总是具有一定程度的粗糙与不足,因为它必须在基于过去的同时着眼未来,否则就不能预见未来可能发生的全部情况。现代社会变化之疾之大使刑法即使经常修改也赶不上它的速度。"①由此可知,立法的滞后随之产生的司法的滞后与无力,将在相当一段时期内对市场秩序的规范产生重大影响。这一方面说明要保证市场秩序的健康有序,我们的制度法律还需要健全和完善,另一方面也说明金融伦理对市场秩序具有十分必要和广阔的发挥规制作用的空间。

第二,作为一种社会规范体系,法律存在局限性。法律只能够对那些违法的行为进行规范。由于市场主体之间的关系在现实生活中是极为复杂多变的,它不能也不宜被完全法令化。因而即使是最完备的法律体系和政策体系,也是有其界定范围和作用边界的,这就决定了法律和政策对于操作市场的人究竟做什么和怎么做还有管不着和不宜管的行为空间。这里就需要伦理道德尤其是金融伦理等非正式规则调控来填补。事实上,也确实是道德等非正式规则的调控在起作用。可以说,正是道德的传统、惯例、习惯和自律等提供了日常的和基本的经济生活秩序。金融伦理作为调节市场经济人们之间关系的一种自律性行为规范,可以在法律没有涉及或无法达到的空间中发挥调节作用。所以,科斯认为:"即使在最发达的经济中,正式规则也只是决定行为选择的总体约束的小部分,大部分行为空间是由习惯、伦理等非正式规则来约束的。"②

---

① 菲利:《犯罪社会学》,中国人民公安大学出版社 1990 年版,第 38 页。
② 科斯:《财产权利与制度变迁》,胡庄君译,上海三联书店 1991 年版,第 112 页。

第三,法律约束的成本较高。制度经济学的研究证明,尽管法律制度约束和道德约束都具有降低市场不确定性、限制机会主义行为、减少交易费用等功用,但是由于法律对于市场主体的确立和保护、对主体行为的框定和监管都是通过强制性的国家机器来保证实施,因而实现法律约束的成本较高;而伦理道德则是通过人类的自觉意识、自律行为来完成,伦理道德约束主要是一种自我约束,因而它的投入或成本较低,远远低于法律运作所必需的费用。这样对法律约束和道德约束进行成本效益的比较分析,就不难发现道德约束有更大的秩序效率。在这一意义上说,道德秩序比法律秩序有更大的优越性。所以在法律起作用的地方,伦理作为主体的一种自律机制,可以辅助法律作用的有效发挥,大大降低法律的执行成本。金融伦理的调节作用虽然不如法律调节那样直接、明确和立竿见影,但更为广泛、更为深入。因此,在一个金融伦理和信用道德健全的社会主义市场经济体系中,交易成本将大大降低,市场效率将不断提高。反之,如果缺乏伦理约束和充满道德风险,市场机制将不可能正常运行,或其运行成本将变得极其巨大而使市场陷入无效率。另外,相对于法律约束而言,金融伦理对市场主体行为约束的独特作用不仅体现在提倡主体自律,降低监管成本的方面,还体现它能够建立动态管理,减少风险比率。另外,法律注重于事发后的处理,而不是事发前的预防,并且法律的制定、执行有个过程,而伦理道德规范却是一个超前的、即时的、动态的调节过程。

(3)法律制度对市场主体行为的约束,需要一定伦理道德的支撑和支持。

有法不依、法律失效是导致现阶段我国市场秩序混乱的一个重大原因。随着市场经济制度建设的不断深入,政府出台了一系列市场法律法规,但是,不少市场主体遵守法律法规的状况并未得到明显改善。近年来,经营者相互欺诈、用假冒伪劣产品坑害消费者的情况出现蔓延的趋势,任意变更合同、撕毁合同、欠债不还、贷款欺诈、偷税漏税、企业逃避债务等情况屡见不鲜。另外还有一些执法人员对违法犯罪分子处罚过轻,打击不力,在一些地方以罚代刑,罚过放行的现象十分严重;有的对违法犯罪分子的活动视而不见、麻木不仁,甚至姑息纵容,还有的甚至执法犯法。这一方面说明我们需要加大打击力度,严惩破坏市场秩序的违法犯罪行为,严格执法;另一方面也说明了法律制度对市场主体行为的约束需要一定道德的支撑和支持。因而,如果法律在今天是社会规制的主要手段,那么它就需要宗教、道德和教育的支持。

市场经济及其法律制度是一种人类文化的形态,它的正常运行是以该制度下的人应具有的"文化"水平为前提的。如果行为人没有最低的文化、道德水准,相应的法律制度就难以执行。现代市场的法律制度面对的是具有现代文化水平的经济人,一定的市场法律制度客观上要求该制度下的行为主体要有相应的金融伦理意识,这是立法、司法、执行法律制度的前提,是法律制度赖以有效运行的基石。有生命力的金融法律制度需要有金融伦理的理念作为灵魂。如果一项法律制度缺乏必要的道德基础,那么,它就会因为得不到人们普遍的价值认同和自觉遵守而不能充分发挥其规范市场运行的作用。当今中国社会的许多经济法规之所以威力不够,一个很重要的原因,就是因为它还缺乏比较成熟的现代商业道德基础的支撑和由此产生的公众价值认同的支持。所以,当诚实、正直、公平、合作和守信等尚未成为人们共同依赖和信守的商业道德规范时,法律制度虽可以超前制定,但它的约束力和规范作用却是极为有限的。诺斯说过,自由市场经济制度本身并不能保证效率,一个有效率的自由市场制度,除了需要一个有效的产权和法律制度相配合之外,还需要在诚实、正直、公正、正义等方面有良好的道德的人去操作这个市场。

总之,对于市场秩序的规制,仅仅依靠市场自身的力量是不够的,法律的作用固然至关重要,但却又是有作用边界的。正如舒马赫在《小的是美好的》中指出的那样①:市场经济的运转逻辑对人性中的贪婪天性给予系统的培植,使市场就如一只自转的陀螺,其向心力是绕着经济人旋转的,尽管法律能限制人作恶,但这仅是外在的钳

---

① E.F.舒马赫:《小的是美好的》,商务印书馆1984年版,第36页。

制,而经济人的内心却在丧失着道德的自律。所以,在法律这种外在的、他律的强制性约束力不能起作用的地方,只能由金融伦理所构成的道义的力量发挥作用。况且,即便是在法律调控力起作用的地方,不但金融伦理力量的声援和支持是不可或缺的,而且主体的道德自律往往起着基础性的调节作用。更为重要的是,当金融伦理的要求一旦由理性转化为多数市场主体的精神观念和自律习惯,它实际上就会成为维护市场秩序的无形而巨大的社会力量。

(三)金融伦理对金融秩序规制的可能性

金融伦理作为市场秩序规制手段的前提是经济与伦理的辩证统一。马克思主义认为,经济是基础,伦理道德是由经济基础决定的上层建筑,即经济关系决定伦理道德关系。但同时又指出:经济与伦理道德二者并不是对立的,也不是分离的,而是相互促进、相互协调、相互融合的。恩格斯早就指出:社会的经济关系首先是作为利益表现出来的。所以,经济行为目标和动力实质是个利益和利益追求问题。利益和利益追求的实现是具备先决条件的,即经济活动主体的人际关系尤其是利益关系的协调共促。经济的发展是实现社会进步和人的全面发展的基础;人的全面发展又为经济的发展注入了强大的动力源。由此可见,经济和伦理道德是人类生活的共同空间,在这个空间里经济现象和伦理道德现象是共存、共生、共融的。

1. 金融伦理作为市场主体行为规制手段的理论根据

(1)认识论根源。恩格斯说:"人们自觉地或不自觉地,归根到底总是从他们阶级地位所依据的实际关系中——从他们进行生产和交换的经济关系中,获得自己的伦理观念。"[①]道德作为一种社会意识形式,是经济基础的反映。经济人在长期的经济实践中所反复碰到的各经济主体间的利益矛盾与冲突,必然反映到其意识中。于是唤起经济人道德意识的觉醒,并形成一定的道德观念,以规范和约束自己的谋利行为,这是符合人类认识发展的规律的。

---

① 《马克思恩格斯选集》第3卷,人民出版社1995年版,第434页。

（2）社会根源。经济人的谋利行为是以特定社会条件为背景的,虽然社会由人组成,但任何社会作为一个有机整体,都具有超越于其成员自身利益之上的整体利益,这是其生存和发展的需要。为此,社会必须运用各种手段以形成和维护稳定而良好的社会秩序,道德便是其中不可或缺的重要手段之一。社会通过加强道德价值导向、教育、舆论等多种方式,影响人们的道德观念和行为,进而对经济人自利行为形成有力的内部约束和外部约束。

（3）人性根源。我们知道,经济人并不是现实的人,而仅是现实人在经济领域活动的人性本质的抽象,当然他并未涵盖人性的全部。作为现实的人,他还具有社会属性和精神属性。人作为社会一分子不能离群索居,必须与他人和社会交往,而且在这种交往的过程中有一种依据某种行为规范而行事的倾向,此即人的道德性。人的道德也就是适应人的自我肯定、自我发展的需要而产生的。精神属性是人性的一部分,人之为人,更需要丰富的精神追求和精神生活。所以在一定的物质需要得到满足之后,人将追求更高层次的精神需求的满足,期待着过一种真正有价值的人的生活,而道德修养、道德生活则是其中重要目标之一。因此,在一定的物质条件具备的情况下,人性的社会属性和精神属性对经济人本性具有一定的制约和导向作用。在一定的条件下,经济人的行为有升华为更高层次的道德境界的可能性。由于任何事物的发展本质上都是自我发展,所以很显然,经济人道德行为升华的根本途径只能是经济人本身内在道德观念的进步。

2. 金融伦理对市场秩序规制的作用

把握金融伦理对市场主体行为的规制,不仅要看到金融伦理作为相对独立的要素发生的作用,而且要看到金融伦理作为金融市场中一切正式规则的文化母体和基础发生的作用。

（1）金融伦理市场秩序规制的直接作用

金融伦理对市场秩序规制的直接作用是通过形成一定的道德共识、道德观念和道德习惯来实现的。市场经济在其本来意义上是交换经济,从这一角度看市场秩序的重要内涵就是交易秩序,即所谓等价交换、平等交易、自由交易、公平交易等等。在市场交易活动中,由于交易双方信息是不对称的,因而容易发生破坏秩序的各种欺诈行为和投机取巧行为,其中包括故意或恶意的违约行为。由于市场经济活动实际上是一系列双方或多方的契约行为,因而违约行为无论是故意的还是非故意的、恶意的还是非恶意的,它对交易秩序都会带来程度不同的危害。由于垄断意味着丰厚的利益回报,因而垄断行为也会时有发生。由于各种强制性的权力也会介入市场活动,因而会出现各种形式的强制性交易行为。要建立和维持正常的交易秩序,没有法律制度固然是难以想象的,但没有道德共识、道德观念和道德习惯的作用也是不行的。这不仅是因为法律制度的维持要以人们的道德共识为基础,而且大量日常的交易行为要靠人们的道德观念和道德习惯来调节,而且是因为不可能有完美和万能的法律制度。

对于防止欺诈行为和违约行为的发生,伦理道德的作用尤为突出。博弈理论的研究证明,当有交易关系的两个人经过多次博弈发现相互欺骗不如相互合作好,他们就会放弃欺骗行为而选择诚实合作的行为。这虽然不是道德使然,但他们一旦选择合作,彼此尊重、诚实守信和相互信任就会成为他们共同依赖的伦理道德规范。这些伦理道德规范一旦升华为他们的内心信念,变成他们的行为习惯,就能有效防止欺诈在他们的交易活动中再度发生。履约理论则证明,人们的道德可靠性和道德一致性,不仅可以使交易合同由强制履行变成"自我履行",而且可以起到协调合同纠纷以及防止由纠纷引起的违约行为。所以,伦理道德不仅是维持良好交易秩序的一个基本元素,而且是影响交易成功与失败的一个重要变量。对于各种权力介入市场和垄断霸道行为以及严重欺诈行为和恶意违约行为,伦理道德所能发生的有效约束作用尽管是十分有限的,但是,在一定法律制度的配合下,道德的教化和修养却能够通过克服人们人格上的弱点和机会主义倾向,以及由此形成的良心自律,防止和抑制上述有害交易秩序的诸多行为的发生。

(2)金融伦理对市场秩序规制的间接作用

金融伦理对市场秩序规制的间接作用是通过影响正式规则的制

定和维系来实现的。首先,人的道德共识、道德认同和道德素养是正式规则得到维持和执行的前提。也就是说,正式规则的维持和执行,离不开在诚实、正直、合作、公平、正义和守信等方面有金融伦理观念的经济主体的认同和尊重。其次,具体就经济活动领域的正式规则而言,它们实际上都是金融伦理原则如产权、自由、正义、公平和信用等原则的制度化确认和具体展开。所以,也正是因为伦理道德原则是制定正式经济法则的规则,正式经济法则的维持和执行有很大的道德依赖性。所以,伦理道德对正式经济规则就有定性选择功能、批判评价功能、调适修正功能、支撑维持功能和辅助执行功能。

255

第六章 中国金融市场伦理规制体系的构建

金融市场伦理规制体系的构建,仅有理论层面的论证是不够的,还必须从实践的角度去思考。具体地说,金融伦理规制体系的实践途径主要有三方面的内容:金融职业道德规范建设、金融信用咨询平台的构建与舆论建设、法律法规的日益完善。在当前,金融市场伦理规制的建设有着重要的战略意义。金融市场是法治市场,更是信用市场。只有那些符合金融市场发展规律的伦理,才能对金融市场的发展真正起到规范作用。伦理规范体系是主体性工程,而制度和舆论建设又是伦理规制体系重构不可或缺的实践环节。当一项伦理规制形成后,通过规范的手段,可以使"制度"中的伦理思想内化到个体心灵之中去,使个体具有羞耻心和负疚感,增强个体的自律精神。通过舆论建设和法律规范,又可以使"制度"中的伦理思想成为社会道德的主流,调控个体行为的道德方向。所以在金融市场伦理构建的实践途径上,金融职业道德规范、金融信用咨询平台的构建与舆论建设、法律法规的日益完善是内在统一的,其最终目的,是为了形成化他律为自律的人类理性精神。

一、金融职业伦理体系的构建

金融职业道德是对金融业从业人员的具体的道德要求和行为准则,涵盖了从业人员与服务对象、职业与职员、职业与职业之间的关系。构建金融职业伦理体系旨在增强职业道德规范对从业人员行为的约束力和影响力,使之真正内化为他们的道德自律,成为其自觉行动;同时注重职业道德规范建立和操作过程本身的规范性和合法性,使金融业职业道德规范与社会公众利益和国家的法律法规协调一致。

金融职业道德规范是金融从业人员职业道德关系和职业道德行为普遍规律的反映,是一定社会或阶级对金融从业人员行为的基本要求和概括,它是调整金融从业人员之间的利益关系,判断金融从业人员行为是否符合伦理标准的准绳。金融职业道德规范的形成,不是金融从业人员主观臆想的结果,而是金融职业生活的客观要求和主观认识的统一,是金融从业人员实践的产物,通过金融职业规范,可以把金融从业人员的行为纳入一定的轨道,从而协调金融从业人员的行动,提高职业操守,培养良好道德情操。

(一)金融市场的伦理道德律[①]

"律"字可以有两种解释,一是规则及约束之义,一是规律或定

---

① "金融市场的伦理道德律"的提法首见张琼珠:《关于金融职业道德建设的思考》,金融思想政治工作第六次现场理论研讨会交流材料,2004 年 8 月。http://cfn. com. cn/Statics_pub/Dissertation/ztzj/jrqywh. doc

律之义。这里所借用的"金融市场的伦理道德律"一语,旨在揭示金融市场与伦理道德之间关系的双层内涵。

首先,金融市场因起码的伦理道德规则而存在。如果对金融的所有内涵与外延进行不断深入的分析,最后的结果,应该是两个字:信用。金融业的产生源于社会对信用的需求;金融机构的地位源于社会对其信用程度的认可;金融产品更是围绕于信用价值的"信用工具",在这样一个层面上,最物质和最精神的东西结合为一体;商品经济社会的典型现象与人类文明伦理道德法则也合为一体。在利益日益分化、关系日益复杂的现代商业社会中,"信用"应当是每个商业社会的参与者希望得到的最根本的保障,一种游戏规则最起码的要求。金融业就是因为它拥有了资金和信誉这两大武器成为了现代商业社会的中流砥柱。

其次,金融市场因伦理道德而有效率。如果纯粹从经济学的角度来看,伦理道德可以解释为一种交易成本。它与所有其他交易产品一样,当参与这种交易最多的时候,其成本会因规模效益而降至最低水平,而只有少数人参与的交易,其成本往往是很高的。一般而言,一个社会组织中的伦理道德就是这个组织的绝大多数成员认同的、对大家都有利的行为标准。这种标准不仅能使该组织的内耗"成本"降至最低,而且能使该组织与其他组织的交易"成本"降至最低。你拥有多少伦理道德的资源,意味着你拥有多少交易成本。只有被市场检验过的信用至上的公司,才能成为名牌的公司,才能拥有高额的无形资产。最显而易见的事实是,具有高额无形资产的公司的产品,在市场交易中可以节省大量的广告成本。相反,一个在信用上声名狼藉的公司,不仅要花大量的资金用于其产品的推销,而且毫无例外地总是面临被市场淘汰的命运。在金融市场中,一个上市公司拥有的伦理道德资源的多少,常常是其兴衰存亡的最终的决定因素。这样来看,伦理道德本身就是为效率服务的;伦理道德和效率,从根本上来说目的是一致的。

（二）金融伦理道德律的特殊性

从古老的信用行为到现代金融业，期间经历了漫长的发展过程。从目前较为成熟的金融职业伦理道德加以考察、剖析，金融职业伦理道德有互利、惜时、诚信的基本内涵和特点。

1. 互利是金融职业伦理道德的基础

金融业经营的是特殊商品——金融商品，包括银行存款、股票、债券、基金、保险、远期契约、期货契约、选择权契约、交换契约等等。以银行为例，银行存款要付利息，贷款要收利息，这种收付之间的利息差即为银行利润的主要来源，它是银行赖以生存的基础。随着现代金融业的不断发展，全能制银行业务的多样化、综合化，向客户提供最佳投资机会和广泛的金融服务以获得收入也是银行利润的另一主要来源。银行与客户之间这种货币交换是以银行和客户互为有利、各有所求为基础的。一方面，存款者将钱存入银行，除获得货币安全保管的好处外，还能获得存款利息；贷款者尽管为所用款项使用付出了一定的利息给银行，却能用这笔贷款获得比所付利息更多的利润；另一方面，顾客因银行全能的服务功能的提供，不必与多家金融机构往来，便可从各种业务中选择最佳的投资机会，节省了时间和精力；同时，从银行角度看，它能比较全面地了解顾客的财务状况，因而可以对客户适时提供各种信用和服务以获得更多利润。互利是这一切活动的基础，也是金融包括金融职业伦理道德存在的基础。

互利要求金融业与其他行业之间的关系是一种自愿、平等的关系。金融业必须把自身利益的追求与其他行业客户的利益结合起来，银行不但要关心自己相应的回报，还应使客户的支出得到相应的回报，这两种回报的平衡便是互利。在现代金融业多种金融机构并存的条件下，各金融机构取得赢利的权利是平等的，谁要想通过市场为自己谋取更大利益，谁就应当更好地满足客户的合理需要。否则金融行业的自身利益是难以实现的。以自利和利他相结合的互利原则是金融市场与客户之间、金融市场各主体之间最基本的伦理道德要求。

2. 惜时、高效是金融职业伦理道德的特色

金融市场的目的在于融通货币资金,金融交易往往通过金融资产的买卖方式进行,但市场参与者之间的关系并非单纯的买卖关系。从本质上看,金融交易是一种以信用为基础的资金使用权和所有权的暂时分离或有条件让渡。金融行业的本质要求金融业各参与主体必须特别讲究信用。恪守信用对于银行来说,除了在利息回报上严守约定外,更为重要的表现在时间观念上,何时借入、何时贷出是金融业务中必须明确的问题。因此,守信用又多表现为守时,在利率一定的条件下,确定利息量的惟一依据便是时间。时间就是金钱,时间就是效率,对银行如此,对其他金融业也如此。

以金融业为中心组成的行业关系、社会关系无不存在于时间网络之中。金融业是现代经济的核心,社会主义市场经济从根本上说,是货币经济。随着它的发展,当代金融业中的货币利率、汇率以及货币供求量的多少,随时都在变动中,借贷方的经营状况、财力状况、偿债能力的大小也在时时发生变化,资本的流动、外汇汇率、期货交易和股票行情更是瞬息万变。因而,谁争取到时间谁就能赢得时间,获得利益。随着科技的加速发展,新理论、新技术越来越多地进入金融业,短短几年时间,办公自动化已普及,金融机构间的资金拨付实现了地区性、全国性的联网,加快了结算收付手续的速度,对资本融通及整个经济的发展起了积极的促进作用。

物质保障为金融职业伦理道德惜时观念的实现创造了条件,但从金融人才的内在素质而言,牢固树立时间观念也是十分重要的。从职业伦理道德角度来看,时间观念包含了遵守时间和珍惜时间两个方面。遵守时间实质是恪守信用,珍惜时间实质是珍惜金钱。现代化的服务手段需要有高度惜时守时的金融职员,在职业伦理道德中强化时间观念成为金融现代化的必备条件。

3. 诚信是金融职业伦理道德的核心价值

诚信既是我国传统伦理道德文化的核心理念,又是现代经济生活中被视为宪章的圭臬,诚信更是金融业的根本要求。因为金融业的主要功能是融通货币。货币是一种特殊的商品,在职业活动中,如

果没有诚信的基础和中介,就截断了货币之源,也就等于切断了金融业的命脉。

从经济学角度,可以把金融信用定义为:以协议或契约为保障的不同时间间隔下的经济交易关系和行为。信用作为特定的经济交易关系和行为,要有行为的主客体,即当事者双方,转移资产的一方为授信者,而接受资产转移的另一方为受信者。授信取得一种权利,受信承担一种义务,没有权利和义务的关系无所谓信用,所以具有一定的权利和义务是信用得以存在的要素之一。金融市场的信用概念,尽管偏重交易性质,但也不能摒弃伦理道德上的涵义。可以说金融业的信用是建立在诚信基础上的债权债务(授信受信)的关系。在这一关系中,双方除了对对方资金财力上的信心外,还包括对对方伦理道德品质的信任。

4. 金融职业伦理道德的标准体系

金融市场的特点及其社会效用,决定了"诚信"是金融职业伦理道德的基本原则。"诚信"是集体主义伦理道德原则在金融业的具体体现,是金融市场伦理的终极价值。在金融职业伦理道德的标准体系中,"诚信"是金融职业伦理道德的基本原则,而"爱岗敬业,诚实守信;遵纪守法,廉洁清正;精通业务,务实创新;服务社会,礼貌文明"则是金融职业伦理道德的规范,也是金融职业伦理道德行为评价的具体标准。由于金融行业比较庞大,各部门、各层次、各岗位的工作和职能不尽相同,有的甚至差别很大,服务内容和服务对象也不一样。因此,在遵循金融职业伦理道德总原则和规范的原则下,应按不同情况制定具体标准,各有侧重。

(三)金融职业伦理道德规范建设的途径和方法

伦理道德因人而存在,金融从业人员是金融职业伦理道德的主体。要建设好金融职业伦理道德,必须以金融从业人员的培养教育为出发点,塑造好金融从业人员的现代人格。具备良好素质的金融从业人员融入到金融市场建设的大局中,可以从源头上完善金融领域的道德建设。

1. 从金融职业伦理道德理想教育起步建立金融职业伦理道德

伦理道德理想是社会伦理道德的推动力,是能够指导人们选择正确伦理道德行为的准则。金融职业伦理道德理想的核心是忠诚于国家的基本金融工作方针,遵守金融职业伦理道德的诚信原则,自觉履行金融职业伦理道德义务,建立正义、良序、和谐、高效的金融市场,繁荣我国的金融事业。要树立这个理想,理想教育必须先行。金融职业伦理道德理想教育,主要包括伦理道德认识,伦理道德情感,伦理道德意志,伦理道德信念和伦理道德习惯等内容,金融职业伦理道德理想教育应该围绕金融职业伦理道德内容的五个方面展开:

第一,传授伦理道德知识,提高从业人员的金融职业伦理道德认识。通过对从业人员传授金融职业伦理道德知识,使他们对金融职业伦理道德知识有一个深刻的认识,有了正确的知识、理论指导,金融职员才能自觉履行金融职业伦理道德的义务。由此可见,传授伦理道德知识是金融职业伦理道德建设的"启蒙"环节,也是整个金融职业伦理道德教育的"起点"。

第二,培养从业人员的金融职业伦理道德情感。金融职业伦理道德情感,一般是指金融从业人员通过对金融职业伦理道德行为善恶判断而产生的一种爱憎分明的感情。培养从业人员关于金融职业伦理道德的是与非、好与坏的情感,能让金融从业人员在履行伦理道德义务过程中,避免以权谋私。

第三,锻炼从业人员的金融职业伦理道德意志。金融职业伦理道德意志是一种特殊的精神力量。金融职业是一项十分特殊的职业。金融行业的工作特点决定了从业人员运作的都是他人的资金。在运作过程中,常常伴随着巨大的金钱的诱惑。一般来说,帮助人抵御金钱诱惑的力量来自于两个方面:一是法律,二是道德。人们对于法律的惩罚感到恐惧,故而对于非法之财基本能够拒之门外。而当人们一旦有了坚强的道德意志,则能够对不义之财视若无睹。这种因客观恐惧而不敢敛财和因主观意愿而不贪财完全是两种层次、两个概念。后者较之于前者,是高尚的。在工作中,严格按照金融职业伦理道德原则、规范自觉履行义务,从中锻炼从业人员的伦理道德意

志,就能克服金融活动中的困难,抵制各种诱惑,完成金融工作的各
项任务。

第四,树立金融职业伦理道德信念。伦理道德信念是人们伦理
道德认识、伦理道德情感、伦理道德意志的有机结合。通过各种教育
活动,金融职业伦理道德的原则转化为金融从业人员职业伦理道德
信念,才能保证履行各自伦理道德义务。

第五,培养金融从业人员的金融职业伦理道德习惯。通过对在
职人员进行伦理道德理论、伦理道德规范的教育,培养金融从业人员
的伦理道德责任感,使他们对金融职业伦理道德的认识和理解能力
加深。随着伦理道德认识的提高,伦理道德情感的增强,他们就会产
生伦理道德信念,并形成伦理道德习惯,从而自觉地履行自己的社会
职责,把职业伦理道德内化在他们的职业行为中。

总之,金融职员的职业伦理道德品质形成和完善的过程既是独
立的,又是有联系的。他们职业伦理道德形成和完善的过程,就是这
五个因素确立和互相作用、互相影响的过程。金融职员形成良好的
金融职业伦理道德品质,就为建立金融职业伦理道德理想打下了良
好的基础。

2. 金融职业伦理与业务技能的密切结合

一个人职业伦理道德观念的树立与他的文化科学知识修养、业
务技能的成长密切相关。伦理道德是上层建筑的一部分,提高职业
伦理道德修养,必须从提高从业人员的文化、科学知识水平入手。一
定的文化、科学知识不仅是职业伦理道德建设的基础,也是业务、技
术培训的前提。业务、技术又是金融从业人员履行职业职责的手段。
因此,业务、技术培训与金融职业伦理道德建设不可分割。

3. 重视金融从业人员现代人格的塑造

金融作为现代经济的核心,处于国民经济的枢纽地位,这就要求
其从业人员必须具备适应该行业发展的一切品格即现代人格。具备
现代人格的金融从业人员应该是能够准备并乐于接受新的生活经
验,新的思想观念和行为方式,勇于创新;具有较强的价值分析与抉
择能力;具备较强的加工和重组外界信息的能力;在实践中具有高效

263

率的活动能力,笃信诚实,具有较强的社会责任心、伦理道德义务感和个人成就感,有突出的竞争意识和风险意识;有依据技术水平的高低领取不同报酬的心理基础等等。

从金融职业的内部来看,建立金融职业伦理道德与现代人格是同一事物的两个方面。金融职业伦理道德以现代人格的要求作为自身的内在要求。金融职业伦理道德与现代人格的塑造,主要是依靠金融从业人员的内省能力,不断地自我反省、自我改造、自我扬弃、自我更新。但是从业人员的自我塑造只是一方面,作为金融机构要在职业伦理道德建设和人格现代化方面创造较好的文化条件、提供丰富的物质手段,要借助科学的方法,不断地探索适应现代金融业发展的金融从业人员自我塑造的规章制度、模式程序和激励机制。

4. 以管理制度的改革配合金融职业伦理道德建设

职业伦理道德建设的根本目的之一就是激发从业人员的内在潜力,自觉地遵守职业守则,充分调动人的积极性和创造精神。为此,管理者应充分利用行为科学、社会心理学的知识,从不同层次的人的需要的满足上,激发人的积极性,使从业人员有更多的机会参与本金融机构的管理与决策。金融从业人员提高了他的主体意识,处处以主人翁的态度对待工作,就会表现出高度的职业责任心和良好的职业行为。

此外,职业伦理道德建设还必须与金融行政管理相结合,这是实现职业伦理道德自身建构的重要保障。行政管理侧重于行内从业人员的工作关系和工作行为的管理,是以行政指令约束人身及其做出的行为。职业伦理道德建设,基本上是一种心理建设,主要诉诸舆论与良心。把两方面结合起来,使从业人员的身心协调一致,才能达到最佳状态。改进行政管理,坚持德才兼备的用人标准,对金融从业人员进行系统的职业伦理道德教育,并激励他们不断上进,才能更好地促进社会信用发展和资金流通。

5. 以共同价值观念为核心的金融企业文化巩固金融职业伦理道德

金融企业文化是指金融机构业内形成的独特的文化传统、价值观念和行为规范。金融企业文化不是通过权力和制度,而是以内在观念的形式发挥管理职能。金融企业文化一经形成,便会成为一种强大的无形力量,对金融机构员工产生导向、凝聚、激励和控制作用,使从业人员的追求与金融机构的整体目标一致,自觉遵守建设和遵守金融职业伦理道德。

金融企业文化建设的核心,着力要解决的问题首先是确立"诚信"、"高效"的共同价值观念。同时,金融文化要发挥管理职能,关键要使这个共同价值观念在最大程度上被金融从业人员认同和接受。因此,要通过制约性规范建设各种内部公关活动,使员工接受这个共同价值观念。此外,还要努力使金融企业文化人格化,把抽象的模仿化为活生生的人物,把哲学的理性经营策略以具体形态展现出来,挖掘出生动、具体、可信、可学的典型人物。

金融企业文化总是在一定的环境中植根、生长的,因此要努力建设良好的金融机构内部环境。这包括勇于创新、勇于竞争的心理环境;有章必循、违章必究的管理环境;温暖相待、挚诚相待的人际环境;鼓励个性发展的成才环境;扶正祛邪的舆论环境;健康向上的娱乐环境。

(四)形成金融职业伦理道德评价的良好氛围

要使金融职业伦理道德规范深入人心,发挥作用,还必须对金融从业人员进行职业伦理道德评价。实践证明,金融系统内部或社会其他部门的人员根据金融职业伦理道德规范,对金融从业人员的职业行为进行评判,对符合金融职业伦理道德规范的行为给予鼓励和赞扬,对违反规范的行为批评或谴责,能使金融职业伦理道德的原则和规范得以全面贯彻和落实,使从业人员的伦理道德自觉性更好地发挥。

所谓伦理道德评价就是生活于现实各种社会关系中的个人和集体,依据一定的伦理道德标准,通过社会舆论或个人心理活动等形式,对他人或自身的行为进行善恶判断,表明褒贬态度。同时金融职业伦理道德评价它本身也是一种行之有效的教育方式。可以说,在金融职业伦理道德评价、法律制裁、纪律监督和业务考核这四种金融管理中,金融职业伦理道德评价的作用更为广泛,贯穿于金融职业行为的全部过程。它有利于金融职员优良职业伦理道德品质的形成和发展,有利于金融职业伦理道德规范在实践中落实。通过表扬、支持符合金融职业伦理道德原则、规范要求的人和事,批评、反对违背金融职业伦理道德原则、规范的人和事,就能够有利促使金融职员把金融职业伦理道德的原则和规范变成自己的行为准绳。

进行金融职业伦理道德评价,除掌握一定的评价标准外,还要针对个体或群体采取合适的评价方法。把握和运用这些方法,对伦理道德行为将成为指南和动力。一是伦理道德态度评价。包括自我评价、社会舆论评价、从业人员内部的民主评价;二是工作效率评价。包括服务水平测评、效益水平评价、业务技能水平评价;三是客户评价。包括深入客户进行调查研究、制定客户监督制度;四是对比评价;五是追踪评价;六是量表评价。

现代伦理学研究成果表明:伦理道德,尤其是包括金融职业伦理道德在内的职业伦理道德,具有特殊的功能,这就是伦理道德感情的感染或传递。通过加强金融职业伦理道德建设,使广大金融从业人员具备良好的金融职业伦理道德,就会以社会每一个经济细胞的金融活动为载体,感染或传递到社会其他成员身上。建立和加强金融职业伦理道德建设,从而有利于全民伦理道德素质的提高。

二、金融信用咨询平台的构建

金融信用问题是一个极具现代意义的伦理问题。在市场经济日益发展与完善的当代社会,人与人的关系也日趋复杂化,金融信用伦理作为处理金融市场人们关系的一项基本的道德原则,在社会生活中发挥着越来越重要的作用。从现实角度来看,我国的金融市场正处于发展阶段,在其运行中尤其需要金融信用伦理的支撑。从伦理学科角度来看,金融信用伦理问题是以人与人的关系为前提的,这也就使得其成为伦理研究的核心的问题。

（一）金融信用伦理的内涵及其特征

金融信用可以从不同的角度去理解，有经济学的理解、法学的理解，也有伦理学的理解。从伦理的意义上把握金融信用的概念和内涵，对于构建金融信用咨询平台具有重要的意义。

1. 金融信用伦理的界定

"信用"一词在《辞海》上的解释是诚实不欺、遵守诺言。信用的含义是多方面的，我们将通过对经济信用和法律信用涵义的揭示来进一步阐述信用伦理的内涵。从经济学的角度来看，信用是指不同商品所有者之间在商品交换中的赊购赊销、延期付款和货币资金的借贷行为，是以偿还为条件的商品价值运动的特殊形式，是发生在不同权利主体之间的有条件让渡货币或商品的一种经济关系。信用是市场交易的一个必备要素，信用是在商品交换过程中，交易的一方以将来偿还的方式获得另一方财物或服务的能力。而法律意义上的信用，一般来说，是指债务人对承诺的义务予以全面适当履行的行为。还有一种观点认为法律信用要从两个方面来说明，一方面是法律对社会关系所做的具有必行性和普遍约束性的规则安排；另一方面是法律运行时对社会关系按规则安排之要求所做的调整。包括立法信用、法律运行信用和法律保障信用。伦理学意义上的信用，是不同于经济信用和法律信用的，它和职业道德一样，在经济伦理体系中处于最低层次，是人们在经济交往中的基本行为准则，也是经济活动主体为了维持其生存发展所必不可少的一项道德资本。

休谟认为，人类社会之所以能生存，就是靠了三条自然律。这三条自然律，一是对私人财产占有的尊重，二是对财产占有者转让财产的社会公认，三是承诺的兑现。第三点讲的就是信用。关于伦理意义上的信用的界定，人们有许多不同的观点。有的学者认为，信用是指基于主体的信誉而形成的人与人之间的信誉关系；或者认为信用是指当事人必须具有诚实不欺的美德；或者认为伦理信用是人们在社会交往中自觉遵守承诺、履行义务的道德准则。著名经济学家吴敬链认为,信用是现代市场经济的生命,是企业从事生产经营活动的一个必备要素,有着真金白银般的经济价值。以上关于信用的界定都从各自不同的视角论及了信用的基本内容,但却各有各自的侧重点。

本书将伦理意义上的金融信用定义为:对金融市场中行为主体交往活动的一种道德规定,指在交往过程中行为双方以履行承诺为条件,双向互动的道德实践活动。为了理解关于金融信用伦理的涵义,下面将进一步论述金融信用的伦理内涵与特征。

2. 金融信用的伦理内涵与特征

如果说作为单纯的经济行为的信用活动是一种"经济信用",那么与经济行为主体紧密联系在一起的、以关照主体与主体关系为特质的信用则是一种"伦理信用"。这种伦理信用既体现了各类经济主体的一种道德实践过程,也表现为经济主体的社会交往行为的道德准则。从道德实践的角度来看,伦理信用是人或组织在各类社会交往中,以信用原则为指导而从事的社会实践活动。这些信用原则包括三个方面的内容:

一是信任原则,这是社会交往的基础或前提。如前所述,信用的心理基础是信任。信任原则是指行为主体在社会交往中,认定对方是可以信任的,并以此作为交往的前提。否则,在各类不同的交往中由于彼此都是不信任的,或者需要用很多事实来证实对方是值得信任的话,那么人们就会为此付出沉重的代价,阻碍交往的进行和社会的发展;

二是诚信原则,这是社会交往行为的中介。诚信是金融伦理的基准线,"'诚信'一般被定义为'忠于事实'或在此基础上再加上'遵守公平交易的合理商业标准'"①。诚信原则强调任何时候都不说假话,要公平诚实,童叟无欺,表里如一。在诚信基础上进行交易会降低交易成本,提高交易效率和效益。只有遵循交往中的诚信原则,社会交往才可能平稳持续的开展下去。诚实信用还是我国《合

---

① 徐国栋:《英语世界中的诚信原则》,《环球法律评论》,2004 年秋季号。

同法》的重要原则。在《合同法》中,所谓诚实信用就是要求合同的当事人在订立合同时要诚实,不得有欺诈行为;在履行合同时,要守信用,自觉履行合同。这一原则在大陆法系中被称为宪法中的最高指导原则,或者被称为"帝王条款"。

三是互惠原则,这是社会交往的目的。各类经济主体交往的目的都在于最大化各自的利益,所以遵循互惠原则不仅强调按照各自所作的承诺,无论是书面的还是口头的,都应该用实际的成果来履行和实现,而且还要求各类经济主体必须考虑到,任何经济主体如果不表现出自身的信用特质,或者自身的信用特质不被社会初次交往对方认可,那么其信用活动将难以开展,也很难从信用活动中获得收益。反过来,经济主体的信用特质也可以因其在信用活动中的表现而被加强或削弱。但是,经济主体的信用特质并不仅仅在信用活动中得以体现。只要是对承诺或约定的履行或不履行都可以反映经济主体的信用特质,比如质量保证、合同履约等等。所以,信用特质的适用范围要比信用活动的适用范围大,只要存在社会经济交往就会有经济信用特质的存在。

(二)信用建设对金融业的重要意义

信用作为对经济主体行为的一种规则要求,通常有两个基础:一是硬件基础,即物质技术基础;二是软件基础,即制度、伦理道德等文化基础。前者产生常规效率,而后者发生作用时则会带来超常规效率。市场的有效运行有赖于规范的秩序,而法律和道德是维持市场有序运行的两个基本机制。其中,法律是市场经济的外在机制,依靠第三方(如法庭)的强制实施,其特点是成本高。与法律强制规范相比,信用机制的成本低,由交易双方自己维持,对违信的惩罚来自交易的中断。如果一个人失去了信用,就可能失去今后交易的机会,正是出于对未来利益的考虑,使人们在日常经济生活中能够自觉维护信用,这说明信用作为道德规范和行为规则有利于形成市场交易的秩序。信用无论是作为交易规则和经济秩序要求,还是作为道德规范和行为要求,它在市场经济发展中决非被动地服从和适应社会和经济发展,相反,从信用存在的一刻起,便以其特定而独到的功能表现出强大的调节经济运行秩序的作用,促进市场经济的发展。

1. 信用能够规范经济主体的行为

信用能够规范经济主体的行为其发生作用的主要机制在于能够对经济主体带来利益价值,这是实现交易安全的经济基础。如前所述,在市场经济社会中,对利益的追求决定了经济主体选择信用行为,而信用的本质就在于约束并规范经济主体行为,从而起到维护市场经济秩序的作用。当每一个经济主体的信用行为要求成为一切交易或整个市场的客观要求,并形成一个联系紧密的信用关系链时,信用本身就提升为一种行为规则即信用秩序,就成为市场秩序或市场法则。当人们意识到信用是一种资本时,信用就成为社会的广泛需求,并使信用资本起到规范市场行为的作用,从而有利于形成一种诚实守信的经济交往关系。一个具有良好信用的人,市场选择其产品,并与之交往的机会就会增多;反之,信用差的人就没有多少人愿意与之交往,信用问题严重者还会被市场淘汰出局。可见一个人的信用状况已经成为他进入市场的准入证和准入的等级证明。为了积极进行市场经济活动,获得最大的利益,每个市场参与者,必须注意规范自己的经济行为,注重自己的信用形象,不断提高自身的信誉,以获得更多的市场交易机会,不断实现产品价值,从而获得最大利益。

信用作为对经济主体行为的一种规则要求,在于它能够对经济主体产生道德和法律约束力,这是实现交易安全的保证。由于现代交易已大大超出"一手交钱、一手交货"的直接交换,出现了多形式多环节的异地交易或跨期交易现象,使交易在形式上脱离时间、空间的限制,这些使得交易利益的不可预测性和风险性明显增加。一旦出现某些外部性不可控原因时,一些经济主体往往就会因利益倾斜而导致行为上丧失信用,从而破坏原有交易约定或承诺。因此,信用作为规则和制度安排,因其借助于契约的形式和契约的法律效力,就能够约束交易双方,使双方必须按约守信,实现经济关系的有序和不偏向,保证交易的顺利进行和经济健康发展。成熟的市场经济总是在一定市场秩序下追求效率的。市场信用秩序是人们在市场活动中提升出来并由人加以规定或约定的行为规则,是一种规范与约束体系,这种约束的内在机制主要是由道德自律与利益驱动而实现。信用所具有的道德与利益的双重本质特性,满足了市场经济对人们行为的客观要求。所以,信用成了现代市场交易行为的制度背景,构成现代市场经济运行的内在机制之一。

2. 信用能够降低市场交易的成本

市场经济运行十分讲究降低交易成本以提高经济效益。交易成本即交易费用,是指在市场机制下用于交易的非生产性成本。交易成本概念有狭义和广义之分。狭义的交易成本往往与契约或合同相关联,包括事前发生的为达成一次合同而产生的成本和事后发生的监督、执行该合同而产生的成本。广义的交易成本则是指人们为协调和解决利益冲突,相互依赖,形成共同的社会经济规则或经济秩序而从事交易活动所发生的成本。交易成本包括交易本身的费用,订立合同的费用,因不履行合同而引起的各种强制履约、惩罚费用等。在经济活动中,由于各部门、各企业生产不同商品的周期长短不一,资金周转情况也各不相同,客观上产生了商品赊购赊销以及资金借贷的要求。借助信用制度的作用,经济活动的效率得以提高,流通费用会减少,社会福利则会增加。

当然,信用活动中也要支出相应费用,诸如寻求信用伙伴、谈判签约、合约履行以及违约处理等,均要发生一定的费用,耗费一定的时间和精力,此类费用属于交易费用。但是,在信用活动规范有序的情况下,信用的交易费用大大低于信用的收益,于是信用关系得以不断扩展,社会经济活动的效率得以提高。通过信用交易,可以使流通中的货币量在以下两个方面得到节省:一方面,相当部分的交易可不再使用成本较高的货币,在未来的社会,电子货币结算将成为普遍的现象;另一方面,信用交易使货币和商品流通速度加快了,从而加快了整个生产和消费的过程,导致时间的节约和效率的提高,使货币的需求量相对于商品流通量或总产量大为减少。现代经济中的信用交易之所以优于货币交易,货币交易又优于实物交易,就是因为交易成本逐渐降低。交易成本的概念为单个契约化的信用行为及整体行为间信用秩序的效用分析提供了强有力的分析工具。经济学家威廉姆森曾形象地把交易成本比喻为经济世界中的"摩擦力"。而信用恰如交易活动的"润滑剂"。信用在经济行为中的运用与发挥,可使交易行为更具确定性和周期性,使交易过程顺畅,减少风险防范费用,从而减少交易活动的"摩擦力",降低交易成本。可见,信用与交易成本成反比关系,信用意识越强,信用制度越健全,信用行为越普遍化,交易成本越低。

信用对于降低交易成本、提高信用效益的作用表现在以下几个方面:其一,交易发生前的经济效益。表现为在交易前可以减少为获得交易机会而收集信息的时间、金钱和努力。举例来说,如果货物购买者对产品或商家广告不信任,他就需要亲自开车到各个不同的市场看一看,寻找价廉物美的货物,这样,人工成本、汽油成本和四处购物花费的时间,使交易发生前就已付出一定成本。相反,如果商业广告的信用被认可,购物者可从阅读广告中得到真实的信息,就可以直接到所需物品商家处购物,就可省时、省力、省钱,直接完成交易。同样,就经营者而言,如果消费者怀疑他的信用,他得花费更多的时间和精力来应付消费者的挑剔和培养消费者的信任意识,经营成本就会提高。其二,交易过程中的经济效益。交易主体对相互信用的认可,可使交易过程避免讨价还价,节约相互商谈的时间和精力。信用行为本身是对机会主义行为的否定,可防止机会主义行为从而减少额外成本的发生。其三,交易结束后的经济效益。基于信用行为的交易,客观上可以避免因货物问题而引起提货、退货的扯皮现象,可以大大减少货物流通时间的浪费,还可以防止货、款不对称或者质量问题而引发诉讼的成本。由此可见,信用在交易过程中始终都体现着降低交易成本的功能。

契约是信用的表达方式之一,守约即守信,违约即违信,缔约的目的就是为减少经济主体行为在信用上的不确定性。在合同缔结中,双方应如实(不欺诈)地陈述主要事实,如履约能力等,交易双方应在进入缔约前就有所规定,使双方均处于较为安全的缔约条件中。这样就自然节约了为寻求安全环境所必须付出的费用,同时也能够从制度上防止交易过程中的行为变形而付出额外成本。可见,具有契约形式的信用规范,使交易的整个过程明晰、稳定,使最后利益更具可预测性,为交易双方减少了监督违信行为所需的费用、对违信行为进行制裁的费用和维护交易秩序所需的费用等,降低了成本,提高了效率、从而实现了降低交易费用的经济功能。可以说,对交易行为信用的普遍要求及由此形成的市场信用秩序,是降低交易成本的有效机制。否则,如果在各类不同的交往中,由于彼此都是不信任的,或者需要用很多事实来证实对方值得信任,那么人们就会为此付出沉重的代价,阻碍社会的交往,在经济领域就会使社会交易成本大大提高,甚至使交易不能实现。单个主体的信用行为可能是一次性的、随机的,其提高经济效益的作用似乎不明显。但如果许多单个主体的信用行为一旦连续发生,就会形成一条信用关系链,形成社会的信用秩序。通过这一链条传导的经济活动,可以增加经济活动的确定性和预期性,减少经济主体之间的摩擦,规范交易行为,从而减少交易成本,提高经济效率。实际上,不论是市场契约,还是法律制度,都是为了规范经济交易行为,保证人类行为朝着信用规范的方向发展。

3. 信用能够推动市场经济的良性循环和发展

市场经济是以等价交换为特征的经济形态,是一种有各种利益需求的人(包括法人和自然人)为主体的实践活动与关系。互惠互利、诚实守信、公平竞争自然成为市场经济内生的道德律令和"游戏规则"。体现这种道德律令的社会信用则是实现市场主体间商品、货币及劳务得以等价交换的保证。由于在商品交换中,商品的使用价值与交换价值出现了分离,如果没有信用的保障,那么在交易中,道德素质不高的交易者就有可能进行欺诈,提供在质和量上与承诺不一致的商品或服务,导致正常交易的破坏。而信用交易之所以发生的前提就是,交易的双方首先必须相信对方所提供的商品物有所值、符合承诺。换言之,市场经济中的信用交易行为要得以实现,首先就要求人们有可靠的信用基础。当然,这个信用基础是由制度来加以保证的。离开了信用保证这个前提,市场经济就难以再向前走出一步。不难理解,在市场经济条件下,信用是市场行为的基本准则,信用秩序是市场秩序的关键,信用推动市场经济良性循环和发展。人们只有时时刻刻按信用这一"游戏规则"从事市场交易活动,市场竞争才能有序,才能发挥其配置资源的作用。从信用对现代市场经济的作用来看,虽然有时会有副作用(如因制度缺陷而可能导致信用不当或信用欺诈),但根本的方面是发挥了积极的推动作用。这些积极作用是以往任何时代的经济交往方式和交易规则所不可替代的,就此而言,可以说信用成为了现代市场经济发展的一种重要驱动力。

信用不仅促使人才资本和物质资本的自由流动,使社会各生产要素的配置趋于优化,并提高经济的规模效益,而且还促进了现代企业制度的产生和发展,取代了传统的企业制度和落后的家族企业制度。进一步说,信用还能够促进市场体系的深化发展,加快市场经济的发育成长和世界市场的形成。

对生产经营者来说,信用再往上升华就是信誉(或商誉)。企业诚实守信地进行生产经营能够在市场中享有崇高的声誉,这种声誉会形成无形资产,是现代市场经济中一种重要的新的资本形态,它蕴含着丰富的文化内涵,标志着企业和产品的崇高品位。所谓名牌效应,也就是信用精神在企业和产品中的凝结,名牌产品不但使用价值(质量、花色、款式、性能等等)可靠,而且成为一种文化品位的标识。名牌产品的生产经营往往长盛不衰、获利丰厚。从一般意义上说,信誉是人类道德文明的果实,是市场经济必备的道德理念;从特殊意义上说,信誉又是一个企业、一个行业乃至一个国家的精神财富和价值资源,甚至能够成为一种特殊的资本。因此,任何一个国家要发展市场经济,就必须在广泛倡导信用精神的基础上培植和维护国家信誉,这样才能以良好的形象在激烈的国际金融市场竞争中立于不败之地。

(三)加强我国金融市场信用体系建设的近期对策

信用制度的完善需要健全的法律制度加以保障和广泛的道德基

础支持,对于处在转轨时期的中国而言,这将是一个长期的历史过程。因此,一方面我们要加强相应的法律、法规建设,尽快地完善信用体系;另一方面我们要加强道德基础建设、加快改革步伐,提高金融市场主体的受信意识、创造良好的信用环境。对此,笔者提出以下对策与措施:

1. 通过各种方式强化市场主体的信用观念和信用意识

经济基础决定上层建筑,每个社会价值观念的形成都与当时的社会生产力的发展水平相适应,不同的经济形态有不同的信用文化。我国的信用文化建设处于起步阶段,急需培育新的与市场经济相适应的信用文化。

建立新的信用文化观应转变固有的观念。第一,信用不仅仅是一种美德,而且可以视为一种商品。这种特殊的商品是与一般的商品叠加在一起进行交易的。信用的商品化是市场经济发展的客观要求。信用具有使用价值和价值。市场主体信用的好坏与其创业、生活、工作等密不可分。第二,信用不仅仅是一种美德,而且还是财富。信用等级与企业的经济效益直接挂钩,守信者将获得种种超值收益,失信者却将遭到市场经济的淘汰。第三,信用的形成不仅仅靠单个人的修养,还可以通过具体的双边交易和此方对彼方的要求来创造。

影响信用质量的因素是多方面的,市场主体应在日常生活中注意培养和提高自己的信用等级。要在社会上形成这样的共识和理念:自然人和法人的信用度在社会生活中应该是公开的、透明的;信用等级的高低应该与事业的成功与否、财富多寡相一致。以上这种意识和理念要通过各种宣传、教育、典型示范来进行,通过加强全社会的信用教育,通过对失信的惩处,最终形成追求信用蔚然成风的社会风气。信用从此渗透到生活的方方面面,讲信用成为每个人的自觉行动,直至内化成为一种习惯。

2. 以个人联合征信为起点,建立个人信用制度

所谓个人信用制度,主要指个人信用活动方式、组织、管理以及相配套的个人信用活动的社会秩序和运作机制。个人信用制度的基

275

本内容包括个人信用登记制度、个人信用评估制度、个人信用风险预警、个人信用风险管理及个人信用风险转嫁制度。就目前来看,我国个人信用制度框架的方案大致可以包括:

(1)实行个人信用实码制。个人信用实码制是将可证明、解释和查询的个人信用资料锁定在一个固定的编码上,当个人需要向有关人士或部门提供自己的信用情况时,只要出示个人信用实码,对方就可以查询所需资料。信用实码应具有两个特点:一是简便易记,使实码持有者容易了解和掌握;二是不能重复,一个号码只能代表一个人。实行个人信用实码制必须保证信用记录能准确、全面地记录一个人的收入、支出、债务以及履约率等情况,否则没有意义。而要做到这一点,必须靠政府以法律的力量强制推行,任何非政府的力量都是无能为力的。美国就是在1935年通过社会保障法案后,开始建立社会保险号码的。

(2)实行个人信用记录商业化。个人信用实码的建立要靠行政和法律的力量,而它的管理则应该商业化,这样才能保证公开、透明、有约束力。要建立覆盖全国的专门从事个人信用记录收集、查询业务的公司。信用记录公司先从各个金融机构获取(可有偿也可无偿)客户的信用记录原始资料,再将这些记录输入电脑数据库。当银行或信用卡公司需要给新客户开户贷款或开立信用卡账户时,就会从信用记录公司购买客户的信用资料,根据资料判断客户的信用等级,决定是否给客户提供贷款或开立信用卡。

(3)建立个人账户。目前我国的个人收入基本上是现金形式的,居民的金融资产是以银行的存单凭证来证明的,这使得银行难以对个人的资产、收入和到期偿付能力进行评估。因此建立个人账户是必要的。可在现已部分实行的个人工资账号的基础上,通过严格的财务制度,把现金的支取改为以个人银行账户为基础,统一由指定银行支取的方式。

(4)建立对个人信用调查与评价的专业性中介机构。中介机构在个人信用制度中的作用是非常重要的。在我国,对这类专业性机构的注册资格、法律形式和责任与业务的规范尚不完备,因而应该加快制定相应的制度的步伐,以促进该行业的健康发展。

3. 以经营者信用激励约束为中心,建立经营者信用制度

一般的个人信用制度的建立是重要的,但经营者、企业法定代表人的信用制度的建立更为重要,因为它直接关系到市场的良序运行,关系到中国金融事业和市场经济的发展。

(1)建立经营者信用信息中心的信息库

由政府有关部门出面组织性质上是独立的非营利性的社团法人组织,设立具有高度权威性的经营者信用信息中心。该中心的主要职能是负责收集、整理、加工有关经营者在日常经营管理中的信息资料、形成信息库。例如银行业的信息库侧重于对贷款行为的信息,国有资产方面的信息库则侧重于对委托代理方面的经营行为的信息,工商企业方面侧重于交易行为的信息。

(2)建立经营者信用司法通报制度和奖惩制度

第一,对于因偷、逃、漏、欠税款,抵赖到期债务,侵犯劳动者权益、消费者利益及投资者利益,违反环境保护法律制度而诉讼的经营者,经查证确凿,又怠于消除不良后果和履行义务的,由人民法院予以登报公告,进行新闻曝光,将其不良信用公之于众。第二,社会授信机构规定经营者信用等级。对企业法定代表人经营信用记录恶劣者不予以任何授信(包括个人消费信用),对其代表的企业也不给以贷款或其他授信,直至该企业的法定代表人更换为止。第三,国有企业、上市公司率先制定高级管理人员信用标准。规定国有企业与上市公司的高级管理人员必须经营信用良好,并将其作为高管人员职务升迁依据之一。第四,社会舆论应当广泛配合,形成声势。给企业经营者一个明确的信息:如果不守信用,便难以在商界立足。从而增加舆论的威慑力,达到预期的目的。

(3)建立经理人才协会,实行自律性管理

建立一个命名为"经理人协会"的自律性管理机构,负责对广大的经理人群体进行考核、培训、奖惩等事宜。第一,建立经理人个人信用年度评估分级制度。由经理人协会根据它所掌握的情况,并参照信息中心提供的资料,对经理人进行分类评定。第二,建立经理人信用奖惩制度。对获信用佳绩的经理人给予一定的奖励,而对信用劣绩者予以通报批评,取消其会员资格,即取消其经理人的资格。第三,建立经理人信用联系制度。经理人协会负责把每年度的评定情况反馈到经理人信用信息中心,使经理人个人信用信息中心与经理人协会形成互动,构成一个对经理人个人信用程度总和评定、管理及处置的网络。

(4)实行经营者保证金制度

经营者保证金制度是指,经营者在其任职期间按规定缴纳一定数额的经营信用保证金,形成经营者个人信用基金的制度。如果经营者在任期内有不良信用行为,如违反税法、随意践踏合同等,那么在其卸职时,根据具体情节之轻重,扣没其部分或全部保证金。当其不良行为侵犯他人合法权益,造成损害他人利益时,则由该基金给予相应赔付。相反,在任期内经营者没有任何不守信用的行为,那么,在其离职时,保证金本息悉数归还。当然,如果不是由于经营者破坏信用,导致企业经营失败亏损者,不属此范围。对于经营者缴纳的保证金,应由专人按照基金的方式运作管理。

4. 进一步完善银行信贷登记制度

银行信贷登记制度是建立健全社会信用制度的一个重要组成部分,需要进一步研究并逐步确定银行信贷登记咨询制度和系统的发展方向、管理体制和运行机制等问题。应在系统稳定运行、充分发挥已有功能的基础上,借鉴国外先进经验,不断拓广应用业务、进一步发挥系统的效用。一是可以利用银行信贷登记咨询系统丰富的金融机构信贷数据和强大的现代化计算机通信资源,研究建立符合我国国情的宏观和微观信贷资产风险管理系统,主要包括风险预测模型、早期预警模型、自动连续监控模型、特征客户群识别模型、信贷资产风险组合管理模型和信贷资产市场开发类模型,并将其分别应用于人民银行和商业银行城市级、省级和总行级三个层次,并在实践中不断完善,逐步实现对系统中全部金融机构的信贷风险进行自动预测、报警和实时监控,为各级人民银行和金融机构防范信贷风险提供强有力的工具;二是可以使用银行信贷登记咨询系统中丰富的企业信息资源,逐步建立起我国金融界认可的全国统一标准的企业评级制度。目前一些城市的银行联席会议已将共同确定的高风险企业名单定期公布在银行信贷登记咨询系统的 WEB 查询公告栏中,供金融机构在贷前查询参考。随着系统在全国的推广使用,将来金融界就可能对系统内登记的高风险企业判定有全国统一的标准,此时系统就可编制软件实现企业自动实时统一评级。企业统一评信后,必然增强企业的信用观念,促进规范企业信用行为。对于信用高的企业,便于金融机构审贷,缩短了批贷时间,同时也促使企业更加注重信用;对信用差、靠骗贷过日子的企业,银行信贷登记制度已成为他们骗贷逃债的一道防线,同时也为央行的金融监管和货币信贷政策提供信息支持。

(四)加强我国金融信用体系建设的中长期对策

我国金融市场的信用建设是一个系统工程,幻想在短期内建设好是不现实的,因而需要提出中长期的对策,制定中长期的规划。笔者认为,这需要从以下几个方面着手进行:

1. 完善信用法规,加强信用立法和执法

我国目前缺乏信用行业发展的法律环境,对信用的管理还停留在一个原始的水平,仅靠社会舆论和道德去约束,缺乏对信用的经济制裁、法律约束等强制性的外在约束。完备的信用管理法律体系是信用行业健康规范发展的基础和必然要求,从发达国家的经验看,信用立法工作是一个长期过程。从实践角度考虑,我国的信用立法工作难以在短期内完成,但建立社会信用体系的迫切性要求我国尽快建立相关法律法规。对此,我们应充分借鉴发达国家在信用管理方面的法律法规,在此基础上抓紧研究,同时结合我国的现实情况,尽快出台与行业发展直接相关的制度,并以部门规章的形式颁布,为信用中介机构的发展奠定制度框架。随着我国征信行业的发展,不断的修订和完善部门规章,最终形成比较完备的法律。同时,应尽快修改现行的法律如《银行法》和《反不正当竞争法》的有关条款,将银行不良的贷款和信用卡数据向指定的征信公司公开,并由后者经过处理、评估后以服务产品的形式提供给顾客,为征信数据的取得创造良好的法律环境。

2. 促进信用中介机构的建立与规范发展

由于信用中介机构在防范金融风险和促进信用交易方面的重要性,信用中介机构本身的信用就成为一个异常重要的问题。以征信公司的建立为例,国际上主要有两种模式:一种是由私人部门发起设立,如美国;一种是作为中央银行的一个部门建立,如欧洲一些国家。在由私人部门发起设立征信公司的国家,一般通常都有比较完善的信用立法作保障;由银行发起设立的征信公司,中央银行所属部门承担资信评估工作,这种模式对征信数据的取得会相对容易。目前,我国的信用中介机构具体属于哪种运营模式很难一概而论,如上海资信公司是在中国人民银行总行和上海市政府的推动下,由四家有上海市政府背景的公司投资组建的股份制公司;而金诚(国际)资信评估公司则是完全由民间出资组成的股份制公司,不含任何政府背景。笔者认为,在我国市场经济体制还不完善的条件下,应该大力倡导民间出资建立征信公司模式,一方面,杜绝再次出现监管者既是裁判员又是运动员的现象,同时预防和减少腐败行为的发生;另一方面,有利于企业增进竞争意识、创新意识,有利于行业技术进步。当然,采取民间出资组建公司形式,并不排除中央银行及其相关部门的监管,这就要求尽快建立规范中介公司运行的法律法规,以期保证信用中介机构客观、公正的运营。

随着外国征信企业的大量进入,以及征信行业规模较大、投资较多的特点,政府或主管部门应采取一定的措施如市场准入制度,对建立起来的征信中介机构,在不违反竞争的原则下,给予一定的引导和扶持,一方面增强企业的市场竞争能力;另一方面,使其真正成为体现公平、公开和公正原则的社会信用管理服务机构。

3. 加快行业协会的建立及加强协会对相关工作的领导

行业协会对促进社会信用制度建立和信用机制运行起着重要作用,在市场经济发展比较成熟的国家,所有市场主体都处在众多同业协会的监督之下,一切不讲信用者都会受到同业协会的排斥和处罚。

目前我国没有成立信用协会,只有在市场协会下的信用领导小组负责我国的信用中介机构的工作,组织信用论坛,负责对各信用中介公司的协调管理。为了加快我国信用体系的建立,急需培养专业的信用管理人才。为此,信用领导小组应充分发挥其管理、监督、培训作用,组建培训机构并积极促成在大学中开设信用管理专业,为我国信用行业的发展培养高级人才。同时,应适时成立信用协会,制定行业规划和从业标准以及行业的各种规章制度,协调行业与政府及各方面关系,加强国际交流活动。

4. 政府机构的组织管理作用

在信用体系建设中,政府的作用不是直接参与征信公司的经营,以免失去信用中介机构的中立和公正性质以及创新和高效率,而是应该统一行业管理,通过促进数据可得性、组织民间协会进行自律管理、协助建立失信约束和惩罚机制。政府应积极建立失信约束和惩罚机制,对恶意失信者采取严厉的惩戒措施。

强有力的外部制度约束,对形成良好信用环境和信用秩序非常关键。首先,应实行金融联合制裁。对违约的个人,所有银行和其他金融机构同时降低其个人信用等级,不再对其继续贷款,不给予信用卡透支额度,并列入违约客户黑名单;其次,结合社会信用制裁,如其在购物时不能采用赊销的形式,终止其继续使用个人支票和信用卡消费等;再次,应采用社会舆论制裁,在国家个人信用信息中心及主要新闻媒体上公布违约者的姓名和违约记录,并在个人信用档案中做长期记录,使违信者在一段时期内,不仅在申请信贷方面,同时在求职、生活各个方面都不能享受与信用良好者同样的待遇;最后,对违约情节严重者应动用法律手段进行制裁,以保全银行信贷资产,维护社会信用。在完善的制度约束下,良好的信誉记录者可以很便捷地得到消费信用的支持,而信用劣迹者会使信用的提供者敬而远之,这样会使违背诚实信用的主体终身受害,使违约带来的损失远远大于其收益。

5. 成立全国性信用数据交换中心

随着征信市场商机的不断显露,在政府政策的支持下,在全国一些主要地区和城市必然会出现若干家民营的征信公司或由商业银行共同组建的会员制征信组织。由于受到数据库建设成本和许多原始数据缺失的影响和限制,目前我国不可能像美国一样建立起大而全的数据库。各地征信公司可根据自己业务的实际情况,建立备有特色的数据库。可以参照税务系统"重点纳税人"这一实践的思想,将在短期内有信用交易记录和长期有信用交易趋势的重点人群首先纳入自己的数据库。着重完善这部分人员的各项信用记录。在业务发展的基础上,国家可以成立一个全国性的个人信用数据交换中心,实现全国信用数据的联网服务,使得各地区征信公司之间可以通过数据交换中心互相有偿调用对方所掌握的有关信息,从而达到在低成本条件下实现资源共享,基本流程如下①:

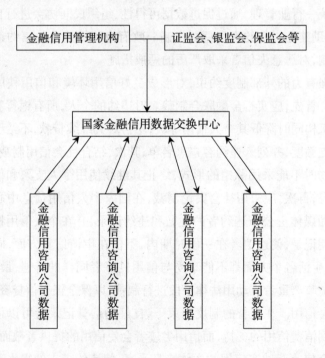

---

① 张桂香:《我国社会信用评价体系初探》,首都经贸大学 2003 年硕士论文,第 27 页。

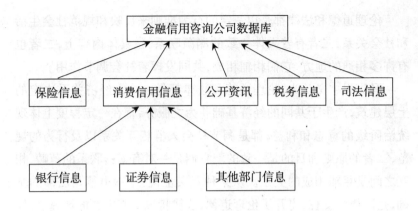

三、金融市场伦理的法制化建设

法治与德治相辅相成、相互促进、缺一不可、不可偏废。伦理道德自律是内在性约束,固然重要,但决不能把伦理道德建设完全建立在人人能自律的良好愿望上,它还需要"他律"维护,离不开外在制约,即伦理的法制化建设。伦理的法制化建设致力于通过法律的外化形成良好的伦理规范,在此基础上构建和谐的金融市场伦理法制环境。

(一)金融市场伦理法制化的客观要求

金融市场的良好秩序的形成既要靠相关法律法规的制约,也需要金融伦理道德的调节,两者缺一不可。然而,更为重要的是这两个方面必须协调一致,才能达到良好的效果。一方面,相关法律法规需要以金融伦理道德的理念为其内在精神;另一方面,重要的金融伦理原则则需要法制化,赋予其准法律的效力。笔者认为,与行为主体的德性相关的道德规范不可以法制化,否则无异于取消了道德;而关乎金融交易及市场秩序的重大伦理原则规范则需要法制化,否则不足以树立起权威,难以发挥其作用。

1. 伦理与法律的关系及相互作用

283

伦理道德和法律都是以一定的行为准则来反映和规范社会生活和社会关系,二者有着大体一致的渊源联系,在具体内容上,二者也有许多相通的地方,它们相辅相成,共同发挥着社会调节作用。

马克思主义认为,伦理道德和法律都是由一定经济关系决定的上层建筑,产生于共同的经济基础并为之服务,都在一定程度上体现统治阶级的意志和利益,都是调节社会人群相互关系以及行为的规范,二者的原则和目的是一致的。它们是一对有紧密联系的范畴,相互之间是相辅相成的关系。从某种意义上说,伦理道德是法律的基础,是法律的支柱,离开了伦理道德,法律将失去其内在的灵魂,仅仅沦为粗暴的、外在的约束和强制。法律是对伦理道德的"硬化"和升华,它把一些最重要、最基本的伦理要求直接纳入法律规范中,使之制度化、法律化,成为人人必须遵守的行为规范。由于法律与伦理道德的密切联系,人们生动地把二者比作车之两轮,鸟之双翼。

伦理道德自从成为社会上层建筑中相对独立的因素以后,就在人类生活的各个领域和各种关系中履行着自己的社会职能:一是帮助人们以一定的伦理道德观念、价值准则、评价标准和道德理想,认识社会现象,了解人生价值,明确社会责任,趋善避恶,扶正祛邪,创造完美人格和良好的社会关系;二是通过评价、指导、教育、帮助、示范、激励、沟通、养成等各种方式和途径,调节人们在社会交往实践中的关系和行为,进而对整个社会生活实现伦理调节。

法律同伦理道德一样,是社会上层建筑中的重要组成部分,是社会调节的重要手段。伦理道德的力量是巨大的,其调节范围也十分广泛,但是伦理道德调节的对象,主要是社会关系中的非对抗性矛盾或对抗性矛盾中的非对抗性行为。在阶级社会,还存在一些对抗性矛盾,对此类问题单纯用道德调节方式是解决不了的。同时,一些最重要、最基本的伦理规范也需要借助法律手段加以强化。

所以,治理国家,和谐社会,既需要伦理道德调节,以社会舆论、传统习惯和内心信念的力量,引导人们重德行仁、克己慎独、助人为乐,也需要法律调节,依靠法治的权威性和强制性手段规范社会成员行为,惩治违法犯罪现象,以威慑力量使人不敢为恶,从而实现社会的稳定和发展。与伦理道德调节的广泛干预、无孔不入和较为灵活的调节手段相比,法律调节的范围是有限的,手段是严厉的,它只能在法律规定的范围内、由专门的机构按照一定的规则和程序进行调节,超出法律规定的则不干预、不过问。

当然,我们说伦理道德与法律有着紧密的联系,并不否认二者的区别。伦理道德与法律在产生条件、实施方式、表现形式、调整范围、历史命运等方面均有所不同。一个国家的社会成员除了遵守反映统治阶级利益的社会主流伦理准则之外,还允许社会成员在一定限度内信奉不同层次的道德,这些伦理道德并不都是反映统治阶级的主流意志的,它们既有以往风俗习惯、伦理理念等传统伦理的保留,也有对未来和谐关系、道德理想的向往和追求。而一个国家在同一社会形态只有一个法律体系,它体现着统治阶级的意志,以国家权力为后盾,以强制手段确认和维护一定的社会关系和社会秩序。法律所包含的公正、平等之精神来源于伦理规范,但法律为了维持社会结构的平衡,并不完全以伦理的追求来设计。法律是以多数人利益、以普遍伦理标准、有时甚至是以伦理标准的底线来制定规则的。法律只是维护社会基本的公正、平等,法律强制不可能禁止一切为伦理道德所谴责的行为。这样,也就使法律和伦理道德对同一行为的态度,有时一样,有时不一样。法律所要惩罚的行为,可能是伦理道德谴责的行为,但也可能是伦理道德认可甚或赞许的行为。如打抱不平,在中国传统伦理中,是"义"的表现,但是如果超出了法律许可的范围,就构成违法行为。同样,合乎法律的行为不一定就是合乎道德的行为。这些区别,并不影响法律与道德的一致性,二者在许多方面是紧密结合,相互协调的。

伦理道德在上层建筑中的特殊地位,使它不仅与法律有着紧密联系,且与法律发生着交互作用。这种作用,大体表现在三个方面:

第一,伦理道德与法律在内容上相互吸收。在阶级社会中,一个国家统治阶级的法律和伦理准则,总是有许多内容、要求和基本精神是一样的。历来的统治者总是乐于把统治阶级的伦理准则作为立法的基本原则,把社会中最基本、最重要的伦理规范上升为法律,这就

285

使许多法律规范都明显带有伦理规范转化的痕迹。

比如,中国封建法典中有许多律令都是直接吸收封建伦理规范而成的。从秦汉以后,中国陆续出现"不道"、"大逆"、"不敬"、"不孝"等罪名,北朝时的北齐开始对它们加以规范化,改重罪十条为十恶:一曰谋反,二曰谋大逆,三曰谋叛,四曰恶逆,五曰不道,六曰大不敬,七曰不孝,八曰不睦,九曰不义,十曰内乱。唐律沿开皇之制,"乃立十恶,以惩叛逆、禁淫乱、诅不孝、威不道"其中的"敬","孝","睦","义"等,都是当时的封建伦理道德规范。可以说,自汉武帝"罢黜百家,独尊儒术"以后,儒家学派的"纲常礼教",一直是我国封建法律的重要内容。再如,爱祖国、爱人民、爱劳动、爱科学、爱社会主义的"五爱"公德,是社会主义伦理道德的基本内容,我国现行宪法就将"五爱"规定为我国公民的主要行为规范。一般来说,法律与伦理道德是相通的,法律的精神与伦理道德有着内在一致性。凡是法律所禁止的行为,基本是伦理道德所谴责的行为。凡是法律允许和鼓励的行为,也是社会基本伦理道德所认可和提倡的行为。从这个意义上说,法律宗旨与伦理宗旨殊途同归。

第二,伦理道德与法律在功能上相辅相成。伦理道德和法律,都旨在规范人们的行为,使人们按照一定的秩序进行活动和交往,结成一定的社会关系。因此,伦理道德和法律在维护统治阶级的利益和社会秩序方面,常常是彼此补充的。当某些社会成员的行为"出格",但又不适宜以法律手段进行制裁时,便可以采用伦理道德手段来缓和与化解。而对某些社会成员的某些"强烈出格"行为,不能靠伦理道德手段解决时,则可用法律的强制手段解决。道德和法律在解决问题的目标上是一致的,但在解决方法上有很大不同。法律借助的是强制和他律,通过外在制约、法律制裁等手段约束人的行为;伦理道德依靠的是信仰和自律,通过运用教育、感化、舆论等手段陶冶人的品德、完善人的素质。法律与伦理道德在调整范围方面既有分工,又有协作,而且在一定程度上相互转化。

第三,伦理道德与法律在实施中相互支撑。伦理规范和法律规范的实施在依靠力量上有很大不同。伦理道德的实施主要依靠教育和社会舆论的力量,法律的实施则主要依靠国家强制力。但是,社会舆论不是维护伦理道德的惟一力量,国家强制力也不是法律取得成效的惟一保障。中外历史表明,道德与法律作为治国的两个基本手段,总是被统治者兼而用之,在依靠法律来统治国家的同时,也依靠伦理道德来规范社会行为,即借助伦理道德的力量来强化法律,也借助国家法律的力量来维护统治者自己的伦理道德。

中外历史发展的事实证明,只有德治而没有法治,社会很难持续稳定地发展,社会文明亦处于低级状态。同样,只有法治而忽略德治,社会发展亦严重失衡,如美国二战后出现的各种"社会病",就与道德建设和伦理制约的忽略有一定联系。而"亚洲花园"新加坡的范例则向我们展示了德法兼治的魅力。正如江泽民同志所说:"对于一个国家的治理来说,法治与德治,从来都是相辅相成、相互促进的。二者缺一不可,也不可偏废。"[1]江泽民同志关于治理国家必须"把依法治国与以德治国紧密结合起来"[2]的提法,不仅是强调"法治"和"德治"对于治国之必要,而且是强调要将两者"紧密结合起来",使之成为一个紧密结合的整体,发挥其各自在国家治理中不可替代的功能和作用,这是非常正确的。

2. 金融市场活动双重规范的客观要求

金融活动是市场经济活动的重要构成部分,同市场经济一样,金融活动需要伦理和法律的双重制约,由于金融活动的特点决定,金融活动对这两个制约手段的需要更加强烈。

（1）金融活动尤需伦理道德规范和法律规范

金融是现代市场经济的重要组成部分,是由庞大而复杂的各项信用机构和活动组成的"巧妙的机器",在国民经济中有着十分重要的地位和作用。金融活动是一切商品经济活动进行的基本条件,是连接生产、交换、分配、消费各环节的纽带。目前,金融全球化浪潮愈

---

① 《江泽民同志在庆祝中国共产党成立八十周年大会上的重要讲话》,2001年7月1日。

② 《江泽民同志在庆祝中国共产党成立八十周年大会上的重要讲话》,2001年7月1日。

演愈烈,金融活动已经渗透到人类社会生活的各个领域和各个方面,成为市场经济的不可缺少的基础和重要方面,也成为国际经济交往中的一个十分重要的问题。金融活动健康与否、秩序怎样、结果好坏、得失多少,事关一国国民经济运行状况如何和市场主体从事的商品生产经营活动能否顺利进行,严重者,关系到一个国家或者地区社会、政治、经济的稳定、发展和繁荣。

金融领域是一个充满了利益冲突的领域。由于金融市场新兴多变、复杂巧妙、桥梁中枢的本性和特点,使金融领域较其他经济领域而言,表现出更多的伦理和利益冲突。参与金融市场的机构和用户,通常进行的是涉及金额巨大的交易。从事交易者有的是财富的所有人,更多的是财富所有人的代理人,并且一般还要通过某些特定的中介或者交易系统进行交易活动。交易方式有面对面口头的,也有书面的,甚或有通过电话、计算机或其他一般通讯系统进行的。交割日期上有的是即期的,有的是远期的。标的物上有的是直接的货币,有的是巨额汇票、本票、支票、股票、期权,也有的是经反复谈判而最终柳暗花明的企业资本重组和运作。金融活动所涉及的金钱主要是"别人的钱",而交易各方却都在交易中为自己争夺利益,且利益的最终归属非你即他。在一些"聪明的"资本人看来,多样化的金融活动中也确实存在一些牺牲别人利益而使自己获利的机会。在争夺交易潜在利益的博弈中,经常会有一些伦理冲突在不同的市场参与者之间发生。

随着金融国际化的发展和各国金融市场的接轨,金融领域中的各种不规范现象日益突出,如过度投机、做假账、发布虚假信息、哄抬股市、内幕交易、走私、骗税、诈保、洗钱、破产逃债、巨额国际资本大鳄冲击市场造成金融危机等,大量惟利是图、尔虞我诈、夺人钱财事件的发生,使人们看到金融领域的不道德甚至违法犯罪现象十分突出。就是在市场经济体制较为完善的美国,也相继发生了安然、安达信、世通等事件。这使人们感到,在金融领域,伦理、道德基础仍然十分脆弱,金融诚信与伦理的缺欠对经济发展造成了负面影响。对金融领域内越来越多的不规范现象和违法犯罪行为,一方面,要靠金融伦理的构建,通过金融市场主体的严格自律,来消除见利忘义、道德沦丧等不良倾向;另一方面,必须加强金融立法,使金融伦理法律化,依靠金融法律规范金融活动、制裁和遏制金融犯罪,使金融市场规范运作,有序运行。

(2)金融活动中双重规范的关系及交互作用

正如道德与法律的关系一样,金融伦理道德规范与金融法律规范的关系是十分密切的。二者都是金融领域的活动规则,金融伦理规则被法律所强化而表现为金融法律规范,金融法律规范包含着金融伦理道德的内容,是金融伦理道德的升华,表现为伦理化的法律。

金融伦理道德规范与金融法律规范的联系表现在以下几点:一是在内容上二者相通,金融法律规定的金融行业的权利和义务,既有法律规范的意义,也包含着金融伦理道德的内容。二是在目标上二者一致,都是为了维护金融活动秩序的正常进行。三是在作用上二者相互凭借,金融伦理道德为金融法律的实施创造有利的环境和社会条件,金融法律真正发挥作用必须借助于金融道德的力量;而金融法律通过法律的形式确认和维护金融道德原则和规范,对金融道德规范的施行起保障作用,并通过金融法律的司法实践来宣传和倡导金融道德观。二者一软一硬,互相弥补,相得益彰。

金融伦理道德规范与金融法律规范也有明显的区别:一是在产生方式上,金融伦理道德规范是一种约定俗成,习惯或默认使然;而金融法律规范是经过立法程序制定并加以公布的。二是在调整方式上,金融伦理道德规范通过社会舆论、传统习惯、内心信念和文化教育的方式来调整人与人之间、个人与社会之间的相互关系,是非强制性的;而法律规范是一种强制性的社会规范,通过强制的方式来调整人与人之间、个人与社会之间的关系。三是在所依靠力量上,金融伦理道德规范的维持依靠内在的精神力量,不具有物质属性;金融法律的维持主要依靠法制的威慑力,这种威慑力体现在外在的物质力量之中,即通过军队、警察、法庭、监狱等物质手段来实现。四是在调整的对象和范围上,金融伦理道德规范涉及金融经营活动的一切方面,包括所有的人和事,范围比较广;而只有违反金融法律规定的行为才适用金融法律规范,范围要小得多。

金融法律规范是金融业于复杂中求秩序的产物,它伴随着经济的发展不断充实和完善。当然,金融法律规范的形成并不意味着法律对道德规范的取代,不管金融伦理的法律化发展到了如何的程度,金融法律规范的他律性作用是代替不了金融伦理的自律性作用的。伦理理念和职业道德操守仍然是对金融从业人员的基本要求,金融伦理对金融法律所不能及的地方总是会发挥出自己独特的补充或加强作用。在利益关系十分复杂的金融领域里,任何单一社会规范的独自作用都是有限的、不全面的,金融伦理规范与金融法律规范只有彼此支持、协调作用,才能发挥出对金融活动的有效调节作用。也正如博登海默所说:"法律与道德代表着不同的规范性命令,其控制范围在部分上是重叠的。道德中有些领域是位于法律管辖范围之外的,而法律中也有些部门几乎是不受道德判断影响的。但是存在着一个具有实质性的法律规范制度,其目的是保证和加强对道德规则的遵守,而这些道德规则乃是一个社会的健全所必不可少的。"①

3. 金融市场伦理法制化的发展要求

金融市场伦理法制化,即将伦理予以法制化,指将代表统治阶级的伦理观念提升为国家的法律,使伦理对公众由软约束转向法律对公众的硬约束。综观古今中外,将伦理予以法制化的思想是源远流长的。中国几千年封建统治律制的形成过程本身就是一部将儒家伦理上升为法律过程的历史。荀子强调礼为"法之枢要",又说"非礼无法",即不符合儒家伦理的法律不是真正的法律;汉董仲舒认为在法律实践中,遇到一些法律无明文规定或有明文规定但有碍伦常的,需用儒家经典《春秋》所载的有关事例及其体现的伦理原则作为司法依据,即史学家所称的"春秋决狱",这是儒家在实践层面推行伦理法律化的开始。随后汉代的一些儒家士大夫不但据《春秋》决狱,而且扩大范围,还根据其他儒家学说断狱,即史学家们所称的"引经

---

① 埃德加·博登海默:《法理学——法哲学及其方法》,邓正来、姬敬武译,华夏出版社 1987 年版,第 358 页。

决狱"。而引经决狱又开启了引经注律的风气。在引经决狱过程中,遇到经义与法律有矛盾的时候,总需要做出解释;而修改律典又不太容易,所以一些儒士们干脆撰写一些用儒家观点解释律典的著作,使律典合乎儒家的经义,报经皇帝批准后,该著作就具有法律的效力。儒家的伦理法律化的步伐又向前迈进了。经过引经决狱和引经注律,到了唐代,儒家伦理法律化的过程完成了。伦理法代表封建制度的权威,那些"三纲五常"、"三从四德"等等在今天人看来是腐朽的、扼杀人性的封建礼教,对当时社会经济制度的稳固却起到了维护作用。另外,在西方也有将伦理法律化的思想。早在古希腊人们就认为法律是维护道德和正义的手段,是道德和正义的具体化。亚里士多德指出,法律的实际意义"应该是促进全邦于正义和善德的制度"①。而后经过罗马法,在近现代其代表就是自然法学说。霍布斯称自然法为道德法,研究自然法的学问就是道德哲学,即自然法就是指普遍的道德原则。西方学者还认为,自然法高于实在法(国家制定的法律),实在法必须合乎自然法才是真实的法律,所以自然法是实在法的立法目标。并且在近代以来,西方的立法实践也贯彻了伦理的法律化价值取向,如将金融市场活动中的诚实信用和扶危济贫、见义勇为等伦理观念予以法律化。

金融市场伦理的法制化就是将全体公众经实践检验后所认同的与社会主义金融市场相适应的伦理规范中必须遵守的部分提升为法律。美国法学家博登海默说:"那些被视为社会交往的基本必要的道德正义原则,在一切社会中都被赋予了具有强大力量的强制性质。这些道德原则约束力的增强,是通过将它们转化为法律规则而实现的。"②也就是说伦理道德必须经过法制化的途径才能具有强制的约束力。所以与社会主义金融市场体制相适应的、人们必须遵守的伦理规范必须使之法律化,如诚实信用、公平竞争等社会公德,或反之

① 埃德加·博登海默:《法理学——法哲学及其方法》,邓正来、姬敬武译,华夏出版社1987年版,第10页。

② 埃德加·博登海默:《法理学——法哲学及其方法》,邓正来、姬敬武译,华夏出版社1987年版,第213页。

对于扰乱金融市场秩序等行为的惩罚等等都需要有在法律上的说明。如果没有强制力来督促公众的道德行为,市场秩序必然陷于混乱。将金融市场伦理法律化,会使人明白在伦理行为上什么可以做,什么应该做,而什么又不能做、不该做。这样,通过法律的约束力,人的伦理道德素质会逐渐地提高,而非理性市场利益冲突会逐渐减少,从而促进金融市场的健康有序发展。虽然我国已经将部分社会主义道德原则法律化,但随着社会主义金融市场体制的确立,与金融市场相关联的一些伦理规范还没走上法制化的正轨,没有体现伦理精神的法制是很难约束金融市场活动主体的道德心理与行为倾向的,因而在转型期难免会出现一些道德滑坡现象。

(二)金融市场伦理法制化的途径

中国金融市场的现实要求金融伦理法制化,而这需要通过合宜的途径才能实现。市场参与者维权意识的教育及维权意识的提高,相关制度、机制和法律法规以及监督体系的建立,都是必不可少的环节。

1. 增强金融市场参与者的维权意识,建立参与者维权制度

金融市场伦理的法制化仅靠少数人是不行的,还要靠市场主体在一定制度下对维权活动的广泛参与。构建维护参与者权益的教育体系,增强市场参与者维权意识,构建保护金融市场参与者权益的社会监督体系,建立维权信息市场,是金融市场伦理的法制化的前提。

(1)构建维护参与者权益的教育体系

教育是金融市场伦理制度化后内化到市场主体自觉意识上的纽带。当一项金融市场伦理形成一种制度后,需凭借一定的媒介,使市场主体或未来的市场主体认识到这项制度的约束力和权威性所在,而教育就是其主要的媒介。"制度"本身具有不苟言笑的严厉性,再加上制度所限定的伦理道德是带有善恶性质感情色彩的东西,所以单靠指令或命令逐级传达,就显得生硬、机械,不能深深切入人的思想世界,因而在实施过程中就有压力和困难。而教育具有较强的说理性,是人与人之间理性的、情感的沟通,在这种情况下,制度后的伦

理自然就深入市场主体或未来主体的内心世界,成为一项必须自觉遵守的规则,缓解了"制度"在实施过程中的压力和困难。另外,教育还可以使制度在实施过程中得到群众的支持,从而减少"制度"在实施上的阻力。

构建维护金融市场参与者权益的教育体系,首先要加强金融市场参与者教育,从根本上改变金融市场参与者的弱势地位,提高参与者在市场上平等竞争的能力,特别是维权的知识化。只有知识化的金融市场参与者,才能敢于维权、善于维权、文明维权。早在1987年9月国际维权联盟组织第12次大会中关于维权教育的决议就指出:"维权教育是使人们、特别是处于劣势的人们成为清醒、明白维权的根本方法,它可以使他们具有选择信息的能力,提高对自己权利和所承担责任、义务的意识。"

首先,加强金融市场参与者教育,包括加强金融市场参与者的维权法律教育,提高法律意识,应用法律武器保护自身权益。要制定《金融市场参与者权益保护法》及其他维权法律法规,使金融市场参与者明确自身享有金融产品及服务的安全权、知悉权、选择权、教育权、监督权等权利,并将这些权利作为一种社会责任,主动行使这些权利,与不法分子进行有效斗争,使不法分子显露原形,受到惩治。消除金融市场参与者权益受损后放弃索赔权的意识,放弃索赔权,实际是纵容不法分子的行为。

其次,加强金融市场参与者教育,还包括金融知识、市场知识、法律知识、科学文化知识教育。通过对金融市场投资观念、投资心理、投资环境等内容的教育,使金融市场参与者从重视金融产品数量、价格转向金融产品质量,减少愚昧投资、畸形投资,建立合理投资参与模式,提高投资力。通过对金融产品质量标准、金融产品知识、广告营销等知识的教育,使金融市场参与者投资时保持应有的警惕,增强自主选择金融产品的意识和能力,减少虚假信息的干扰,打击不法机构的各种欺诈行为。随着科学技术的发展,新材料、新能源大量出现和不断利用,投资产品的科技含量逐步提高,投资对象、投资方式不断知识化,这就需要知识化的投资主体,要求加大科学技术知识的普及与推广,提高投资主体的科学文化水平。用科学知识指导投资,树立"科学投资"观念,改变不利于身心健康和全面发展的投资行为及投资方式,成为科学、文明、理性的金融市场参与者。

(2)构建保护金融市场参与者权益的社会监督体系

保护金融市场参与者权益是一项社会系统工程,需要社会各方面的密切配合与共同努力,应充分发挥金融市场参与者所属各行业协会、新闻舆论机构的维权功能。

发挥金融市场参与者所属各行业协会的维权功能。第一,明确当前的维权重点是金融市场参与者的投资权益和服务质量方面。加大对侵权热点、难点的监督,如虚假陈述、欺骗上市、资金运用、利润分配等。第二,采取多种措施,支持金融市场参与者投诉。在机关、学校、企事业单位、街道办事处、村民居委会设立工作站,把分散在社会各个行业的金融市场参与者组织起来;挖掘信息网络系统内在潜力,建立金融市场参与者维权网站,利用现代科学技术为维权工作服务;建立法律援助基金,设立小额仲裁庭,建立金融市场参与者诉讼代理制度及投诉保证金先行赔付制度。组织开展志愿者活动,无偿提供法律咨询,解决投诉问题。加强投资警示制度,及时搜集市场产品及服务信息公布于众,帮助和引导投资决策。第三,加强与金融机构的联系,帮助金融机构端正服务思想,提高金融机构自觉维护金融市场参与者权益的积极性。与金融机构共同开展金融市场参与者满意机构创建活动和各项评比活动,组织金融市场参与者参与金融机构产品质量认定标准的制定。第四,适应 WTO 和经济全球化需要,加强涉外商品和服务监督,加强对外往来,提高维权水平。如与相关国际组织合作,加强与世界各国金融市场参与者组织联系与合作,加强有危害的不良商品和服务的情报交流,特别是高科技新产品的情报交流,学习其他国家和地区经济全球化中金融市场参与者组织有效维权的经验和做法。第五,适应加入 WTO 之后的维权需要,积极向立法机关建议制订、修改相关法律法规,避免法律法规不健全及与国际脱轨使维权遭受不平等待遇,对国际间商品、贸易等涉及金融市场参与者权益的协议,及时向有关部门提出建议。

发挥行业协会的维权功能。行业协会作为政府和企业的中介组织，有助于提高生产经营者的组织程度，在生产经营者之间发挥协调、公正、仲裁、培训等功能。行业协会能够在促进参与者遵守国家法律、监督服务质量、处理社会交易纠纷，提高金融机构管理水平和技术水平等方面发挥积极作用。行业协会的建立有利于沟通行业信息，防止垄断及不正当竞争行为，规范参与者行为，促进行业自律，维护金融市场竞争秩序，实现社会整体利益最佳化。

发挥行业协会的维权功能，当前主要工作是推进金融机构信用文化建设，表彰一些守信用、讲信誉的机构，举办"金融市场与信用关系"的研讨会，使金融业认识信用对金融业生存和金融发展的重大意义。特别要在上市公司中培育守信用、讲信誉的传统美德，推动上市公司健康成长。要把信用文化建设提高到整顿和规范金融市场秩序、维护金融市场参与者权益的治本之策的高度上。

充分发挥新闻舆论机构的监督维权功能。近年来，新闻舆论机构对金融市场参与者权益问题非常关注，对经营者侵权行为进行了猛烈抨击，对侵权不法分子及时揭露与批判，有力地维护了金融市场参与者权益。如2000年10月30日，新华社文章揭露，郑百文根本不具备上市资格，公司专门组织造假班子，把亏损做成赢利，从而蒙混过关上市，从此掀起了全社会对郑百文生死存亡的关注。新闻舆论机构还应更多地参与维权工作，要利用其覆盖面广的优势，更多地让记者明察暗访，追踪虚假窝点，深究金融产品及服务领域中的侵权行为，还要深挖背后的保护伞，并及时公开揭露，形成良好的维权舆论环境，当然媒体的立场必须公正客观。

（3）建立维权信息市场，加速信息流通，改变金融市场参与者信息弱势状态

金融市场参与者的弱势地位为不法分子损害金融市场参与者权益提供了条件。因此，为弱势一方掌握更多的市场供给主体信息，改变信息不对称状况，改变银行、上市公司等金融市场主体对金融产品及服务信息的封锁及发布虚假信息的行为，为金融市场参与者获得尽可能多的真实有效信息，是维护金融市场参与者权益的必备条件。

目前,金融市场参与者所属协会、新闻舆论机构、中介组织能够利用各种传播工具,对违法侵权事件及时曝光。但这还不够,还应加快建立维权信息市场,形成全国范围的以协会为主导、社会民间评估机构广泛参与的跨地区、跨行业、统一的网络化信息系统。建立维权信息市场,内容包括:金融主体的服务状况,如上市公司规模,生产经营者的技术设备是否先进,原材料来源及市场采购指导价格是否合理,资金实力是否雄厚,生产经营过程是否符合生产经营的技术、卫生及环境标准等。产品的流通情况,如产品销量、市场占有率、资金回收速度等。产品竞争能力,产品有无特色等。上市公司的文化道德素质,有无不正当竞争行为等。金融服务领域的服务质量、服务作风等信息。

维权信息市场的信息主要来源有:上市公司有义务提供的全面、准确、真实的信息;监管部门在监管过程中所搜集的侵权信息;新闻媒体、金融市场参与者所属行业协会等获取的违法侵权信息。不仅要建立维权信息市场,而且还要加速信息流通。要及时发布最新维权信息,要利用网络资源加速信息流通速度及扩大信息流通覆盖面,为更多的金融市场参与者提供全面、方便、及时的信息。

2. 建立健全以《信用法》为核心的相关法律法规

信用是市场经济的基础。整个经济活动都被各种信用关系所联结,一切经济表象活动都深刻地体现着信用的内涵。市场经济要求人们讲究规则、履行承诺、依法行事,其本质就是注重信用,可以说市场经济是法制经济、契约经济,也是信用经济。市场交易各方只有依靠信用关系来维系,才能形成规范的市场秩序。

由于我国社会信用体系尚不健全,授信主体很难获得受信主体的真实信息。同时,由于经济转轨时期我国的立法及执法体系不健全,企业制造虚假信息几乎不受成本(惩罚)的约束,虚假信息的普遍存在进一步加剧了信用市场的信息不对称程度,使授信主体面临超常的道德风险。

没有完善的信用体系保障,守信者得不到有效激励,失信者得不到应有惩罚;企业进行信用风险管理得不到信息和服务的支持,信用风险无法有效地化解和转移。最终必然导致企业大量账款无法及时收回、坏账过高、拖欠成风和整个市场经济秩序严重紊乱。目前我国金融市场上出现的其他秩序混乱现象,如合同欺诈、逃废债务、偷税漏税、虚假报表、黑幕交易等违法犯罪行为,归根到底也是严重的失信行为。它引发的是社会性的信用危机,导致整个市场风险过大。这些现象也与信用体系不健全,企业自身信用意识和管理水平太低,无法适应经济发展的要求直接相关。

（1）信用立法滞后已经成为制约我国社会信用体系建设的瓶颈

当前,加快建立健全社会信用体系已成为举国上下的共识:全国整顿和规范市场经济秩序领导小组办公室已被明确为我国社会信用体系的牵头单位;诚信已被列入公民基本道德规范;信用教育和培训逐步展开,企业和公民信用意识得到提高;金融机构和企业信用管理开始得到重视;信用中介机构得到初步发展;信用管理行业自律组织已具雏形(中国市场学会信用工作委员会已于 2001 年 12 月成立)。但作为信用体系建设的关键环节,信用立法却相对滞后。这已经成为制约我国信用体系建设的瓶颈,应将信用尽快列入我国的立法规划,抓紧制订。

目前已经进行的信用交易和信用服务实践表明,信用立法的滞后,严重制约了信用交易规模的扩大和信用管理行业的发展。由于企业和个人信用信息不开放,影响了征信报告质量,进而影响了市场需求;由于消费者信用信息无法获得,导致我国消费信贷手续烦琐、风险过大,进而使得消费者、银行和商家办理的积极性受到影响;信用管理行业的主要分支机构代理收账业务被一刀切地封杀,使欠债人成为最大收益者,三角债前清后欠,屡清不止;而保险业务由于限制太严,导致业务开展量小,企业无法获得满意的贸易融资和风险担保服务;为解决中小企业融资难而发展的信用担保行业成为风险最大的行业之一,发展缓慢,起不到应有的作用。这些都影响了我国扩大内需和对外开放政策的执行,可以说,信用相关法律法规建设已经到了迫在眉睫的地步。

（2）建立健全社会信用体系的基本内涵是建立良性信用机制

社会信用体系是一种适应市场经济发展的社会机制,它综合运用各种社会力量和制度,共同促进社会信用的完善和发展,鼓励和弘扬守信行为,制约和惩罚失信行为,形成良性信用机制,保障社会经济健康发展和规范运行。

社会信用体系至少包含如下五个方面的内容:良好的信用文化、信用教育和信用管理;完善的信用立法和失信惩罚机制;政府对信用交易和信用管理行业的高效监管;公共信用信息的开放与使用;市场化运作的信用中介机构和行业自律组织。

(3)信用体系相关法规的制订必须建立在科学的基础上

信用相关法律法规的建立和运行,可以保障及时有效地收集、整理和公开信用信息,使交易各方能够查询到对方的信用信息,改善信息不对称的状况,提高交易的成功率。同时,通过失信惩罚机制的建立和运行,对那些带有欺诈性的交易行为进行自动处罚,使不守信的行为主体在市场中无法生存和发展。

社会信用体制的建立和完善离不开法律的规范。信用信息对企业和个人的经营行为和消费行为具有十分重要的影响,有着比较复杂的法律关系。以个人信用的征集、评估为例,它涉及受信人(消费)、授信人(提供信用消费的企业)和信用评估公司(建立个人信用档案)。其中需要明确和规范的法律关系和活动主要有:信用信息的调查和收集、信息的处理和保存、公平授信、保护消费者的隐私和利益不受非法损害等。法律的核心是确保信用信息的准确和合法,同时将涉及个人隐私的数据和合法征信数据加以区分,达到既保护消费者的隐私权不受侵犯,又让资信行业从业人员的业务工作有法可依的目的。它包括对银行与商业的行为进行规范,特别是对消费信贷的环境及授信行为进行规范的法律,也包括对借款人的还款行为进行规范的法律,以及对消费者的不诚实行为进行惩罚的法律等。

信用法规事关所有经济主体的权益保护和公平交易,必须在保障个人隐私、企业商业秘密和国家经济安全的前提下,参照国际经验,结合我国具体国情,对征信数据的界定、开放、采集、查询,信用服务的开放和规范等做出科学规定,以保障我国信用经济的发展和市场流通秩序的正常运转。

(4)我国迫切需要建立的几部重要信用法规

目前,我国一方面有《保守国家机密法》、《档案法》、《统计法》、《商业银行法》、《居民身份证法》等法律严格限制信用信息的流动,另一方面《民法通则》、《刑法》等基本法律未能提供一套完整的个人隐私法律保护。法律缺失是我国社会信用体系进一步完善的制约瓶颈。社会信用体系的立法是社会信用体系健康发展的基石,我国应该加快有关社会信用体系方面的法律法规建设。建立健全社会信用体系应该遵循"在不损害社会利益的前提下,保护个人隐私和商业秘密"的原则。在我国现行法律制度框架上,完善信用立法应该从以下三个方面着手:第一,制定专门的征信管理条例或者具体办法,规范各种征信机构的征信活动,为信用服务业提供法律依据。专门的征信管理条例或者具体办法至少包括以下内容:征信立法原则;征信机构设立条件、营业范围;信用信息征集范围、征集程序,信用信息产品使用中的使用者范围、使用目的和获取信用信息产品的程序;被征信个人、企业在信息收集、信息保存、信息使用过程中的同意权、查询权、更正请求权和损害赔偿请求权;信息提供者、征信机构和信息使用者的违法责任;信用监管部门的机构设置、监管权限和监管方式等。第二,制定政府部门开放个人、企业负面信息的相关法律,促进信用信息的合理流动。这方面的法律应该明确规定:各种负面信息的公开范围、公开期限;政府部门公开各种信息的不同方式、对公开信息的真实保证义务;对非完全公开信息的查询对象、查询条件;信息被公开者的申诉、异议和损害赔偿请求权等。第三,完善个人隐私的法律保护制度。民法是保护个人隐私最重要的法律,然而我国《民法通则》却未能肯定隐私权的独立法律地位。因此,在我国制定《民法典》时应该明确规定隐私权的独立地位,为隐私权提供一套完整的法律保护措施。

参照国际经验并结合我国具体国情,必须尽快建立下述五项信用法规,按起草顺序依次是:《政府公共信用信息开放条例》、《企业征信管理办法》、《个人征信管理办法》、《征信行业发展促进法》和

《公平债务催收法》。其主要内容如下:

①《政府公共信用信息开放条例》主要界定政府和公共部门开放征信数据的内容和程序。②《企业征信管理办法》规范企业征信信息和企业征信机构的监督管理办法。③《个人征信管理办法》规范个人征信信息和个人征信机构的监督管理办法。④《征信行业发展促进法》扶持、规范征信机构的发展,普及征信服务。⑤《公平债务催收法》规范商账追收行为,完善企业信用管理功能。

鉴于新建立的信用法规与原有的法律可能会有一定的冲突,应专门研究《合同法》、《证券法》、《商业银行法》、《企业破产法》、《担保法》、《档案法》、《保密法》、《统计法》、《民法通则》、《公司法》、《民事诉讼法》、《刑法》等与信用法律的相容性,修改或重新解释其条款。

(5)近期可考虑制订的几项金融市场领域信用管理规章

由于一方面社会信用体系和相关法规建设是一个循序渐进、不断完善的过程,通常需要数年时间;另一方面我们也不可能一下子制订出一套成熟完善的信用法规,即使能参照国际经验制订出一套比较先进的信用法规,也不一定适合我国国情。但是,现在金融市场领域存在的失信问题必须尽快得到有效扼制,经济秩序必须尽快得到改善和规范。为解决这个矛盾,我们研究了美国和欧洲信用法律建设的进程,发现这些国家都是先在市场流通和金融领域制订一些级别较低的信用规章,然后在执行过程中不断修改,最终成为比较完善的法律,融入国家信用体系法律框架。鉴于我国的现状,笔者认为可以先在市场流通领域出台一些信用管理的规章。这样既可以缩短立法过程,解决当前市场流通领域信用管理法律空白的紧迫之需,避免因长期不能完成信用立法工作而给市场经济带来不良影响,又能承上启下,为下一步建立更高层次的信用法规提供经验、奠定基础。

为此,建议根据市场流通领域的特点和需求,先行制订几项级别较低,颁布程序相对简单的信用管理规章。近期可考虑制订如下信用管理规章:

①《企业信用信息管理办法》。该办法规定流通企业信用信息

采集的内容、方式、采集机构、管理部门、信息查询者的方式、信息保密等。

②《企业信用评估管理办法》。确立统一的评价体系、认证标准；建立信用标识制度，确定认证标识；监督管理数据更新方式和周期。流通企业信用评估制度必须在流通企业信用信息开放制度建立后方可实施。

③《建立企业信用管理制度指导意见》。要建立一个规范有序的市场流通秩序，除了外部的信用体系和相关法治环境外，市场主体的信用风险意识和防范能力是非常重要的。该指导意见应该根据我国企业特点，参照西方企业信用管理制度，指导企业建立科学信用管理制度，从而降低和避免市场信用风险，提高市场竞争能力。

④《不良信用信息披露办法》。该办法应对如何收集、披露市场主体不良信用记录、信息内容、公布方式、公布机构、查询要求、资料保存时间等做出明确规定，逐步建立起失信惩罚机制；

⑤《商账追收试点管理办法》。该管理办法规定商账追收机构试点范围、收账机构资质标准、行为规范、管理部门、惩罚措施等内容。

总之，金融职业道德规范、信用体系建设和法律建设在社会主义金融市场条件下，三个方面相互作用、互动整合，从而形成一个动态的伦理道德建设的方法论系统，并在此基础上形成社会主义金融市场的道德调控机制。就当前来看，金融职业道德规范是伦理道德重构在实践中的主要任务，这是由我国国情决定的。金融职业道德规范离不开信用体系建设和法律建设的支持。离开信用体系建设和法律建设的支持，金融职业道德规范最终将变成一纸空谈。金融伦理通过信用意识内化到个体，增强个体道德的自律，进而内化成为一种习惯；金融伦理通过法律而面向社会，成为社会道德的主流，引导人们的伦理价值取向，监督个体的伦理行为动机。金融职业道德规范、信用体系建设和法律建设是内在有机统一的，三者对于金融市场的健康发展缺一不可。

301

参考文献

一、中文文献：

1. 马克思、恩格斯：《马克思恩格斯选集》第3卷，人民出版社，1995年。

2. 马克思：《资本论》1—3卷，人民出版社，1975年。

3. ［德］马克斯·韦伯：《新教伦理与资本主义精神》，三联书店，1987年。

4. ［德］彼得·科斯洛夫斯基：《伦理经济学原理》，中国社会科学出版社，1997年。

5. ［德］彼得·科斯洛夫斯基：《资本主义伦理学》，中国社会科学出版社，1996年。

6. ［法］爱弥尔·涂尔干：《职业伦理与公民道德》，上海人民出版社，2001年。

7. ［美］加里·S.贝克尔：《人类行为的经济

分析》,上海三联书店,1993 年。

8. [美]约瑟夫·熊彼特:《经济分析史》,商务印书馆,1994 年。

9. [美]约瑟夫·P.德马科等:《现代世界伦理学新趋向》,中国青年出版社,1990 年。

10. [美]安德里斯·R.普林多、比莫·普罗德安:《金融领域中的伦理冲突》,中国社会科学出版社,2002 年。

11. [美]迈克尔·迪屈奇:《交易成本经济学——关于公司的新的经济意义》,经济科学出版社,1999 年。

12. [美]罗伯特·考特、托马斯·尤伦:《法和经济学》,上海三联书店,1991 年。

13. [美]科斯·阿尔钦等:《财产权利与制度变迁》,上海三联书店,1991 年。

14. [美]诺兰:《伦理学与现实生活》,华夏出版社,1988 年。

15. [美]康芒斯:《制度经济学》,商务印书馆,1994 年。

16. [美]道格拉斯·C.诺斯:《制度、制度变迁与经济绩效》,上海三联书店,1994 年。

17. [美]道格拉斯·C.诺斯:《经济史中的结构与变迁》,上海三联书店,1994 年。

18. [美]詹姆斯·布坎南:《自由、市场和国家》,北京经济学院出版社,1988 年。

19. [美]戴维·J.弗里切:《商业伦理学》,机械工业出版社,1999 年。

20. [英]亚当·斯密:《国民财富的性质和原因的研究》上卷,商务印书馆,1974 年。

21. [英]约翰·梅纳德·凯恩斯:《就业利息和货币通论》(重译本),商务印书馆,1999 年。

22. [英]穆勒:《功用主义》,商务印书馆,1957 年。

23. [英]琼·罗宾逊等:《现代经济学导论》,商务印书馆,1985 年。

24. 罗国杰:《罗国杰自选集》,学习出版社,2003 年。

25. 罗国杰等:《道德建设论》,湖南人民出版社,1997 年。

303

26. 宋希仁:《西方伦理思想史》,中国人民大学出版社,2004 年。

27. 焦国成:《中国伦理学通论》,山西教育出版社,1997 年。

28. 焦国成:《传统伦理及其现代价值》,教育科学出版社,2000 年。

29. 厉以宁:《经济学的伦理问题》,三联书店,1995 年。

30. 万俊人:《现代西方伦理学史》下卷,北京大学出版社,1992 年。

31. 万俊人:《道德之维——现代经济导论》,广东人民出版社,2000 年。

32. 王小锡:《经济伦理与企业发展》,南京师范大学出版社,1998 年8 月。

33. 王小锡等:《现代经济伦理学》,江苏人民出版社,2000 年。

34. 王小锡:《经济的德性》,人民出版社,2002 年。

35. 方竹兰:《重建个人所有制伦理》,上海三联出版社,1997 年。

36. 韦森:《社会秩序的经济分析导论》,上海三联书店,2001 年。

37. 叶敦平、高惠珠、周中之、姚俭建:《经济伦理的嬗变与适应》,上海教育出版社,1998 年。

38. 刘元春:《交易费用分析框架的政治经济学批判》,经济科学出版社,2001 年。

39. 刘光明:《经济运行与伦理》,人民出版社,1997 年。

40. 刘伟、梁钧平:《经济与伦理》,北京教育出版社,1999 年。

41. 李越:《金融市场秩序》,中国发展出版社,1999 年。

42. 江春:《产权制度与金融市场》,武汉大学出版社,1997 年。

43. 乔洪武:《正谊谋利——近代西方经济伦理思想研究》,商务印书馆,2002 年2 月。

44. 乔法容、朱金瑞:《经济伦理学》,人民出版社,2004 年。

45. 张宇:《过渡政治经济学导论》,经济科学出版社,2001 年。

46. 孟捷:《马克思主义经济学的创造性转化》,经济科学出版社,2001 年。

47. 陆晓禾:《走出"丛林"——当代经济伦理学漫话》,湖北教育出版,1999 年。

48. 陈泽环:《功利·奉献·生态·文化》,上海社会科学院出版社,

304

1999 年。

49. 周中之、高惠珠著:《经济伦理学》,华东师范大学出版社,
    2002 年。

50. 张鸿翼:《儒家经济伦理》,湖北教育出版社,1989 年。

51. 陈为民:《现代企业精神的承接与儒家伦理》,中国社会出版社,
    1997 年。

52. 张国华:《市场经济是法治经济》,天津人民出版社,1995 年。

53. 严文华等:《跨文化企业管理心理学》,东北财经大学出版社,
    2000 年。

54. 吴忠:《市场经济与现代伦理》,人民出版社,2003 年。

55. 张维迎:《博弈论与信息经济学》,上海人民出版社,1996 年。

56. 胡海鸥:《道德行为的经济分析》,复旦大学出版社,2003 年。

57. 杨春学:《经济人与社会秩序分析》,上海三联书店,1998 年。

58. 胡寄窗:《中国经济思想史简编》,中国社会科学出版社,
    1987 年。

59. 林岗、张宇:《马克思主义与制度分析》,经济科学出版社,
    2001 年。

60. 杨天宇:《经济制度批判》,中国社会科学出版社,2000 年。

61. 林钟高、魏立江:《会计再造——美国〈2002 年萨班斯—奥克斯
    莱法案〉启示录》,经济管理出版社,2004 年。

62. 张晓明:《伟大的共谋》,中国人民大学出版社,2002 年。

63. 唐代兴:《利益伦理》,北京大学出版社,2002 年。

64. 高兆明:《制度公正论》,上海文艺出版社,2001 年。

65. 晏辉:《市场经济的伦理基础》,山西教育出版社,1999 年。

66. 曾欣:《中国证券市场道德风险研究》,西南财经大学出版社,
    2003 年。

67. 傅静坤:《二十世纪契约法》,法律出版社,1997 年。

68. 强以华:《经济伦理学》,湖北人民出版社,2001 年。

69. 谭道明:《企业管理概论》,武汉大学出版社,1999 年。

70. 樊纲:《现代西方三大经济理论体系的比较》,上海三联书店,

1994 年。

71. 道格拉斯·C.诺斯:《交易成本、制度和经济史》,《经济译文》,1994 年第 2 期。

72. 韦正翔:《金融伦理的研究视角——来自〈金融领域中的伦理冲突〉的启示》,《管理世界》,2002 年第 8 期。

73. 方军:《制度伦理与制度创新》,《中国社会科学》,1997 年第 3 期。

74. 王胜利:《对国有股减持问题的反思》,《经济经纬》,2003 年第 6 期。

75. 厉以宁:《经济学的伦理问题——效率与公平》,《经济学动态》,1996 年第 7 期。

76. 厉以宁:《福利与人权》,《求是学刊》,2002 年第 3 期。

77. 孙春晨博士学位论文:《市场经济伦理导论》,2002 年 6 月,中国优秀博士论文期刊网。

78. 乔法容,刘怀玉:《制度结构制衡:伦理制度建设的新思路》,《天津社会科学》,1995 年第 4 期。

79. 刘国光:《加强企业伦理建设是建立社会主义市场经济体制的需要》,《哲学研究》,1997 年第 6 期。

80. 邢继辉:《市场经济中的伦理道德——防范和化解金融风险不可替代的手段》,《兰州大学学报》,2001 年第 3 期。

81. 刘锡标、王伟:《银广夏事件引发金融市场风险管理的思考》,蒙自师范高等专科学校学报,2001 年第 12 期。

82. 孟宁、周斌、顾中:《论如何保护股票市场中小投资者的利益》,《贵州财经学院学报》,2001 年第 6 期。

83. 肖群忠:《论道德功利主义:中国主导性传统伦理的内在运行机制》,《哲学研究》,1998 年第 1 期。

84. 陈岱:《亚当·斯密思想体系中同情心和利己主义矛盾的问题》,《真理的追求》,1990 年第 1 期。

85. 陈高翔:《我国金融创新的现状、问题与发展对策》,《中国市场》,2004 年第 9 期。

86. 陈根法、高国希:《市场经济转轨与社会伦理新课题》,《社会科学》,1994 年第 11 期。

87. 张越爱:《经济伦理的双重价值》,《绍兴文理学院学报》,1998 年第 12 期。

88. 吴新文:《国外企业伦理学:二十年透视》,《国外社会科学》,1996 年第 3 期。

89. 周中之:《消费的伦理评价与当代中国社会的发展》,《毛泽东邓小平理论研究》,1999 年第 6 期。

90. 杨占虹、林月兵:《论我国信用缺失的现象及治理对策》,《新东方》,2002 年第 5 期。

91. 周中之:《经济伦理学学科的建构》,《江苏社会科学》,2000 年第 3 期。

92. 单玉华:《金融活动的法律调节和伦理调节》,《河南金融管理干部学院学报》,2004 年第 4 期。

93. 林华:《担保何以演变为恶意敛财融资》,《国际融资》,2003 年第 12 期。

94. 郑玉兰:《伦理制度之我见》,《中南大学学报(社会科学版)》,2003 年第 4 期。

95. 郑海英:《上市公司对外担保及其风险分析——基于啤酒花事件引发的思考》,《中央财经大学学报》,2004 年第 8 期。

96. 贾小玫:《试论国有商业银行不良债权的成因及对策》,《人文杂志》,1999 年第 4 期。

97. 杨清荣:《制度的伦理与伦理的制度》,《马克思主义与现实(双月刊)》,2002 年第 4 期。

98. 林毅夫:《关于制度变迁的经济学理论:诱致性变迁与强制性变迁》,载于《财产权利与制度变迁》,上海三联书店、上海人民出版社,1994 年。

99. 赵向琴:《金融机构的行为伦理和金融市场效率》,《厦门大学学报》,2003 年第 8 期。

100. 侯广庆:《市场秩序和经济伦理》,《财经贸易》,2000 年第 11 期。

101. 赵修义:《试论节俭之德及其现代意义》,《毛泽东邓小平理论研究》,1996 年第 4 期。

102. 胡金炎:《中国股票市场政策市的实证考察与评析》,《财贸经济》,2002 年第 9 期。

103. 费方域:《控制内部人控制——国企改革中的治理机制研究》,《经济研究》,1996 年第 6 期。

104. 姚德奎:《优化股市运行机制,保护中小投资者利益》,《许昌师专学报》,2001 年第 6 期。

105. 胡承槐:《关于市场经济基础上制度性伦理道德秩序的探讨》,《哲学研究》,1994 年第 4 期。

106. 段治乾:《市场经济的制度伦理探析》,《郑州大学学报(哲学社会科学版)》,1996 年第 5 期。

107. 饶涛、卢亮:《制度·制度伦理·伦理制度化》,《武陵学刊(社会科学版)》,1999 年第 3 期。

108. 祝建华:《保护中小投资者利益,规范证券市场发展》,《金融与经济》,2000 年第 5 期。

109. 桂生春硕士学位论文:《证券市场行为主体利益与市场秩序分析》,中国优秀博士论文期刊网,2003 年 1 月。

110. 聂火云、刘天杰:《市场秩序的伦理分析》,《江西社会科学》,2002 年第 11 期。

111. 唐能赋:《市场经济疾呼伦理制度学的建构》,《哲学动态》,1997 年第 1 期。

112. 袁剑:《走进长庄鼻祖中经开的幕后》,《科学与财富》,2002 年第 7 期。

113. 徐艳:《金融伦理与证券市场效率》,《经济研究参考》,2003 年第 7 期。

114. 徐艳:《我国金融市场的金融伦理冲突与矛盾》,《财贸经济》,2003 年第 10 期。

115. 龚天平:《论制度伦理的内涵及其意义》,《宁夏大学学报(哲学社会科学版)》,1999 年第 3 期。

116. 彭定光:《制度运行伦理:制度伦理的一个重要方面》,《清华大学学报(哲学社会科学版)》,2004 年第 1 期。

117. 彭文平、肖继辉:《股市政策与股市波动》,《经济管理》,2002 年第 6 期。

二、英文文献:

1. Adam Smith, *The Theory of Moral Sentiments*, Edited by D. D. Raphael and A. L. Macfie, Beijing: China Social Sciences Publishing House, 1999.

2. Adam Smith: *An Inquiry into the Nature and Causes of the Wealth of Nations*, Edited by Edward Cannan, M. A., LL. D., Beijing: China Social Sciences Publishing House, 1999.

3. Arrow, K. J., "The Organization of Economic Activity: Issues Pertinent to the Choice of Market Versus Non-market Allocation", in Joint Economic Committee, *The Analysis and Evaluation of Public Expenditure: the PPB System*, Vol. 1, Government Printing Office, 1969.

4. Arthur F. Holmes, *Ethics: Approaching Moral Decisions*, Illinois: Inter Varsity Press, 1984.

5. August Oncken, *The Adam Smith Problem*, *Adam Smith: Critical Responses*, Edited by Hiroshi Mizuta, London, New York: Routledge, 2000.

6. Charles L. Griswold, "Religion and Community: Adam Smith on the Virtues of Liberty", *Journal of the History of Philosophy*, July 1997.

7. Emmett Barcalow, *Moral Philosophy: Theory and Issues*, California, Wadsworth Publishing Company, 1994.

8. Gordon Graham, *Living the Good Life: An Introduction to Moral Philosophy*, New York, Paragon House, 1990.

9. James R. Otteson, "The Recurring Adam Smith Problem", *History Of Philosophy Quarterly*, Volume 17, Number 1, January 2000.

10. Johannes Overbeek compiled, *Free Trade— Protectionism*, Massa-

chusetts：Edward Elgar Publishing，Inc.，1999.

11. Kennth Lux，*Adam Smith's Mistake*：*How a Moral Philosopher Invented Economics and Ended Morality*，Boston，Shambhala Publications，Inc.，1990.

12. Linde K. Trevino，Katherine A. Nelson：*Managing Business Ethics* (Second Edition)，John Wiley&Song Inc.，1999.

13. Norman E. Bowie，*Making Ethical Decisions*，New York，McGraw-Hill Book Company，1985.

14. Paul W. Taylor，*Principles of Ethics*：*An Introduction*，California，Dickenson Publishing Company，Inc.，1975.

15. R. Eric Reidenbach and Donald P. Robin，*Ethics and Profits*：*A Convergence of Corporate America's Economic and Social Responsibility*，Prentice-Hall，Inc.，1989.

16. Shaw，Bill，"Sources of Virtue：the Market and the Community"，*Business Ethics Quarterly*，Vol. 7，Jan 1997.

17. Theodore C. Denise and Sheldom P. Peterfreund，*Great Traditions in Ethics*，California，Wadsworth，Inc.，1992.

18. William N. Neson，*Morality*，*What's in It for Me?*：*A Historical Introduction to Ethics*，Colorado，Westview Press，Inc.，1991.

三、网络资源：

1. http：//www. cs. com. cn

2. http：//www. hexun. com

3. http：//www. e521. com

4. http：//www. cnki. net

后 记

本书是在我博士论文的基础上改写而成的。至今,自博士入学第一天起就背负的那一份沉重依然难以释怀,我为自己选择的研究方向倍感压力。毕竟,金融伦理作为一个新兴的交叉学科在全球范围内才刚刚起步,且为横跨多学科的研究,超出了自己擅长的领域,其难度可想而知。攻读博士期间,为了完成毕业论文,度过了无数个不眠之夜,深刻体会了"书到用时方恨少"的含义,屡经多次从黑暗到光明、又从光明到黑暗的学术思索历程。其中滋味,甚为苦矣!

这本拙著虽为本人殚精竭虑不敢懈怠之作,其中也蕴含着十五载的从业积累,但著述时实感力有不逮,如今终可与读者见面,讹误之处难免,还请各位读者与专家指正。然而直面自己的研究,希冀借论文之力,为中国金融市场伦理规制的构建提出一些合理化建议,乃是一个多年从业金融的人的良好愿望。相信,业界的每个人,都无不希望金融市场能够平稳、和谐、可持续发展。

本书能够最终完稿,我最想感谢的是我的导师焦国成教授。当年从论文的选题、资料的收集到具体的写作,无一不凝结着焦老师的心血。导师严谨的治学态度和虚怀若谷的品德,让我从他那里不仅学到了学问和做学问的方法,还领悟到了人生的意义。这将使我终生受益。

感谢北京国家会计学院的秦荣生教授,他在百忙之中多次为我解疑,并给了我诸多建议,本书得以顺利完成受益于他的悉心指导。

感谢为我论文写作提供帮助的其他友人。感谢张利平、关洁、辛丽丽、罗卫平等同窗好友给我的莫大鼓励和支持。

我尤其要感谢的是西南财经大学的王擎老师,在我收集材料和写作过程中,给了我巨大的支持和耐心的指导,使我能够对金融领域相关问题的研究更为严谨。他独特的学术见解和睿智,为我的思考平添了许多光彩。

此外,在论文开题的过程中,我非常幸运地得到了中国人民大学伦理教研室的所有老师,罗国杰教授、宋希仁教授、龚群教授、葛晨虹教授、李萍教授、肖群忠教授、李茂森老师、郭清香老师等的宝贵建议;在论文答辩过程中,我有幸得到了国务院研究室经济局局长郭振英教授、北京国家会计学院副院长秦荣生教授、南京师范大学公共管理学院院长王小锡教授、中国人民大学伦理学重点研究基地副主任葛晨虹教授和肖群忠教授的指教。他们都是学界的著名专家,其渊博的学识、敏锐的洞察力、严谨的学术态度给我留下了深刻的印象;他们针对论文提出的问题以及对问题的透辟解析,令我终身受益。清华大学万俊人教授、中国社会科学院哲学所余涌教授、北京国家会计学院秦荣生教授、南京师范大学公共管理学院王小锡教授、中国人民大学哲学院吴潜涛教授,在百忙中审阅了我的博士论文。他们看问题的独特视角及其提出的修改建议,对论文的完善以及对本书的完成,十分有益。各位专家对论文所给予的高度评价,给我以莫大的鼓励,增加了我继续学术研究的勇气和信心。在此我谨表崇高的敬意和衷心的感谢!

感谢本套丛书的策划人陈亚明女士、责任编辑田园先生,他们扎实可靠的理论功底,严谨真诚的处事态度,令我钦佩。

最后,我要感谢是我的父母、爱人、女儿以及我所有的亲人,在我写作期间,若没有他们的殷切期望和尽心扶持,就不可能完成本书,我衷心地感谢他们。

责任编辑:田　园
装帧设计:闫志杰
版式设计:顾杰珍

图书在版编目(CIP)数据

中国金融市场的利益冲突与伦理规制/战颖著.
－北京:人民出版社,2005.11
(伦理学前沿丛书/万俊人主编)
ISBN 7－01－005288－3

Ⅰ.中…　Ⅱ.战…　Ⅲ.金融市场－研究－中国　Ⅳ.F832.5

中国版本图书馆 CIP 数据核字(2005)第 133822 号

中国金融市场的利益冲突与伦理规制
ZHONGGUO JINRONG SHICHANG DE LIYI CHONGTU YU LUNLI GUIZHI

战　颖　著

人 戊 出 版 社　出版发行
(100706　北京朝阳门内大街 166 号)

北京新魏印刷厂印刷　新华书店经销

2005 年 11 月第 1 版　2005 年 11 月北京第 1 次印刷
开本:787 毫米×960 毫米 1/16　印张:21.5
字数:287 千字　印数:0,001－3,000 册

ISBN 7－01－005288－3　定价:33.00 元

邮购地址 100706　北京朝阳门内大街 166 号
人民东方图书销售中心　电话 (010)65250042　65289539